中国名街志文化工程
Culture Project of Local Records of China's Famous Streets
中国名街志丛书

东关街志

LOCAL RECORDS OF DONGGUAN STREET

扬州市名城建设有限公司
扬州市广陵古城管理委员会 编
扬州市广陵古城学会

方志出版社
Publishing House of Local Records

图书在版编目（CIP）数据

东关街志 / 扬州市名城建设有限公司，扬州市广陵古城管理委员会，扬州市广陵古城学会编 .—北京 : 方志出版社 , 2023.5

（中国名街志丛书）

ISBN 978-7-5144-5199-3

Ⅰ. ①东… Ⅱ. ①扬… ②扬… ③扬… Ⅲ. ①区（城市）—地方史—扬州 Ⅳ. ① K295.35

中国版本图书馆 CIP 数据核字（2022）第 120781 号

责任编辑：陈菁

责任校对：刘玉霞

责任印制：梅中英

出 版 者：方志出版社

地　　址：北京市朝阳区潘家园东里 9 号（国家方志馆 4 层）

邮　　编：100021

网　　址：http://www.zgfzcb.cn

发　　行：方志出版社图书营销中心（010-67110500）

印　　刷：北京中科印刷有限公司

开　　本：787 毫米 ×1092 毫米　1/16

印　　张：20

字　　数：370 千字

版　　次：2023 年 5 月第 1 版

印　　次：2023 年 5 月第 1 次印刷

定　　价：160.00 元

序 言

20多年前，时任福建省省长习近平应邀为《福州古厝》一书作序时，这样写道："保护好古建筑、保护好文物就是保存历史，保存城市的文脉，保存历史文化名城无形的优良传统。"岁月流逝，情怀如一。习近平总书记始终心系中华文化的传承与保护，曾多次考察调研全国各地的传统街区，就城市历史文脉的保护和传承作出重要指示。"让城市留下记忆，让人们记住乡愁。""保护好传统街区，保护好古建筑，保护好文物，就是保存了城市的历史和文脉，对待古建筑、老宅子、老街区要有珍爱之心、尊崇之心。"这些重要论述，深刻诠释了中国共产党人热爱文化、珍惜文化、传承文化的深厚情怀，对于提高人民群众对文化遗产重要性的认识，增强全社会文化遗产保护意识，对于我们弘扬中华优秀传统文化，增强文化自信，更好传承文明，必将产生深远影响。

城市的历史和文化蕴藏在街区之中，城市的特色和风貌也在街区中体现出来。不同地域的自然环境、文化以及经济社会发展，孕育出不同的城市文化。各具特色的城市文化又造就了性格迥异的街区文化。要研究城市文化，首先要研究街区文化。历史文化街区与传统历史文化一脉相承，承载着宝贵的历史元素和城市记忆，与民众生产生活息息相关，是展示城市悠久历史和传统文化的独特窗口。在许多非历史文化名城的城市，也保留有不少风貌完整、传统建筑集中、历史遗存丰富的街区，同样具有不可再生的宝贵历史文化价值。历史文化街区寄托了生于斯长于斯的人们的深厚情感，是人们美好的精神家园。此外，许多城市积极发挥区域优势、产业优势、经济优势，培育打造了一批现代高效、独具特色和充满活力的特色街区，在浓缩城市历史、彰显城市特色、展示城市形象方面效果显著，拉动了经济增长，提升了城市功能，是地方经济、社会和文化发展的名片。历史文化名街的保护、发展，现代特色名街的崛起、壮大，共同形成了中国城市发展新格局。

为进一步保护、传承、开发、利用宝贵的历史文化名街资源，推动特色街区的特色化、品牌化发展，中国地方志指导小组办公室于2018年启动中国名街志文化工程，组织编纂中国名街志丛书。其记述对象为城市中风貌完整、传统建筑集中、历史文化遗存丰富的历史文化街区和文化底蕴深厚、建筑风格鲜明、集聚效应显著、有较高知名度和美誉度的特色街区。以志书的形式，立足于“名”“特”，记录中国名街的街巷肌理、历史变迁、特色风貌、人居环境、文化内涵以及社会生活结构，让人们了解名街、了解城市，让世界了解中国。

中国名街是独特的城市历史博物馆，中国名街志丛书展现了中国优秀传统文化丰富的层次和深厚的底蕴。许多名街历史悠久，不仅有名人故居、古迹名胜，还有许多与民间信仰、礼俗有着密切联系的寺庙、祠堂、书院、会所等各类古建筑。这些名街，不仅承载着历史，承载着中华民族的基因和血脉，更承载着一代又一代人对于美好生活的期许。他们既是中华文化源远流长的体现，更是当代中国人精神向往之所在。中国名街志丛书收录了中国名街的历史遗迹、文化古迹、人文底蕴，是城市生命的一部分。这对于我国以街区为规划范围而开展的历史文化名城建设工程有着重要参考作用。通过中国名街志丛书的编纂，将名街历史文化资源中蕴含的思想观念、人文精神、道德规范等历史文化元素提炼好、保护好、展示好、运用好，俾能延续名街文化脉络，彰显名街独特魅力。

中国名街是中国城市化进程的见证，中国名街志丛书是人们了解中国城市发展，认识改革开放历程的资政之书。在漫长的城市化进程中，中国的街、坊、巷、街区从一个侧面反映出城市的兴衰起伏，用其独具一格的风韵，书写着一座城市的性格与气质。这些特色街区，犹如城市的一个个窗口，作为城市历史的见证，代表着城市的文明程度。中国名街志丛书从名街这个特定的视角，记述地情，突出城市功能，反映了中国城市的发展和变迁，向世界展示着中国城市的创新与活力。

中国名街是历史的积淀、城市的精华、文化的要览，中国名街志丛书的编纂对推进名街的文脉传承、文化延续、文明进步，对推动城市历史文化遗产的活力再生、良性发展，传播更多承载中华文化、中国精神的价值符号和文化产品，具有特别积极的重要意义。

中国名街志丛书编纂委员会

2023年5月

《中国名街志·东关街志》编纂委员会

图片编辑	张锦堂	于 海	金位宣	王 晖	高 凯
资 料	杨永宾	张锦堂	于 海	韩俊华	高 凯
	高 燕	高 美	李 华	丁 洁	杭 天
	王 晖				
初稿主笔	李济泰				
初稿编撰	吴家兴	张锦堂	谢连生	袁汉根	余志群
	钱艺兵				

主　　办　扬州市名城建设有限公司

　　　　　扬州市广陵区地方志办公室

统　　筹　新志坊南京文化发展有限公司

中国名街志丛书凡例

玉宇银装东关街

一、以马克思列宁主义、毛泽东思想、邓小平理论、“三个代表”重要思想、科学发展观、习近平新时代中国特色社会主义思想为指导，坚持辩证唯物主义和历史唯物主义的立场、观点和方法，坚持实事求是原则，全面、客观、系统地记述各名街发展过程和改革开放成果，保护和传承名街历史文化，激发爱国爱乡情怀，为探索中国街区建设和城市发展模式、发展道路提供历史智慧和现实借鉴。

二、为全面反映入志事物发展脉络，各志上限尽量追溯至事物发端，下限一般断至各志启动编修年份，个别重大事项可延至搁笔。详今明古，着重反映时代特色和地方特点，重点体现各街区的“名”与“特”。

三、记述地域范围以下限年份的行政辖区为主。为体现名街在更大区域内的意义，可以从更开阔的区域视野记述与该街区相关的内容。

四、统一采用纲目体，设类目、分目、条目三个层次。横排门类，纵述史实，述而不论。

五、综合运用述、记、志、传、图、表、录等体裁，以志体为主。体裁运用适当创新，篇目设置不求面面俱到。

六、除引用文字和附录文献资料外，统一使用规范的现代语体文记述，行文力求朴实、严谨、简洁、流畅、优美，可读性强。

七、人物部类遵循“生不立传”原则，人物传主按生年排序，只选录对本街区发展有重大影响的人物，不面面俱到。

八、各项数据一般采用国家统计部门数据。数据缺乏的，采用主管部门或主办单位正式提供的数据。

九、数字用法、标点符号用法分别采用国家标准《出版物上数字用法》（GB/T 15835—2011）、《标点符号用法》（GB/T 15834—2011），计量单位采用国家技术监督局1993年12月发布的《量和单位》系列国家标准。历史上使用的计量单位，如斗、石、里、尺、磅、华氏度等，在引文时可照录。考虑到社会使用习惯，全书中亩不统一换算。

十、中华民国成立前的纪年，使用朝代年号纪年，括注公元年份；中华民国成立后的纪年，均使用公元纪年。志中所称“解放前（后）”，以该街解放日为界；“新中国成立前（后）”，以中华人民共和国成立日1949年10月1日为界；“改革开放前

（后）”，以1978年12月中共十一届三中全会召开为界。本志“××年代”，凡未加世纪者，均指20世纪。

十一、为节省篇幅，避免重复，本志采用条目互见法。参见条目的表示形式为：参见本志“××类目·××分目·××条目”。

十二、对旧志、古籍中的繁体字、冷僻字一般用简化字或通用字替换，易引起误解的则保留。

十三、记述各个历史时期的党派、机构、职务、地名等，均以当时的名称为准。对频繁使用的名称，首次用全称并括注简称，其后用简称。

十四、各街志需要单独说明的事项，均在各自编纂始末中记述。

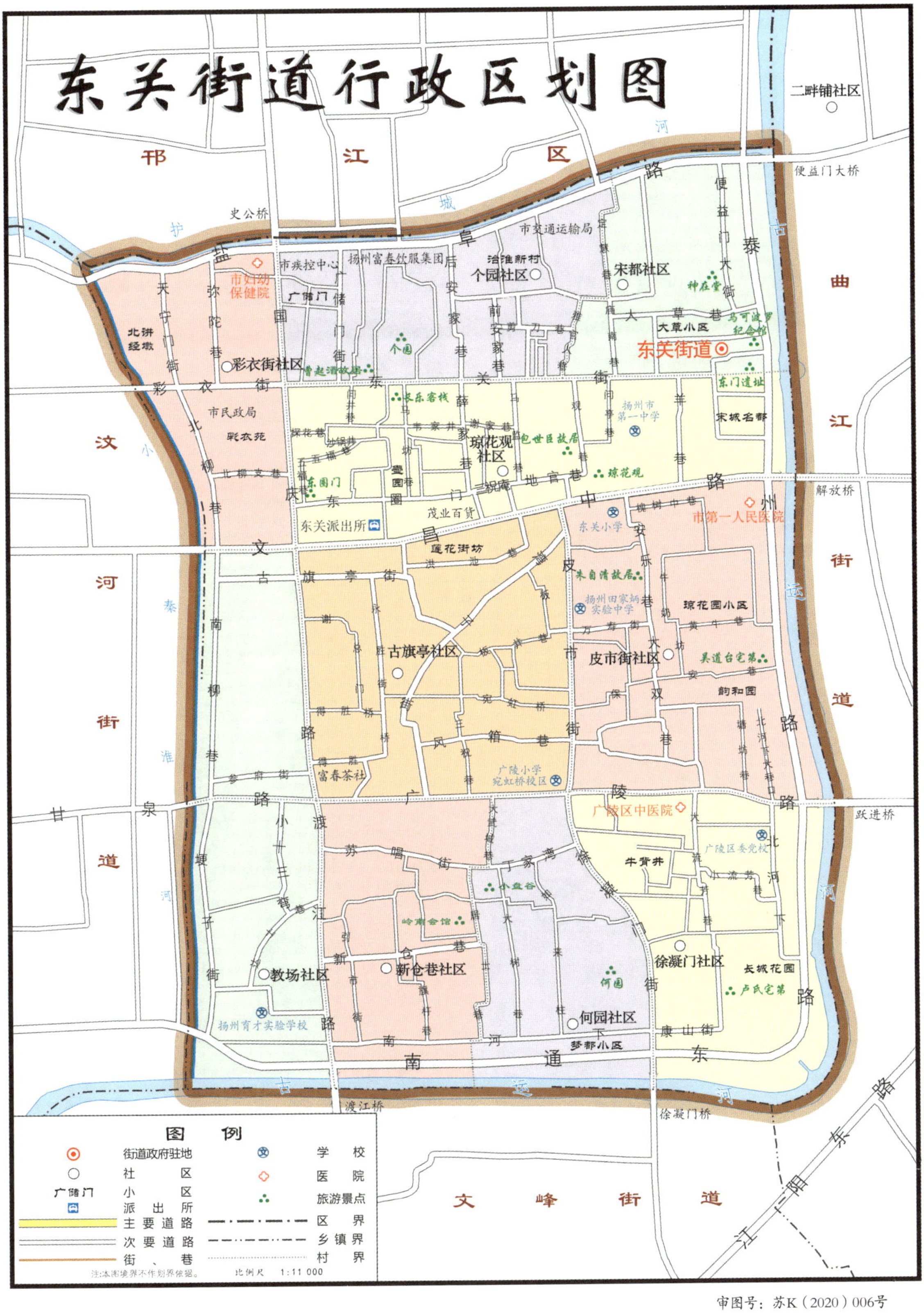

审图号：苏K（2020）006号

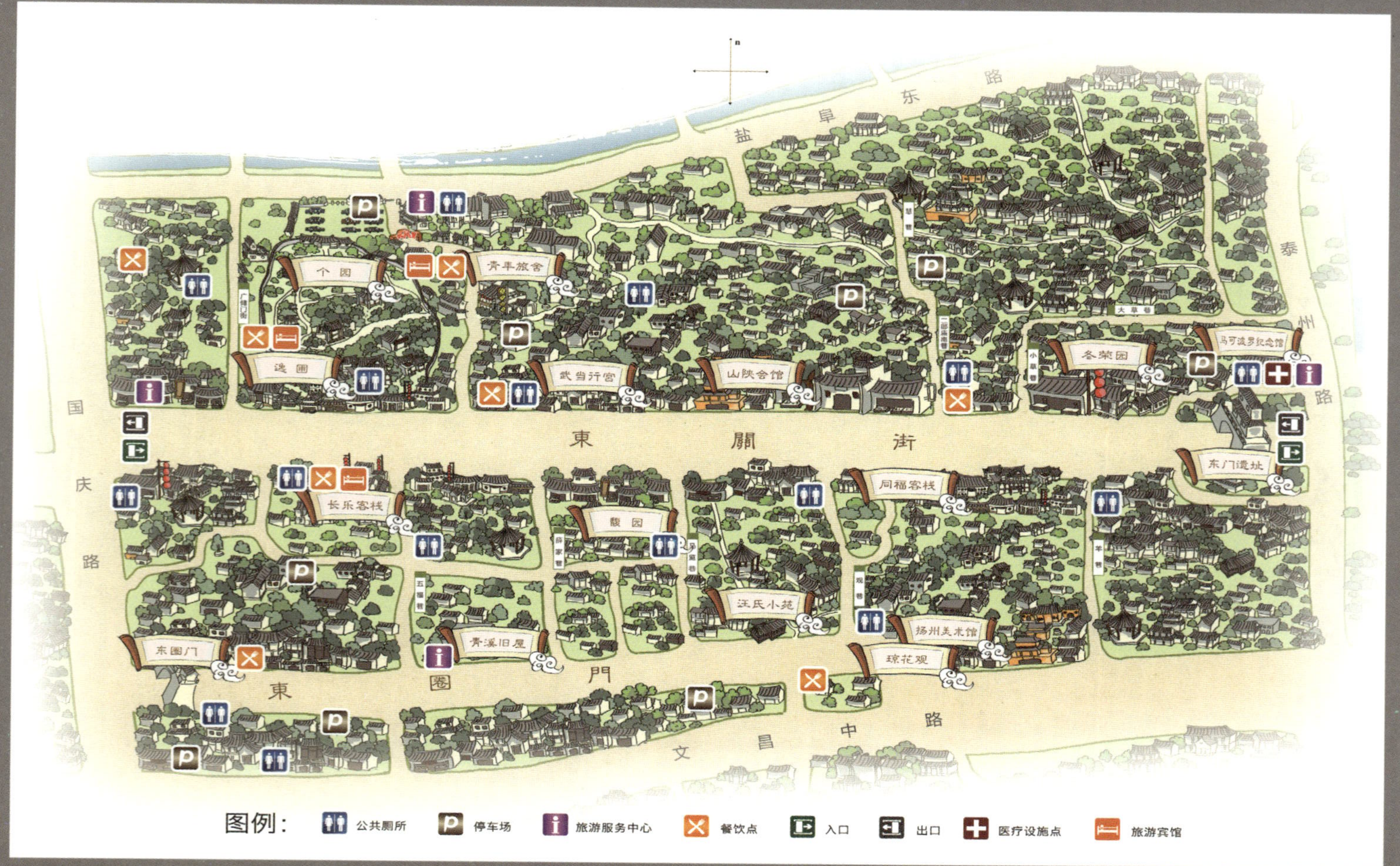

东关街手绘地图

扬州市广陵区东关街道办事处　绘制

俯瞰长乐客栈

利津夕照

大型铜雕——《大运千秋》

凫舫——不系舟

汪氏小苑

街南书屋

车辇喧嚣入城来

寻常巷陌百姓家

俯瞰东关民舍

记忆东关

老街夜景

古巷深深

隔墙花影动　祥庐入画来

巷陌骑行

檀板、丝竹、清曲

晨练

让梦想起飞

外国友人游东关

喜迎外国友人

目录

东关古韵

春风十里卷珠帘

吴盐赛雪船相接，化作崇楼碧玉阶。

都说珠帘藏国色，莫如锦绣东关街。

古人曾用明月、春风、珠帘等清雅的字眼形容扬州，教人对扬州的人物风流、市廛华美与诗兴飞扬浮想联翩。如今到扬州东关街，俯瞰运河流水，仰望深巷园亭，似乎可以感受到当年的富庶、精美和倜傥。

东关街位于扬州城东，自古以来既是出入的通道，又是防守的关隘，故称东关。扬州的东关至少有三层含义：它是一个点，如东关城门、东关渡口，是进城与登舟的所在；它是一条线，如东关大街，是千百年来由东入城的通衢干道；它又是一大片，即东关街、东圈门历史街区，范围大约是以东关街为核心的扬州古城的东北部。

一

东关街有唐宋城址、明清会馆、古渡牌坊、百年商号，有石板长街、青砖小巷、官衙门楼、盐商园林，有文人逸事、名媛芳踪、祖传手艺、市井良俗。东关街是扬州古城的文化高地，这里各种技艺考究，蜚声中外。叠石假山精巧秀雅，匠心独运；淮扬菜肴精烹细作，风味清鲜；漆器玉器精雕细琢，巧夺天工；古筝古琴斫制精良，天籁音韵；园亭馆榭纤柔壮美，南秀北雄；琼花芍药争奇斗艳，绝代芳华。扬州居南北要冲，历经兴废，人口迁徙频繁，居民五方杂处，开放兼容，友好开明，她不断汲取丰富的外来文化养分，成就自身文化的辉煌。扬州漆器、玉器、雕版印刷、剪纸，历史源远流长，技艺精湛，特色鲜明；散文、诗词、散曲、小说，都有可圈可点的名篇佳作；扬州评话、扬剧、清曲、弹词，门派齐全，积淀深厚，独具风格；清代扬州学派和扬州八怪奇峰突起，领异标新，影响深远。东关街浓缩了扬州的千年文脉与万种风情。遥想当年，伫立东关城头，东面是汤汤河水，西面是辚辚车马，运河的潮汐与扬州城的兴衰荣辱紧密相连。

二

东关街是扬州历史的缩影，因为古运河从东关城下蜿蜒流过。2500年前，邗沟的开凿拉开了扬州建城史的序幕。“州界多水，水扬波”，“水蕴扬州”是扬州城市基因的主要图谱。汉代是扬州城市发展的第一次高峰，吴王刘濞为了繁荣

东关历史文化旅游区石碑

经济，流通财货，另开邗沟，以广陵城东北的湾头为起点，开运盐河，直至黄海之滨，串联通泰各大盐场。运盐河不但为扬州的盐运事业开创了新纪元，而且把扬州子城从蜀冈之下，拉近至运河之滨。到了唐宋时期，七里港河和城南新河相继开成，与运盐河直接扭结在一起，东关城阙从此奠基。当时的扬州是一州郡的政治中心，衙署官府设在蜀冈的衙城，而把商业中心放在靠近东关的大运河边，城内实行“坊制”，市场划定一定的坊区。坊市朝开晚歇，夜间商民不能住在城内。唐中后期，日益活跃的经济活动逐渐突破了坊市的约束，扬州东郭运河边月明桥畔有道化坊、弦歌坊、临湾坊。东关街区唐时为仁善乡，宋时为怀远坊。扬州城的统治者承认蜀冈以下的居民和工商业者居住区为城区。东关街头的东门遗址，是唐代罗城的见证。罗城约在隋炀帝时就有了雏形，考古发现罗城东门有3个门洞，属于帝都规格。而今站在东关码头，北望茱萸湾，南眺扬子津，可依稀想见江都宫的豪华与奢靡，不负“扬一益二”的千古美誉。

宋代统治者在居民稠密和店铺林立的运河西北岸建筑了宋大城，商人临街开店，坊市已不复存在。扬州的商市和北宋的京城汴梁一样，到处都有商铺邸店和酒楼饭馆，到了晚上还有热闹的夜市，市面相当繁华。

元至正初年，两淮都转盐运使司设立，这是扬州建城史上的一件大事，

《马可·波罗游记》记载：“从这里出口的盐，足够供应所有的邻近省份。大汗从这种海盐所收入的税款，数额之巨，简直令人不可相信。”至正十六年（1356）扬州盐运量为95万引，是当时天津港盐运量的47倍。由于盐运量巨大，积存数多，一时难以发运，盐船高度集中，船户恣意侵盗。为解决积弊，两淮都转盐运使司鼓励盐商在扬州东关城外，利用沿河空地，自行赁买基地，砌造仓房，以俟通放。一时仓房林立，为之道塞。运盐河上盐船巨舰带来的人流、物流、货币流，冲开了扬州城东郭的“任督二脉”——东关街、东圈门街，两街并行区间，形成盐运商务区和盐商聚集区。

明嘉靖年间（1522—1566），为了抵御倭寇，保护商民，扬州知府在旧城以东兴筑新城，并将城门命名为利津门。一时间，南北船舶，东西客商，多从利津门进出。明代的东关街，可谓利市与津梁之地。

三

东关街名人盛多。盐商多儒商，“贾而好儒”，清人梁章钜《浪迹丛谈》记载，扬州盐商有“三通人”，江春、汪懋麟和马氏兄弟。除了江春住在康山之外，“汪、马之旧迹，皆在东关大街”。如今，且不说森严的两淮盐运使司署衙门旧址屹立在东圈门对面，惹得曹雪芹将笔下人物林黛玉父亲林如海“钦点”作盐运使职衔，单是东关街两侧暗藏乾坤的盐商园林就鳞次栉比。马氏街南书屋，清代康乾年间誉满天下。黄氏个园是江南名园，以四季假山闻名遐迩。东关街中段有一条安家巷，它的得名是因为康乾年间随高丽贡使入京而留在中国的朝鲜人安岐曾住于此。安岐先后在天津、扬州两地业盐，是富甲天下的盐商。同时，安岐也是造诣深厚的鉴赏家，所著《墨缘汇观》一书，前人评其“所见之广，鉴别之精，实所罕觏”。壶园是清代咸同年间扬州盐商住宅的实证，何莲舫由仕而商久居于此，曾国藩曾几度出入。

近代东关街除了产生一批商界精英外，更涌现出许多文化俊彦。例如在东关街与东圈门之间有一条寂静的观巷，大学问家包世臣故居即在巷中。包世臣不同于一般儒生，他不但工辞章，而且喜军事，擅经济。只要翻阅他的著作，就会深感作者的襟怀与同时代的学者相比颇有异趣。东圈门北面有一户人家，自称青溪旧屋，是经学家刘文淇至刘师培5代人之所居。在东关街南面又有一户老宅，号称“一宋一廛”，是联圣方尔谦的旧居。

东关街，古往今来不乏女界精英。田家巷里聪慧美丽的田秀英，走进京城，成为大明贵妃。从冬荣园走出去的扬州美人陆英养育了张元和、张允和、张兆和、张充和四姊妹。东关街西头的广储门街，走出了一个令世界瞩目的女画家张玉良。

千年繁华地，满街忠义情。太平盛世的东关街受益于舟楫便利，一次次成为盐、钱转运的枢纽，而每当外族入侵、神州板荡，东关街和扬州城一道成为敌对双方争夺的前线，一幕幕悲壮故事在这里上演。宋代李庭芝、姜才抗元，以双忠名垂青史；明代中叶，东关街晋商义士意气雄发，三次组织抗倭保卫战；南明史可法以寡敌众，以身殉国。扬州人温和敦厚、儒雅亲文，但每遇民族危难关头，扬州人又会展现出他们威武、刚强、正直的浩然之气。

东关街人文底蕴深厚，科举时代东关的书院造就43名进士，近当代东关的学堂走出37名共和国两院院士。辛亥烈士熊成基，革命烈士曹起溍、陈素、江上青，散文家、诗人朱自清都是从东关街走上救国救民的征途。东关璀璨的人文星空，闪烁着古代先民开河筑城的拓荒精神、志士仁人的忠义精神、两院院士的创新精神、能工巧匠的工匠精神、儒商雅士的公义精神和企业家的实干精神，这种种精神成为东关街生生不息的人文动力和建设新时代新扬州的不竭的精神财富。

四

时光进入19世纪，历时千年的两淮盐运黯然谢幕，大潮退去，铅华洗尽，近百年来东关街日渐萧条。21世纪初，对历史文化老街的整治复兴提上日程，从2007年至2016年，扬州市委、市政府累计投入十余亿元，对占地44.28万平方米的老街两侧实行整体修复，原址修缮建筑面积达3.56万平方米；新建复建仿古建筑面积3.29万平方米，整修商铺236间，建筑面积1.7万平方米。古街整治，传递时代要求，传承历史文脉，提升街区颜值。对古建筑保护性利用，实现历史价值和现实价值的融合。对老街区进行现代元素的更新改造，既保持了“原貌、原住、原味”，又与时俱进，形成“新形态、新业态、新生活”。棋盘式街区格局，鱼骨状巷陌肌理，网格化社区管理，改善了原住民的居住环境，提高了居民的舒适感和满意度，实现了社区的和谐发展。2010年，文化部和国家文物局授予东关街“中国历史文化名街”称号。如何进行历史文化名街的传承、复兴、改造、利用，东关街提供了“扬州样本”。

东关街虽然迭经潮汐，屡受兵燹，但它的肌理基本存在。尤其让人欣慰的是，因时光消磨而风貌斑驳的东关街，正不断得到修复与更新。走在今天的东关街上，商铺竞相揖客，城阙高耸入云，园圃重现楼阁，市廛又见繁荣。手工艺抖擞精神，再度亮相；老字号拂去尘埃，更展新颜。古渡依然在，千年邗沟水潺潺；深巷喜迎客，四方宾朋步匆匆。

在东关街人面前，一边是回眸历史的唐宋东门遗址的考古发现，一边是面向未来的历史文化街区的传承复兴，成就了老街新生的主旋律和关键词。东关街的旷世奇珍和人间瑰宝，恰似金丝银线穿缀翠玉织成的五彩珠帘，令人羡慕而神往。

东方晨曦是你迷人的笑靥，关隘雄踞像你博大的襟怀。

千年沧桑都化为万贯财富，十倍奋发须开创百代未来！

东关街晨曲

舆地纵横

日出朝晖照古城，运河帆影映行人。

最是东关光景好，商旅喧闹利津门。

历史文化名城扬州，古称邗城、广陵、江都。中国历史文化名街——东关街，位于扬州明清古城东北，原意为东门关隘，现为古城保护与复兴示范区域。自古迄今，东关街地区都是水陆要津、扬州门户。

自然环境

据旧志记载，东关街区在唐时为仁善乡，宋时为怀远坊，元代设盐义仓和都转盐运司衙门，明清两代逐渐成为两淮盐商与四方榷货的集聚流通区。东关街区的街巷格局，至迟在明末已基本形成，其间虽有改变，格局大体犹存。

区划

东关街所在的扬州东关历史文化街区，位于江苏省扬州市广陵区境域，属扬州市广陵区东关街道管辖。街区东起古运河、泰州路，西至国庆路，南临文昌中路，北依盐阜东路、护城河，面积约 32.5 公顷。主要街巷有东关街、东圈门、羊巷、观巷、马监巷、安家巷等，构成棋盘状布局。其间巷陌纵横，人文荟萃，园林精美，市肆繁华，全街因运河而兴、因盐漕而盛、因门户通衢而雅俗咸聚。主街横贯东西，长 1.12 千米，宽 6 米，原路面为长条板石铺设，2004 年翻建为麻石路面。街面市井繁华，商家林立，民居密集，古迹众多。

古运河畔

地质地貌

广陵区东关街地处扬子地块扬州—江都断陷通扬隆起带上，北临高邮凹陷，南连仪征凹陷，东傍溱潼凹陷，为三面由中生代凹陷包围的隆起。土质以长江冲积物为主，为沉积堆积地貌，属于长江冲积平原，海拔 1~10 米。

气温

东关街地处亚热带湿润气候区，春暖、夏热、秋凉、冬冷，四季分明，年平均气温为 16.5℃。按平均气温大于 22℃为夏季，小于 10℃为冬季，10℃~22℃为春季、秋季的标准划分，春季一般从 3 月下旬至 5 月下旬，夏季从 6 月上旬至 9 月中旬，秋季从 9 月中旬至 11 月中旬，冬季从 11 月下旬至次年 3 月中旬。夏冬季长，春秋季短，季风明显，雨水充沛，雨热同季。

风向

全年常风向为东北风和东风。夏季多为从海洋吹来的湿热东风与东南风，冬季盛行来自北方的干冷偏北风，春季多东南风，秋季多为东北风。年平均风速为 2.9 米 / 秒，每年 3 月至 4 月风速最大，平均为 3.4 米 / 秒。台风多出现在 7 月至 10 月，一般到达该地时已近尾声，破坏性不是很大。

降水

年降水量 624.5~1639.1 毫米，年平均降水量为 1026.2 毫米。一般年份从 6 月中旬到 7 月上旬，因冷暖空气在长江中下游地区交锋，相持不下，形成梅雨。

日照

年日照时数为 1738~2113 小时，年平均 2039.6 小时。

区位、交通

处于扬城要津的东关街，交通极为便利。距扬州市区中心地标——文昌阁 1.4 千米，距扬州泰州国际机场 39 千米，距扬州火车站、扬州西部客运枢纽10千米，距扬州东部汽车客运站6.5千米，距连淮扬镇高速铁路扬州东站(东部客运枢纽）10.1千米。泰州路、文昌路、国庆路、盐阜路等市区主干道环绕街区。2018年7月，街区周边设有6个公交站点、21条公交线路。设有15个大、中型停车场，3个旅游车辆集散中心，另有若干出租车临时停靠点。街区内交通主要依靠电动游览车、三轮车，或采用步行等方式。东关古渡可以停靠游船、画舫。

街市概观

东关街区最早的建筑是汉代后土祠，今称琼花观。东关街作为城市通衢大道形成于唐代，宋时仍是城内主要街道，元时城湮但街道依旧。明清兴筑新城后，东关街再次繁盛。民国时市面尚能维持，后渐凋零，今又呈现复兴之势。

街衢嬗变

扬州东关街区，在唐代以后渐成商贾民居繁盛之地。唐代扬州城包括子城和罗城两个部分。子城筑在蜀冈之上，在刘宋广陵城、隋江都宫城基础上修建，为官府衙署集中区，也称牙城或衙城。罗城筑在蜀冈之下，为居民区和工商区，今扬州市区位于罗城东南部。史学界将“淮南节度使陈少游将兵讨李希烈，屯盱眙，闻朱泚作乱，归广陵，修堑垒，缮甲兵”（《资治通鉴》第二二九卷）的唐建中四年（783），视为扬州罗城修建的年份。此时，东关街已在罗城之内。

后周显德五年（958），周世宗在旧罗城东南隅改筑一小城，称“周小城”，成为宋代扬州城的前身，入宋后称为“宋大城”，即扬州州城。宋代扬州南北辐辏，商贾云集。“扬州万井提封”“珠帘十里春风”，从当日词人笔下可见其繁华。2000年3月，在东关街东端考古发现宋大城东门遗址。2005年，对东关街东端的唐宋东门遗址进行深入发掘，证实东关街为唐宋东门通向城内的大道。

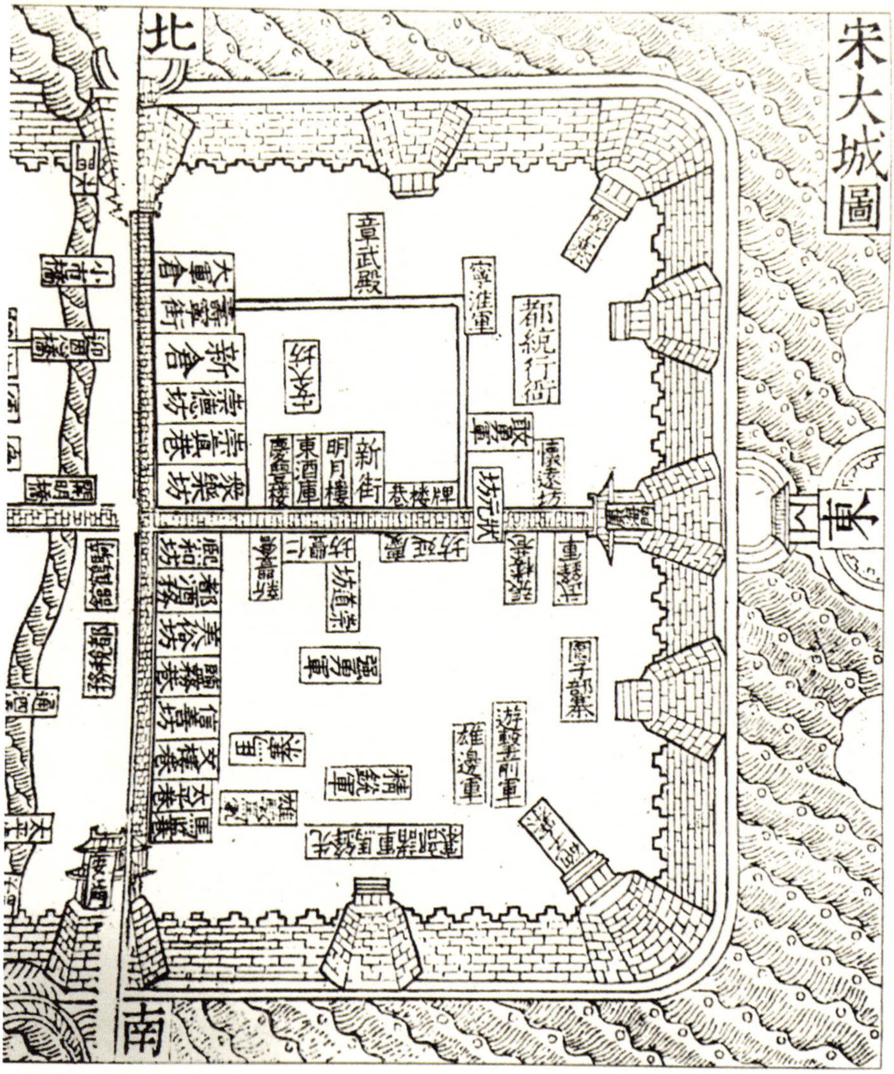

《宋大城图》（摘自明嘉靖《惟扬志》）

元至正十七年（1357），朱元璋麾下佥院张德林改筑旧宋城西南隅，是为扬州旧城。明嘉靖三十四年（1555），为抵抗倭寇重建城墙，知府吴桂芳、石茂华于旧城东郭建外城，是为扬州新城。新城东门名为利津门，利津门内即为东关大街。清代和民国沿用明代城垣，新旧两城即为今广陵明清古城。明万历二十七年（1599）刻印的《江都县志》卷三提到“便益门大街、响水桥大街、东关大街、徐宁门大街”等字句。清乾隆六十年（1795）成书的《扬州画舫录》卷九完整地记录了东关街的起止，称“新城东关至大东门大街，三里，近东关（利津）者谓之东关大街”。

明清时期，扬州盐业经济兴旺发达。东关街凭借运河门户的区位优势，成为南北交通进出扬州的主通道，人烟稠密，舟车便捷，商业繁荣，店铺林立。时有众多的豪华宅第、园林苑囿、书院学堂、寺观庵堂，还有著名的文人墨客、达官贵人、书画大家、四方名流在东关街居住。东关街因此成为扬州城著名的商业街衢、园林胜地和文化长廊。

新中国成立初期，扬州城拆除明清城垣，利用城垣之基建成泰州路、盐阜路、淮海路、南通路，连贯成环城大道。东关街自此告别城区主干道地位，但坊里的建筑形制旧貌犹存。1982年，扬州被国务院列为全国第一批历史文化名城。东关街因其独特的历史地理位置和完整的传统文化风貌，与彩衣街、大东门街一起被列为历史文化名城传统风貌街。2000年，扬州启动老城区控制性详细规划编制工作，“双东”历史文化街区（东关街—东圈门片区）被列为古城重点保护的4个历史文化街区之一。保护街区内文物保护单位和传统风貌相对集中，空间格局保存完好。经过保护整治，街区重振繁华，聚集传统特色浓郁的历史文化、手工艺品、特色小吃和商业老字号，形成旅游观光一条街。2010年7月，东关街被文化部、国家文物局评选为中国历史文化名街。2013年3月，东关街获国家AAAA级旅游景区称号并授牌。

城门考古

宋大城东门遗址位于东关街东端，是全国重点文物保护单位——扬州城遗址（隋—宋）重要组成部分，面积1.25万平方米。2000年3月，在东关街与泰州路交会处建设工地发现宋大城东门遗址，是当时国内发现最早、规模最大、保存最好的隋宋古城遗址，也是中国中古时期双瓮城和多瓮城城墙防御体系的实证。考古期间发现唐代、五代、北宋、南宋各时期城门叠压关系清晰，城墙遗存厚15~20米，城门遗存宽6~7米，按北宋《营造法式》推测城墙高度约10米。遗址的发现对中国城市建筑发展研究具有重要价值，是历史学、考古学、建筑学等学科研究的重要实例。2003—2004年，先后对东门遗址进行4次考古发掘。2005年，建设扬州东门遗址广场公园，仿建城墙300米，建木栈

东门遗址

道560平方米、道路1500平方米、广场2500平方米，占地面积约1万平方米。同时建成解读碑、木牌坊、井亭、炮台等景观及公园配套设施。其中历史遗存有宋代扬州城门防御系统、宋代水井、宋代城濠和广陵涛遗址等。东门遗址广场公园于2006年建成。

遗址中保存最完整、最精华、最复杂的是宋代城门防御系统。防御系统由内而外，由主城墙城门、瓮城、城外敌楼、护城河（古运河）以及突入运河的环岛状堡垒组成。除主门外，有两个相对独立而又关联的瓮城结构。内瓮城较小，两面包砖，平面呈长方形，南北城墙各有便门通向城外。外瓮城为长方形，正门向东通向城外，直至当时的古运河边，与内瓮城门道和主门道在同一轴线。城砖有多种铭文，内容多为军队番号、工匠姓名、烧制地点及年代。考古专家认为，较早前发现的扬州宋大城南门、西门遗址均为单瓮城，作为宋大城唯一的也是中国发现最早的东关街双瓮城城门，反映了宋代扬州城的重要战略地位和东门在城防中的突出作用。南宋时，江淮之间为宋与金、元军事对峙的重要作战区域，作为淮左名都、江淮门户的扬州更是南宋命脉所系。东门面对运河，城门前设有码头，其防守机制在军事和经济上的意义不言而喻。南宋末年，在临安沦陷之后，李庭芝、姜才坚守的扬州城仍然屹立不动，与城防坚固有重大关系。

宋大城南门、西门遗址

东门门洞为砖券形制。古代城门框架多为木结构，易为火燃，砖券门洞则不易燃。显然这是出于城防由抵御冷兵器转为抵御热兵器的考虑。遗址出土有北方磁州窑、南方龙泉窑和景德镇所产青、白瓷。宋井出土大量“韩瓶”，相传这种陶罐是南宋名将韩世忠攻打金兵时军队士兵使用的汲水器具，出自宜兴窑，应是当年瓮城驻军所遗。

今东关城楼系2009年扬州名城建设公司参照宋代《营造法式》复建。城楼坐西朝东，飞檐翘角，巍峨壮观，气势恢宏。高大的城门上方，有篆体“东关”石额。游人登楼东眺，古运河杨柳依依、廊桥卧波，古渡口牌坊巍峨、气宇轩昂。回眸西望，明清民居鳞次栉比，商铺招牌繁华似锦，往来游客摩肩接踵。城楼内设有东关历史文化陈列馆，于2013年2月建成，供游客免费参观。城门外东侧建有炮台景点，陈列古代火炮两门。旁立方碑，上有铭文“奋威镇远大将军”字样，“计重一万二千觔（斤），吃药三百二十两，配弹六百四十两”。炮身长2.4米（缺炮尾），炮口外径约58厘米、内径20厘米、壁厚19厘米。炮身上隐约可见“将军”等字样，是鸦片战争时扬州城防的实物。

东门遗址公园进口处有两块湖石，一书“东关历史文化街区”，一书

“国家AAAA级旅游景区”。公园内有元代来华旅行家马可·波罗塑像、清末安庆起义总司令熊成基塑像和中共扬州早期党组织创始人曹起溍塑像。

运河津渡

扬州古城，河流如阡陌，缠绵绰约，百转千回，是里人魂牵梦绕的锦绣水乡。因运河而兴的扬州，沿岸有很多渡口，东关街东首的古运河渡口是其中著名津渡。渡口因近明代利津门，坊里称为利津渡。清代改利津门为东关，故俗称东关古渡。古渡所在的河道为著名的京杭运河扬州段，是中国大运河最古老的河段之一。唐代扬州有“扬一益二”的美誉，主要因为扬州居于南北交通的枢纽地位。因运河通航之便，往来南北的商贾、官宦、士子、旅人，多从水路和陆路到东关古渡码头集散，东关街遂成商旅聚居、市肆繁华之地。舟楫的便利和漕盐的繁忙，催生出商贸密集、人气兴旺的东关街。

根据《旧唐书·王播传》和《扬州水道记》记载，唐宝历二年（826），因官河水浅淤塞，阻滞漕运，淮南节度使兼盐铁转运使王播新凿七里港河，绕罗城东南而过。此时东关始为渡口，宋代因之。元末城毁，渡口犹存。明嘉靖年间（1522—1566）扬州建新城，“设城门七”，新城东城门名曰利津门，渡口便成了漕运、盐运的津梁，称为利津渡。明、清、民国年间至20世纪

东关码头

70年代，古渡一直在使用，扬州城东仙女庙、万福桥、凹字街一带进入城区者，都由此摆渡过古运河。至古渡南侧建起解放桥、北侧建起便益门桥后，古渡逐渐停用。20世纪90年代，扬州对古运河城区段河道进行综合整治，拆除沿河民居，整饬运河景观。从此，古运河扬州城区段告别舟楫如鲫、樯帆如林的交通盛况，成为波光桨声、画舫穿梭的观光水道，东关古渡成为古运河水上游的主要码头和古运河风光带观光景区。1999年，东关古渡牌坊建成。2004年12月，古运河风光带——东关古渡被评为新扬州十景之一。现在的东关古渡，每到夜晚，华灯初上，夜色如水，流光溢彩，恍如仙境。画舫游客从水上远观东关盛况，岸上行人在码头近赏运河美景，古今交融，令人心旷神怡。

便益门旧影

东关古渡牌楼下建有基座正方、梯形四面的铜质立柱，上部为2014年联合国教科文组织世界遗产委员会认定的“世界遗产”铜质标志。坐东面西的梯形立面，上书“中国大运河”，下书“扬州古运河·广陵”。牌楼南面，樟木青葱，黄杨翠绿，旁边竖有汉白玉的“全国重点文物保护单位　中国大运河”标牌。沿斜形石阶而下，至东关古渡码头下方为亲水平台，与牌楼西面的市民广场一起为游客憩息与市民娱乐之地。牌楼北向，是古运河风光带重要组成部分——运河公园所在。东关码头东立面墙上，镶嵌着由中国工艺美术大师朱炳仁创作的运河巨幅铜画《大运千秋》。铜画长28米、高2.5米，采用传统锻铜工艺和现代无缝拼接工艺，手工锻凿，整幅无缝，立体感强，再现了隋炀帝杨广乘龙舟巡游扬州运河的历史画面。

北护城濠

北护城濠，俗称北城河，紧傍东关街区，东通古运河，西连瘦西湖，中接小秦淮河，全长2.4千米，又名镇淮门市河。北护城濠系明嘉靖年间（1522—1566）筑新城时所开，沿岸有史公祠、天宁寺、冶春茶社、绿杨村、卷石洞天等古迹名胜。今城濠已成为扬州古城文化景观重要组成部分，沿岸常绿和落叶树种有机搭配，产生季节性的韵律和节奏，形成疏密有致与高低错落的层次。城濠两岸既是市民休憩的新景观，又是游客观光的好去处。

名井一览

东关街居民旧时生活用水，凡沿古运河、北城河的人家都从河中汲水；距离河道较远的人家则多用井水，故东关街巷多凿水井。许多水井历史悠久，富有传奇色彩。如广陵涛井相传是汉代广陵潮遗迹，玉钩井据传是道家洞天所在，宋水井为城防将士所汲用，马监井是明代马政机构的官井，胭脂井端午时水呈胭脂色，沙锅井石栏颜色酷似沙锅，浇药井专为浇灌芍药而凿，怀清井传说是“扬州十日”中7位贞女投井之处。

2018年东关街区名井一览表

表1

井 名	位 置	时 代	现 状	备 注
广陵涛井	东关城门南侧	汉	不存	汉代广陵潮遗址
玉钩井	琼花观内	汉	存	相传井内有道家洞天
宋水井	东门遗址	宋	存	宋代城防水井
马监井	马监巷南端	明	存	明代马监用井
胭脂井	雅官人巷内	清	不存	清代爱园水井
沙锅井	沙锅井巷内	清	存	井栏形似沙锅
浇药井	街南书屋内	清	存	街南书屋十二景之一
怀清井	礼拜寺巷内	清	存	俗称七姑奶奶井， 相传七贞女投井之处

巷陌肌理

如果说东关街是一根动脉，它南北两侧密如蛛网的大小巷陌则如同毛细血管。街巷之间，或首尾相接，或交叉穿插，或曲径通幽，或直达大路，构成疏密有致的巷陌网络。东关人家，既有出入家门的便捷，又有隐居僻巷的静谧。

历史

扬州明清古城素有"巷城"之称，全城有500多条街巷。这些街巷是古城建筑景观和历史文化的综合体现，从一个侧面展现了扬州古代民族文化和原生态生活方式。作为古城重要部分的东关街区，巷陌作棋盘状分布。主街东关街自东向西平直通畅，沿街两侧伸展出众多寻常巷陌。街巷向纵深延伸，各巷之间连贯相通，构成具有古代里坊意韵的街巷肌理。

《扬州画舫录》载，清代东关街的街巷，"自东关始，路北为便益门大街，街东皆城脚无名小巷""路南田家巷，河下街由此始"。其间各种巷陌，各有自己的形成时代和命名理由，至今大部分仍然存在。它们不仅名称依旧，方位走向包括两侧建筑也大体保留着传统风貌或历史痕迹。广储门街、便益门街、定慧巷、兜兜巷、芍药巷、问亭巷、马监巷、斗鸡场、五谷巷、探花巷、沙锅井、牌坊巷、剪刀巷、二郎庙巷、雅官人巷等一块块钉在街头巷口的白底蓝字路牌，在不经意间映入人们眼帘，悠然勾起思古之情。

现状

东关街巷有多、古、窄、弯的特点。

多：东关街区范围内，有60多条彼此相连、宽窄不一的街巷纵横交错，每隔数十步就有一个巷口，青砖黛瓦，引人探幽。

古：东关街巷历史悠久，凡战争遗迹、衙门官署、庵观寺院、城门堞楼、桥梁津渡、作坊店铺，都可从街巷名中追寻历史线索。

窄：除了街稍宽外，巷子都很窄，宽的两三米，窄的一两米。最窄的是“一人巷”，两人相遇得侧身才能通过，打伞时要高低错行方可相安无碍。

弯：巷子多随民居曲折延伸，犹如迷宫。巷道彼此相通，连接街区内各处名宅、园林、寺庙、古树、老井，形成独具魅力的古城景观。

2018年东关街区主要街巷一览表

表2

街巷名	起讫点	长、宽	主要遗迹或典故
东关街北侧			
便益门大街	北连盐阜东路，南起大草巷	长115米，宽4米	因便益门得名，有神在堂、美汉中学旧址
广储门街	北连盐阜东路，南起东关街	长339米，宽3米	因广储门得名，有张玉良故居旧址，扬州文化研究所曾设此地
大草巷	东连泰州路，西接二郎庙南巷，北接二郎庙东巷，中段连小草巷	长近600米，宽约3米	有戴氏学塾旧址、云圃旧址
小草巷	北连大草巷，南起东关街	长175米，宽2米	巷口有圈门
二郎庙巷	东接大草巷，西连雅官人巷，北接定慧巷，南连东关街	—	分为东、西、南、北、前等巷。原有二郎庙
定慧巷	北至盐阜东路，南连二郎庙北巷	长165米，宽3米	原有定慧寺（高旻寺下院）旧址
雅官人巷	北至二郎庙西巷，南连东关街	长367米，宽约1米	一名哑官人巷，有汪懋麟旧宅、胭脂井旧址
剪刀巷	T字形走向，南连东关街，西通前安家巷、后安家巷，东接雅官人巷	长340米，宽2米	因巷子走向形如剪刀得名，有山陕会馆遗址、梅曰强故居
安家巷	前安家巷、后安家巷统称安家巷	—	分前后巷，因朝鲜人安岐居此得名，有明代疏理道遗址、准提寺
金桂园巷	南连东关街	长约108米	因金桂圆面馆得名，有曹起溍故居
花局里	北接盐阜东路，南连东关街	长约500米，宽6米	因富春花局得名，有个园、美食广场
樊家园	西连国庆路，东起广储门街	长143米，宽3米	有“扬州十日”传说故事

续表2

街巷名	起讫点	长、宽	主要遗迹或典故
东关街南侧			
三祝庵街	西连东圈门街，东接地官第街	长约100米，宽3米	有三祝庵、吉亮工旧宅
地官第	东接观巷，西连三祝庵街	长约100米，宽3米	有汪氏小苑、洪兰友故居
东圈门街	西起国庆路，东连三祝庵街	长约600米，宽4米	因东圈门得名，有壶园、刘文淇故居、江上青故居
羊巷	南接芍药巷，北连东关街	长345米，宽4米	有金粟山房、陈六舟故居
问亭巷	西接观巷，北至东关街	长194米，宽2米，至窄处约1米	因依傍琼花观无双亭得名
观巷	北接东关街，南连地官第街	长约300米，宽4米	有琼花观、包世臣旧居
马监巷	北连东关街，南接三祝庵街	长约440米，宽4米	因明代马监得名，有礼拜寺、马监官井
谢家巷	东连马监巷，西接薛家巷	长262米，宽3米	有谢馥春旧址、陈素故居、“江文团”旧址
薛家巷	北连东关街，南接三祝庵街	长284米，宽3米	有盛世岩关旧址、臣止马桥遗址
韦家井	东起薛家巷，西连斗鸡场	长136米，宽4米	有熊成基故居、许晴故居
马坊巷	南连东圈门街，北接东关街	长280米，宽4米	有何莲舫旧宅
问井巷	北连东关街，南接沙锅井	长345米，宽2米	有查氏故宅
文化里	南连三祝庵街，北接谢家巷	长约300米，宽3米	有双忠祠遗址
斗鸡场	东接韦家井，西连问井巷	长100米，宽3米	有壶园、华氏园
沙锅井	北接问井巷，南连五福巷	长290米，宽2米	有黎东方故居

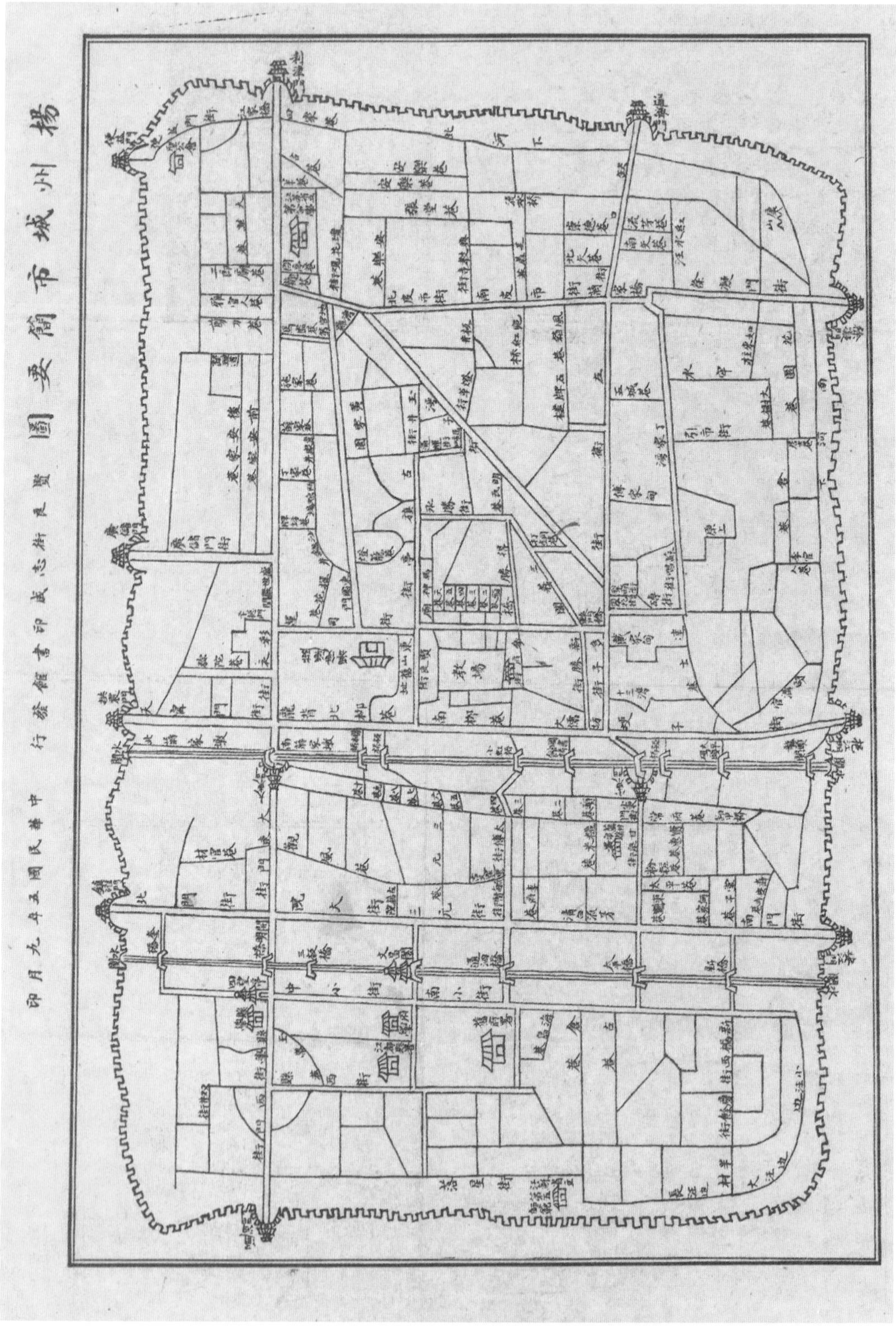

民国5年（1916）的《扬州城市简要图》

水土一方

物质精神两不忘，新型管理有良方。

前人矩范应承继，今日更超昔日强。

街区是小型社会，既需要行政管理和服务，也需要科学保护和复兴。扬州市名城建设有限公司与扬州市广陵区东关街道办事处，犹如车之两轮、鸟之两翼，在古城保护、老街复兴和社会管理、文明建设等方面取得了卓著的成绩。

社会管理

中共扬州市广陵区东关街道工作委员会、扬州市广陵区东关街道办事处驻地在东关街1号。2018年7月，街道辖10个社区。东关历史街区位于街道辖区北部，街区设琼花观、个园、宋都3个社区。2011年，街道获得江苏省和谐社区建设示范街道荣誉称号。2016年，被评为全省基层党员冬训工作示范街道。

社区概况

2018年7月，东关历史文化街区内有琼花观、个园、宋都3个社区，常住居民户数7649户，人口20072人。

琼花观社区　琼花观社区服务中心位于三祝庵街28号，以始建于汉代的琼花观得名。2018年7月，辖区面积0.31平方公里，居民3006户，人口8721人。辖区散布众多人文古迹，如东关古渡、汪氏小苑、熊成基故居等，拥有深厚的历史文化底蕴。2010年，社区创办全国首个“居民法治苑”，由法治灯谜、法治文化长廊、法治名人介绍、法治书场、调解室等组成，实现了法治宣传教育的“三个转变”，即从高台说教转变为寓教于乐、从抽象理念转变为形象工程、从泛泛而谈转变为贴近生活。2005年，建立扬州第一个“阳光学堂”，建设校外教育辅导站等服务平台，配备少儿图书馆、电子阅览室和志愿服务辅导员，

琼花观社区一隅

为社区1000多名青少年提供学习、娱乐的空间。

社区推进网格化管理工作，从网格管理转变为网格服务，在每个网格建立服务点、睦邻点，使居民切身感受到“平安就在身边，服务就在门口”。依托颐养社区建设，坚持从满足老年居民最基本、最迫切的需求出发，打造“健康福利馆”，为居民提供中医艾灸、推拿、刮痧、按摩、足疗等服务。此外，慈善超市、居家养老服务中心、社会组织建设、智慧养老、党建品牌建设、老干部工作等也颇具特色。

社区先后获全国和谐社区建设示范社区、全国文明社区示范点、全国三八红旗集体、全国社区侨务工作示范单位、全国敬老文明号、全国综合减灾示范社区、江苏省文明社区、江苏省优秀基层党组织、江苏省和谐示范社区、江苏省民主法制示范社区、江苏省科普社区、江苏省优秀校外辅导站、江苏省示范性居家养老服务中心、江苏省敬老文明号等荣誉称号。

个园社区　个园社区服务中心位于治淮新村，以著名的个园而得名。2018年7月，辖区面积0.3平方公里，居民2854户，人口7812人。社区既有丰厚的历史文化底蕴，又有丰硕的现代文明成果。武当行宫、准提寺坐落区内，名胜古迹、名人故居散布其间。社区党委充分利用地处扬州古城区域、文化资源丰富、人文环境独特的优势，把廉政文化培育成社区主流文化，精

个园社区

心打造廉政文化特色社区，被江苏省纪委等九部门联合授予江苏省廉政文化建设示范点荣誉称号。

社区建立党员联络站、志愿者服务团队和两个教育基地，把支部建在名街、名居、名景上，开展古城文化解读工程。在全省率先建立健康俱乐部，构建组织和谐、文化和谐、利益和谐、人际和谐、环境和谐的新型社区。先后被中央文明办、省、市授予全国创建文明城市示范点、江苏省文明社区、扬州市文明社区、扬州市十佳社区称号，被广陵区委、区政府授予红旗党支部、和谐示范社区、社区建设示范社区等荣誉称号。

宋都社区　宋都社区服务中心位于二郎庙北巷15号，因宋代城门遗址而得名，2002年由东关、大草两个居委会合并而成。2018年7月，辖区面积0.27平方公里，居民1789户，常住人口3539人。

宋都社区是既古老又现代，既有深厚文化底蕴又充满生机活力的社区。全社区东临泰州路、古运河风光带，南至东关街，西抵雅官人巷、定慧巷，北至盐阜东路。辖区内名街、名巷、名宅点缀成串，双瓮城、东关古渡、冬荣园、神在堂及百年老字号三和四美酱品厂等镶嵌其间，构成一幅美丽的市井画卷。

宋都社区图书室

节日东关街

琳琅满目生肖灯

迎新娘

节日的祝福

扬州灯彩

货郎担

耍龙灯

2018年东关街区社区基本情况表

表3

社区名称	四至	辖区面积（平方公里）	居民户数（户）	人口（人）
琼花观社区	东至泰州路、西至国庆路、南至文昌中路、北至东关街	0.31	3006	8721
个园社区	东至马总门、西至国庆路、南至东关街、北至盐阜东路	0.3	2854	7812
宋都社区	东至泰州路、西至雅官人巷、南至东关街、北至盐阜东路	0.27	1789	3539

网格化管理服务

2017年2月13日，东关街道围绕街区管理核心目标，召开全面深化推进社区网格化服务工作动员大会，创新服务方式，健全服务网络，强化服务功能，实现管理“网格化”，服务“精准化”，确保百姓多元化需求第一时间得到满足，各种困难诉求第一时间得到反映，各种矛盾纠纷第一时间得到解决。按照“界线清晰、任务适当、责任明确、便于考核”的原则，网格员全部下沉街巷，依托住宅小区、楼栋、巷道等，每300户左右设置一个网格，实现75个基础网格全覆盖，2360名网格员随时服务。

网格化管理中心

志愿者在文明驿站前合影

东关街道既是古城区，又是老城区，居住人口中老年人占33%，残障孤寡人员占7.1%。2017年7月，东关街道发布实施《社区治理网格化服务标准》，提出知民需、扶民困、保民安、宜民居、助民乐、促民富的“六民”服务目标，全面推行“管理到门口、服务到家庭”的社区网格化服务模式。按照“全面覆盖，界线明确，不留空白，不交叉重叠”的原则，根据社区的分布特点、人口数量、居住集散程度、群众生活习惯等情况，科学划分社区基础网格，配备网格长，聘用城管、社区民警、党小组组长、志愿者等网格员，并在网格里设立多个邻里守望互助点。

街道制定并实施“网格长‘四观’工作法”。“四观”即望、闻、问、切。望——进门入户常探望，闻——掌握情况晓民意，问——征询意见问民需，切——发现问题解症结。建立网格调解室，社区民警、“和事佬”共同参与，成功做到“纠纷不出小组，矛盾不出网格，冲突不出社区”。社区民警与网格长积极联动，第一时间掌握社区网格动态，特别是流动人员与出租房情况，并组建夜巡队巡查每个街区街巷。区域内治安案件连续多年明显下降，2015年下降6.7%，2016年下降13.5%，2017年上半年同比下降20%，总接警数不到2016年同期的1/3，群防群治取得明显成效。街道建立电力、水网、燃气服务及危房排查4支专业志愿队，全面排查安全隐患。

至2018年7月，街道辖区张贴网格服务公示牌1500块、发放网格长联系卡近10万张，形成信息收集反馈、责任协调落实、服务互助支持的集成服务系统，使管理服务的触角延伸到社会末端。

诚信示范街区

从2016年开始，扬州市委、市政府为提升古城形象，大力开展诚信示范街区活动。东关街道办事处及扬州名城建设有限公司通过多种方式带动东关街商户践行诚信。首先，在东关街东入口处张贴“诚信红黑榜”，定期更新，综合评价商户。“诚信红黑榜”有效提高了商户自觉诚信经营的积极性。其次，为了让商户能够坚持童叟无欺的观念，名城建设有限公司通过综合评价给商户发放“东关街老字号”和“诚信商户”两种荣誉牌。另外，东关街冬荣园内小剧场，通过改编故事，以戏曲、曲艺等形式弘扬诚信经营理念。东关街不少商户和企业自身也有诚信文化建设，如诚信商户谢馥春经常举办诚信宣传活动。东关街打造诚信示范街区，商户和顾客反响较好，参与度高，自我约束已成为常态。2018年7月，扬州东关街获扬州市首批诚信示范街区称号并授牌。

东关街消防执勤点

成立于2009年10月，集消防宣传、巡防检查、灭火救援、便民服务于一体。分为宣传区域与办公区域两个部分。宣传区域备有免费便民物资及消防宣传内容，通过现场的VR设备可以体验各类常见的灾害事故，给游客身临其境的感受，普及消防安全知识。办

消防VR设备体验

公区域有日常消防员的作战装备及消防队员24小时值班的晚间休息床铺、日常工作的台账记录。

链接 新春走基层——逐梦虎年

每到新春佳节合家团圆之时，总有一群人默默坚守在自己岗位，守护着万家灯火，他们就是身穿“火焰蓝”的消防队员。今天的“逐梦虎年”系列报道，我们跟随记者来认识一位山东兄弟，他叫张华峰。

1月26日，扬州市消防救援支队举行“向人民报告”汇报展演，市消防救援支队东关街专职消防站的站长张华峰向大家讲述了自己执勤时的一段经历。“2021年4月24日下午三点半左右，我像往常一样在东关街指挥平台备勤。忽然外面传来了一阵吵闹声，一名男子情绪失控，从身上掏出长棍，对周边的游客进行袭击。当时的我根本来不及多想，看到他持械伤人，立马扑上去把他制服。”

东关街是扬州的城市名片。2009年，扬州市消防救援支队成立了东关街专职消防站，这是一支集灭火救援、消防宣传、巡防检查、便民服务于一体的古城特色消防队伍。

张华峰介绍，东关街雷锋岗可以为来扬游客提供免费茶水、应急药品、失物招领、免费WiFi等。雷锋岗留言板上有很多游客留下的便利贴，上面写着：“好像回了家，很温馨。”还有人说：“非常感谢‘蓝朋友’们的帮助！”“扬州棒棒的，希望你们每一次都能平安归来！”

虎年新春到来，为提高沿街商户消防安全意识，张华峰将每天执勤巡逻次数增加了三次。张华峰：“老板你好，节假日期间一定要注意一些防火，打烊之后把电全部关掉！新年到了，祝你新年快乐！”

尽管操着一口山东口音，但扎根基层多年的张华峰早就成了名副其实的“扬州通”，他不仅是东关街商户们的“铁瓷儿”，更是辖区内孤寡老人们的“亲人”。

许大妈：“他们就像我儿子一样的，我都是喜欢的！”

随后，张华峰又给朱大爷家贴对联。张华峰：“丑去寅来千里锦，牛奔虎啸九州春。爷爷，您看这个春联可以啊？”朱大爷：“可以，好，蛮好的！”

回到宿舍，张华峰又成了消防员们的“好大哥”“好大厨”。赶着春节，“张大厨”特别为兄弟们张罗了一桌好菜。

“开饭喽！”“来了来了！”

张华峰关心了第一次留在扬州过年的小消防员，对他进行宽慰后，队友们起哄让张华峰给老婆视频。原来，张华峰已经有十几年没回家过年了。

消防员们：“嫂子好！”

张华峰：“今年又回不了家过年了，跟你说一下，跟咱爸妈，还有小孩说一下。”

张华峰爱人沈荣：“你都几年没回家了。”

张华峰：“过完年之后，我给领导申请回去。大宝在家听话，在家帮着你妈妈照顾着弟弟，好不好？真棒！过完年爸爸就回家。”

张华峰表示，小孩也希望他回家，心里不是滋味。但是穿上这身“火焰蓝”，就有坚守岗位的职责。舍小家，为大家。小家放在心里，为了大家的安全！

（记者　孙瑜）

新春走基层——
逐梦虎年

古街保护

扬州市委、市政府一直以创新和务实的精神致力于扬州古城的保护与利用、改造与复兴，东关街作为古城保护的样板，取得了成功经验。

规划策划

扬州城有记载的历史，始于春秋鲁哀公九年（前486）吴王夫差筑邗城，迄今2500余年。自1956年以来，扬州历次编制城市总体规划，都包含古城保护内容。经过多年实践，明确“护其貌、美其颜、扬其韵、铸其魂”的历史文化名城保护思路，确定了老城区保护总体框架。1982年，《扬州市城市总体规划》首次将“历史文化名城保护”作为总体规划的一个章节。1985年，获江苏省人民政府批准实施。

为更加稳妥地推进古城开发与保护工作，2000年，市规划局以东关街—东圈门地区作为历史文化街区整治试点，稳步推进，积累经验；对保留的民居按照“保护传统风貌，内部设施配套，周边环境整好”的要求，制定修缮规划方案。2004年，根据古城保护实际需要，编制《扬州明清古城控制性详细规划》，作为古城保护的刚性要求。2012年，根据历史文化名城保护要求，专门编制《扬州历史文化名城保护规划》。2011年10月，扬州市政府制定《扬州古城保护行动计划（2011—2014）》，要求遵循“统一规划、严格保护、全面改善、合理利用、加强管理”的古城保护方针，坚持古城保护、整治更新的规范化、科学化，不断提升古城建设与发展的品位；坚持提升古城的人文品质，促进古城文化能量的全面释放；坚持以人为本，提升古城承载能力，提高市民生活质量和水平；坚持体制机制创新，创新保护理念，创新发展路径，创新管理机制，不断增强古城保护与发展的动力和活力，深入挖掘东关街区文化内涵，充分彰显东关街区的文化底蕴。

此后，2013年1月江苏省住房和城乡建设厅通过《扬州历史文化名城保护规划》，2015年5月扬州市七届人大第十九次会议通过《扬州历史文化名城保护规划》，2016年2月江苏省人民政府正式批准实施《扬州历史文化名城保护规划（2015—2030年）》，为东关街区的保护复兴制定了基本方针。

自2000年起，正式实施东关街—东圈门历史街区保护与整治，扬州人民殚精竭虑、披荆斩棘，在老城区保护与利用、改造与复兴中闯出一条新路。2002年，扬州与德国技术合作公司以历史街区为试验点，尝试用以人为本的理念进行古城改造。中德双方专家经过多次沟通后达成共识：在发挥居民的主观能动性前提下，循序渐进地发掘老城潜力，最终回到提高老城居民生活质量的人本目标，避免原住居民的大规模动迁。在保护与整治过程中，对古城区3000多户老住宅进行改造维修，大大改善了人居环境。该做法在2006年“联合国人居奖”评选中受到普遍称赞，为扬州全票获得“联合国人居奖”殊荣打下坚实基础。

2007年11月5日，联合国人居署在菲律宾举办“世界城市联盟公共政策论坛”，扬州东关街—东圈门街区作为“在保护古城情况下改善人居环境”的范例应邀前往参加，文化里居民自编自演的方言说唱《文化里的新生活》大受欢迎。东关街犹如拂去历史尘埃的璞玉，显露出它的魅力与光泽。

老街复兴

2000年至2018年，扬州名城建设公司对东关历史文化街区实施保护与整治，并将其作为扬州古城保护试验区，积极为古城保护与利用探索模式和积累经验。通过十多年努力，东关街历史文化风貌进一步凸显，公共基础设施进一步改善，居民生活质量进一步提升。

2000年，完成东圈门片“一线、两面”（东圈门至地官第一线，东圈门沿街两侧建筑街景）保护整治。对东圈门片沿街部分传统建筑进行修缮，拆除与传统风貌不协调的建筑，完成道路、路灯、地下管网、各类杆线等市政配套设施改造，同时增设消防设施，配置公厕，整修开放汪氏小苑，复建完成东圈门城楼，较好地保护了东圈门片区传统风貌与格局。地面各类杆线全部下地，铺设各类管线5728米、麻石路2900平方米，拆除沿街不协调建筑近600平方米，改造修缮临街建筑4982平方米。

2003年整修开放个园南宅、准提寺等文物建筑，实施东关街一期整治工程。修缮后的个园南宅建筑布局分为三组，由东向西形成三条轴线，每条轴线分为前中后三进，由两条火巷分隔。准提寺于2003年4月完成修缮，修缮后的准提寺内设有扬州民间收藏博物馆。开展东关街一期整治工程，从国庆路到马监巷，全长600米。整治工作主要从改善市政基础设施入手，完成道路、地下管网、各类杆线等市政配套设施的改造，拆除沿线两侧违章建筑和影响古城风貌的房屋，对保留建筑进行修缮整治。铺设麻石路面600米、2810平方米，拆除沿街违章建筑和影响古城风貌建筑1707平方米，各类管线全部下地，铺设各类管线2408米，安装仿古路灯20套，修缮沿街房屋35间（其中收购15间）。

2004年2月，东关街二期工程（马监巷—东关古渡）开工。线路总长550米，全面整治道路及沿街建筑。至2005年年底，完成地下管道铺设和路面底层混凝土浇筑。街面整治工程对沿街建筑逐户勘测设计，依照“修旧如初”原则，再现青砖小瓦马头墙、木板门加花格窗的街景。

2005年，文化里地段进行民居试点整治。按照“外部保持风貌、内部设施配套”的要求，以马家巷—文化里一线为试点，修缮民居50户、建筑面积约2600平方米，同时完成民居整修试点片区186户民居的调查摸底工作；完成壶园一期复建工程，重现其历史风貌；编制东关风情街景提升规划。在东关街区民居整治过程中，与德国技术合作公司进行密切合作，获得更多国际信息和技术，为老街复兴服务。

2007年8月11日，扬州市委、市政府召开东关街—东圈门、天宁寺—重宁寺建设动员大会，以东关街区为引领，加快古城街区的保护与整治步伐，并成立“双东—双宁”建设指挥部，推进工程建设。本着先急后缓、点线面相结合的原则，2008年东关街区重点实施“一片六点”建设。“一片”为东关街片区（国庆路—马家巷）街景改造与美化，“六点”为李长乐故居整修、逸圃整修、华氏园改造与恢复、胡仲涵老宅整修、武当行宫修缮、壶园改造二期工程。2008年9月，东关街举行整治复兴开街仪式。在这条重焕青春的历史长街上，市民和游客可以游古巷、逛老字号、赏名人故居，更可以体验扬州繁盛的商业文明、悠久的历史和灿烂的文化。2011年，沿街设清代市井人物青铜塑像，有厨师、剃头匠、修脚匠、磨刀的手艺人等，形象逼真，栩栩如生。

2000年至2011年累计投入10多亿元，东关街区文化古迹与公用设施得到保护性修缮。搬迁住户2120户、单位40家，面积约计40万平方米。建成32万平方米的名城运河佳苑、北苑2个安置小区，提供安置房源2846套，完成了住户搬迁安置工作。搬迁三和四美酱品厂等40家单位，补偿全部到位。整治危旧房屋3000多户，整修老街巷26条，增加绿地、公厕、停车场等设施，建成美食广场、街道办公楼、民居式别墅等。2010年6月，东关街区获评第二批中国十大历史文化名街。2011年3月，东关街区获批国家AAAA级旅游景区，当年街区旅游接待人数达300万人次。

范本选录

东关街整治是一项系统工程，每一座古建筑、古园林、古街巷的修复，都包含着对历史的敬畏和对技术的探索。本志选择案例二三，以概其余。

链接 东关街的空间设计

一、空间布局

统一规划街区的空间布局，打造丰富多彩的节点空间。节点是区域的关键点，并由此向外辐射，通常同时具备连接和集中两种特征，是旅游街区某些可以进入的小区域，往往是交通枢纽或交通与活动的集散中心。如休闲广场等，是游客主要集中的区域。东关街仅仅是一条笔直的街道，这给街区经营造成了一定的困难。因此，加快打造东关街艺蕾小学、街南书屋、谢馥春、三和四美等节点空间成为街区发展的关键。另外，冬荣园、东关百货、东门遗址广场等节点空间的营销利用也成为街区营销规划的重点。

创造引人入胜的空间环境，人性化的步行商业空间设计首先要考虑人的驻留。“停下来”是展开活动和进行交往的基础。在步行街的空间形态上充分考虑起承转合的序列安排，把狭长的街巷空间与宽敞的广场空间相结合。多样化的街道空间环境打破了长长的街道空间带给人的枯燥感，广场成为行人交流、休息的主要场所，点、线空间的有机结合，对步行商业街的设计十分重要。在评价特定区域中公共环境的质量时，把能否为人们小坐提供更多、更好的条件作为最重要的因素来考虑。把步行商业街与周边环境有机结合起来，组成网络化的街区，使商业和人流由线性布局向面状扩展发展，充分满足人们“逛”街的需求。

街道铺装是城市街头的各种地景设施，它们构成了城市景观中的公共“生活道具”。街道铺装和设施不仅仅是形成街道与广场的环境质量、街道空间、景观组织中不可或缺的元素，还是体现城市特色与文化内涵的重要部分。街道铺装不只是为了满足人们的活动要求，更在视觉上形成许多城市记忆。

统一规划街区的旅游定位，对外以差异化突出特色，对内以差异化强调合作。相对于国内其他古镇、古街区的旅游资源开发利用，扬州古街区旅游资源相对分散。扬州与苏州、杭州错位思考，扬长避短，开启新视角，助力古街旅游开发的市场营销发现新契机，以特色突出个性，吸引不同的目标市场。公司着眼于一手、二手资源的收集整理，制定系统化营销方案，特别是通过资源的重新整合，重新定位东关街的旅游品牌，使东关街或整个历史街区的旅游品牌区别于国内、省内其他历史街区。

加强个别景点及项目的运营策划，提高文化的可读性。古城历史街区文化景点众多，各个历史景点的文化内涵丰富，相对市内其他商业街区而言具有明显的优势，同时由于交通等各项设施的限制，历史街区商业开发也有明显的劣势。公司强化街区内景点文化开发的对外咨询工作与内部管理沟通工作，通过景点文化内涵的开发，调动游客的视觉、触觉、听觉、味觉、嗅觉等，让游客充分体验扬州传统文化的魅力，实现文化的可识别性。

二、文旅要素

引入地域性文化要素，给民俗和地方艺术提供展示舞台。地域文化的传承与弘扬，不必挖空心思去“寻找”特色，更不应不遗余力“发明”个性，只要尊重本地域的自然环境、文化传统和风俗习惯，遵循本地区的传统文化进行创作，历史街区保护与利用的成果就一定是对地域文化的传承和弘扬。地域文化是现代城市文化植根的土壤，不同的自然山水、人文底蕴酝酿了别具一格的城市文化特色。作为城市的重要公共活动空间，东关历史街区的商业化改造与利用应合理融入地域特色，把当地的民俗文化、商业文化、戏曲文化、饮食文化等元素植入历史街区的商业利用规划与设计中。扬州的玉雕、漆器、木偶、雕版印刷、刺绣等成为地方工艺展示的项目；将扬州传统名菜、名点适当改进，使东关街的餐饮项目既适合本地消费，又适合外地游客的消费，让外地游客能在历史街区尝到正宗的扬州传统的名菜、名点，店铺环境幽雅，菜肴色、香、味、形俱全，价格适中很受欢迎；另外，足艺、沐浴等扬州传统的休闲文化可以让外地游客停下旅游的脚步，让游客真正享受和体验古城游的轻松与乐趣。

打造丰富多彩的街区夜生活，历史街区的旅游开发集休闲、观光、购物于一体。白天的旅游活动丰富多彩，夜生活更加赏心悦目。东关历史街区丰富的夜生活是旅游者向往的旅游活动，也是引导旅游消费的重要领地。丰富多彩的夜生活，各类形形色色的旅游新产品充斥市场，极大地激起游客的消费热情。为形成旅游市场的产业链，促进旅游市场和消费的良性循环以及形成一体化旅游生产和服务奠定坚实的基础，从而推动历史街区旅游业向更高水平发展。

三、立面装饰

街区传统建筑色彩以青、灰、白、黑为主导色调，商铺装修与修复延续传统建筑色彩，其立面色彩、材质等与周边传统建筑相协调。街区内的传统建筑材料主要有瓦片、木材、石材、青砖等，修复的传统建筑以上述材料为主，严格禁止色彩、风格与历史风貌无法协调的现代材质，如白色塑钢、白色铝合金等门窗框材质在传统建筑上的运用。

明清以来，街区建筑室内外地面一般使用砖石铺墁，室内地板多用方砖或条砖铺砌，天井铺装纹样变化较多，有斜方、八角、六角、海棠、冰纹等。在建筑院落修复中，地面铺装以恢复砖石铺墁为主，天井适当采用卵石、瓦片等材料作拼花设计。内院（天井）以青砖铺砌为主。民国及以后的建筑少量采用水泥刻花地板。重要厅堂以砖石铺墁为主。

其他街道设施充分考虑行人的需求，设置在合适、恰当的位置。街道设施选用的形式、色彩应与街区历史环境相协调；雕塑小品设置在重要节点处，与街区的历史文化内涵相协调。垃圾桶、座椅、护栏等的设计与整体历史氛围相协调，尽可能采用石材、木质等传统材质。

以创建国家AAAAA级旅游景区为抓手，加强街区的各方面建设。对历史街区的经营管理进行统一规划，把街区建设成集购物、餐饮、旅游观光、文化、娱乐于一体的商业旅游步行街。调整、优化街区的经营项目，向游客提供质优、价廉、够档次的商品，让游客体验到丰富多彩的扬州传统文化，让外地游客真正体验到历史街区的扬州气氛和扬州情趣。基于此，历史街区的经营管理方才走上了正轨。

（吴家兴）

链接 壶园修复

壶园，亦称瓠园，位于东圈门22号，现为市级文物保护单位。宅东为花园，有假山、亭台、曲桥、方池，间植花木，今存古广玉兰一株。园中原有传为北宋宣和年间花石纲遗物——钟乳石山水盆景，1953年移置瘦西湖内小金山。西部住宅现存房屋三进，有楠木厅。

壶园南至东圈门，北至斗鸡场，东、西与民房相邻，占地面积5870平方米，总投资2865万元。主要工程内容为：2006年10月至2007年3月，市名城公司启动实施壶园遗存前三进的修缮工程，项目由扬州市古典建筑工程公司负责施工，依次修缮门厅、正厅、后厅，建筑面积295平方米；2007年12月实施壶园复建工程，由扬州意匠轩园林古建筑营造有限公司承建，2009年4月全面完工。复建仿古建筑面积为2722平方米，修缮部分（悔余庵）建筑面积411平方米，并开展园林景观营造等工程。

建设过程中，遵循“不改变文物原状”的原则，全面地保存延续文物建筑的真实历史信息和价值。

一、修缮

按照建筑原有的形制进行修缮，保护原来的平面布局、造型和艺术风格；按原来的建筑结构进行修缮，保持其结构法式和特征；按原来的建筑材料进行修缮，不随意用现代材料代替原来的材料，力求保持构件原来的质地；按原来的工艺技术进行修缮，保持传统工艺手法。因壶园渗漏严重，经过论证，需进行落架大修。首先，进行拆除工程，将屋面小瓦、望砖全面落地，并分门别类堆放以便后期使用；将糟朽的檩条、椽子拆除更换；对于有倾覆危险的砖墙进行拆除。其次，对歪闪比较严重的大厅进行牮正，对底端糟朽仍能使用的木柱进行墩接。最后，采用挖补的手法对墙体进行修复，根据遗存木格栅，补齐已经损坏的木构件。经过修缮，前三进遗存顺利通过了文物部门的验收。

二、复建

壶园复建不同于一般仿古建筑新建，在复建前，组织设计、施工及相关专家对各组建筑所处的位置进行了进一步论证，主要依据现存的古广玉兰树、水井、水池底的鹅卵石和园门遗迹，反复推敲蝴蝶厅、船厅、读书厅的位置。最终形成了一致意见，蝴蝶厅位于古广玉兰树南侧，约在园林中部；读书厅位于最北侧，靠斗鸡场处较为合理；船厅位于园林东北侧，其间以长廊相连。重点复建悔余庵，位于蝴蝶厅的西侧，窗套、门套均按记载的半圆形磨砖窗套修复。

三、园林

《扬州览胜录》形容壶园“颇擅林亭之胜”，有关壶园的诗词中描述园林的具体形象有蛎粉回廊、数峰苔石、复道叠石、修篁竹品。据此初步确定假山位置，结合假山和古广玉兰，确定复道回廊的走向，经过全体参建人员的多次论证、推敲，设计假山的尺度、廊桥的走向、绿化的配置等，最终形成复建后的景观。

（梁玉荣）

链接 文化里整治

2006年9月，文化里民居整治。项目由德国技术合作公司与扬州市名城建设有限公司合作实施，内容包括修缮民居、建设新型节能办公室、改造基础设施、提升景观等子项目。项目实施中引入德国在古城保护方面的先进理念和设计方案，为老城区民居整治起到了一定示范作用，为民居改造积累了宝贵经验。

文化里道路排水工程是2006年市政府“双东”片区改造试点项目，2006年12月开工，由市政养护管理处承建，2007年7月底竣工。基础设施改造主要包括按照传统做法对道路进行改造，翻建下水道，敷设强、弱电地下管道等。主要工程量：新铺站砖280平方米，条石50平方米，下水道165米，强、弱电管道各170米，改建公厕1座。

文化里全长165米，共居住46户居民，其中公房20户、私房26户，具有一定保护价值的民居35户。2006年9月至2007年4月，先后组织修缮民居46户，投入215万元，其中修缮费用最高的一户11.5万元，名城公司补贴2.5万元。

修缮的标准要求外立面墙面屋面与历史街区风貌一致，每户都有单独卫生间和厨房。达到修缮标准的公房补贴修缮造价的50%，私房补贴修缮造价的30%，特困家庭补贴修缮造价的50%，其余部分由住户个人承担。改造修缮的46户中，完全达到修缮标准的5户私房，按照规定标准补贴；按照历史街区风貌标准拆迁后改建了1户，为原谢馥春仓库；其余私房与公房仅作外立面的改造，且住户未承担修缮费用。

原住户搬迁中存在一些困难影响整体修缮，如居民年龄太大身体羸弱；想改造但没有足够的资金，完全寄希望于政府；人均居住面积不足，一个院内住着几户人家，住的地方都不足，每户无法增设厨房、卫生间，有的住户为了增加居住面积，在空地上搭设违章建筑，破坏了民居的传统格局；产权形式多样，有的民居产权一半公房、一半私房，一户想参与改造，另一户不想参与改造，无法从结构上实施民居改造；公房的改造参与者积极性不高，认为房子的产权为国有，住户只有使用权，改造应由政府买单。针对以上情况，建设方采取了一些有针对性的措施，推动了整体改造修缮。

适当拆除一些与古城风貌相悖的建筑物，重新规划建设与古城风貌一致的建筑，通过出售或出租的方式吸引一些对古城有保护意识的有识之士入住，以带动古城居民的整体保护意识。

增加古城居民的人均居住面积，增设厨房、卫生间。适当搬迁一部分人，搬迁后留下的民居有优先购买权。

没有人气的古城就没有了灵魂，没有了生机，民居改造避免了大规模的搬拆迁，通过政策调控留住了古城居民。

划出一块民居改造示范区，在完善“文化里”的补贴政策的基础上，推动历史街区范围内传统民居的保护和利用。

制定统一的古城房屋修缮整治标准与保护标准。建立古城保护的管理单位，管理到古城的每一块砖、每一块瓦。

（梁玉荣）

文旅胜地

2010年7月，东关街被文化部、国家文物局评选为中国历史文化名街。2011年3月，东关街获国家AAAA级旅游景区授牌。游客通过车船等交通工具进入东关街区，可以深入体验具有千年底蕴的古街风情。

观光线路

游客可选择东、西、南、北各个方向进入东关历史文化街区。东、西两端为主要进出口，东端即东关古渡—东门遗址广场，西端即国庆路—东关街西首。南、北为辅助进出口，主要通道有广储门街、花局里、东圈门、观巷等。其中最经典的线路是：游人参加扬州古运河水上游项目，至东关古渡码头上岸，游览古渡胜迹，登上东门城楼，渐次展开东关街版《清明上河图》风情画卷。

根据东关历史文化街区资源分布特点，旅游资源分为三线、三片、十八点。

三线：东关街线路、地官第线路、个园—东圈门线路，形成东关历史文化三条轴线。

三片：个园片（街南书屋、个园、逸圃、华氏园、胡氏宅）为经典园林游，东圈门片（曹起溍故居、江上青故居、熊成基故居）为烈士故居游，汪氏小苑片（汪氏小苑、丁姓盐商住宅、马姓盐商住宅）为盐商宅第游。

十八点：东门遗址、三和四美酱园旧址、琼花观、馥园、街南书屋、冬荣园、许靖华故居、金粟山房、准提寺、山陕会馆、包世臣故居、武当行宫、三祝庵、华氏园、李长乐故居、郭坚忍故居、盐务会馆、诸姓盐商故居。

旅游集散

东关街区的旅游集散点：东关码头可停泊运河游船，四周道路均有公交站台。游客服务中心主站设在东门遗址广场南侧，个园北门、东圈门、东关街西端设有服务站点，配有专职导游，有电瓶游览车代步。街区内吃、住、行、游、购、娱设施齐全，具有扬州特色。每条街巷均设解说牌，讲解名称由来、传说故事等。2015年8月，扬州市旅游局和广陵区旅游局在街区设置多块古色古香的指引牌，标明下一站街巷名称，显示游客所在位置，帮助游客按图索骥。

2018年东关街区周边公交站点及公交线路一览表

表4

站点名称	位　置	公交线路	营运线路（对开）	营运时间
东关古渡	东关古渡北侧泰州路	25路	公交三公司—汽车东站	06：00—18：14
		28路夜班	工人新村—工人新村	17：30—21：40
		45路	公交三公司—文昌苑	06：10—18：30
		52路	友谊广场—汽车东站	06：00—18：00
		58路	汽车东站—平山实验学校	06：00—18：10
		99路	动物之窗—江都水泥厂	05：55—18：00
		99路夜班	友谊广场—江都水泥厂	18：30—21：30
		旅游观光巴士	何园—观音山	08：30—17：00
		旅游专线	汽车西站—福运门	06：20—18：30
琼花观	文昌中路银河商厦门前	18路	汽车西站—文昌苑	06：00—18：06
		18路晚班	汽车西站—文昌苑	18：15—22：10
		26路	汽车东站—公交二公司	05：40—17：34
		26路晚班	汽车东站—公交二公司	17：40—21：50
		32路	茱萸湾公园—苏北医院	06：06—18：30
		86路	文昌苑—蒋王公交首末站	06：20—18：30
		88路	江都汽车东站—扬州火车站	06：00—18：20
		88路晚班	江都汽车东站—扬州火车站	18：30—21：30
		89路	汽车东站—市委党校	07：10—18：40
		99路	动物之窗—江都水泥厂	05：55—18：00
		99路晚班	友谊广场—江都水泥厂	18：30—21：30

续表4

站点名称	位　置	公交线路	营运线路（对开）	营运时间
东圈门	国庆路东圈门路口	8路	动物之窗—茉莉花路	05：58—18：18
		8路夜班	茉莉花路—绿洲广场	18：08—21：38
妇幼保健院	国庆路市妇幼保健院门前	8路	动物之窗—茉莉花路	05：58—18：18
		8路夜班	茉莉花路—绿洲广场	18：08—21：38
个园	盐阜东路个园路口	27路	醉温泉会所—绿洲广场	05：40—18：00
		28路夜班	工人新村—工人新村	17：30—21：40
		旅游观光巴士	何园—观音山	08：30—17：00
		旅游专线	汽车西站—福运门	06：20—18：30
工艺美术馆	莱茵苑小区前	27路	醉温泉会所—绿洲广场	05：40—18：00
		28路夜班	工人新村—工人新村	17：30—21：40
		旅游观光巴士	何园—观音山	08：30—17：00
		旅游专线	汽车西站—福运门	06：20—18：30

2018年东关街区主要旅游停车场一览表

表5

位　置	车位数（个）	营业时间
金聚德酒楼北侧	30	07：00—19：00
个园北门	43	
便益门大街	30	
东关美食广场地下一层	150	24小时
彩衣街菜场地下一层	60	
7天连锁酒店地下	90	
文昌中路416号附近	30	07：00—19：00
玉器厂门前	30	
家之源宾馆地下一层	110	24小时
富临壶园	30	

续表5

位　置	车位数（个）	营业时间
市一中至观巷一带	150	07：00—19：00
琼花观	30	
宋城名都	90	
东门遗址路边	80	
经典商务广场地下	90	24小时
大型旅游车临时停放点（原商专空地）	旺季时专设	07：00—19：00

盐漕遗存

万贯盐课富一方，千年漕运兴工商。

风流过后遗韵在，细数园亭知兴亡。

扬州自古以盐漕盛。汉代吴国盐业迅猛发展，明清扬州盐商更成为全国首富。要了解扬州，先解读盐漕；要了解盐漕，先解读东关。东关街区星罗棋布的盐运和漕运的遗迹，是扬州城市发展的历史见证。

盐务寻踪

明清时期，扬州是管控两淮盐业的中枢。虽经历史沧桑，文物凋零，但是东关街依然存在众多古迹。一座门厅，一个地名……它们不仅是游客探胜访幽的去处，也是今人与历史对话的平台。

两淮盐运使司署

位于东关街西南，国庆路西侧255号。市级文物保护单位。明代始建，清康熙二十八年（1689）重修，清咸丰年间（1851—1861）毁于兵火，清同治八年（1869）由两淮盐运使方濬颐重建。现存衙署门厅。扬州盐运使司始置于元代，全称为江淮都转盐运使司，明清设两淮盐运使司，简称“运司”，官秩从三品，具体掌管食盐运销、税课征收、盐引兑解及属地私盐案件、缉私考核等。《红楼梦》人物林黛玉之父林如海，小说称其在扬州做过盐运使。元代两淮都转盐运使司管辖两淮（北接山东、南界两浙，全国盐场之冠）盐务，下辖泰州、淮安、通州三分司。有清一代，两淮盐业经济为清政

两淮盐运使司署

府提供巨额税收。在清廷财政收入中，两淮盐课几乎占全国盐课的一半。辛亥革命以后，署内建筑逐步改建、拆除。两淮盐运使司署门厅是扬州盐业史的见证、红学研究的佐证，也是大运河文化的宝贵遗产。

东圈门

位于两淮盐运使司署之东，一名宾阳门，取“众阳之宗，人群之象”之意。明正德十五年（1520），为拱卫两淮都转盐运使司衙署，盐运使李锐在衙署东、南、北三面分别建立圈门，形似城门。南圈门原在古旗亭北，正名迎薰门，取自上古《南风歌》“南风之薰兮，可以解吾民之愠兮”；北圈门原在彩衣街南，正名拱极门，取自《论语》“为政以德，譬如北辰，居其所而众星共（拱）之”。今南圈门、北圈门均不存。2000年，依据历代《两淮盐法志》相关资料，在东圈门街西口重建东圈门，东圈门城楼遂成为东关历史文化街区街巷游标志之一。

东圈门

山陕会馆

位于东关街250~262号。市级文物保护单位。山陕会馆是山西、陕西盐商在扬州设置的会馆，也是扬州最早的盐商会馆。明洪武三年（1370），为解决边镇军粮供应，实行开中法，山西、陕西商人就近输粮边镇，再到扬州领盐，山陕商人遂成为扬州最早的盐商。明弘治年间（1488—1505），运司纳银制度确立，大批山陕富民东迁淮、浙。明嘉靖时期（1522—1566），在扬州的山陕盐商及眷属多达500余人。随着盐业的发展，山陕会馆应运而生，初为联络乡谊的场所，后成为维护同行和同乡利益、与官府打交道的民间机构。山陕会馆东西宽30余米，南北长90余米，占地面积3000余平方米。今唯剩大门与会馆地基界址碑石。

疏理道旧址

位于东关街中段北侧。疏理道是明代管理盐务与运河的衙门，“疏理”即“疏官课，理积引”。清嘉庆《重修扬州府志》载：“疏理道在利津门内，明万历四十五年设以疏通盐法。未几，裁并。”明代中叶，盐法败坏，运河壅塞，国库难以及时补充。户部郎中、两淮盐法疏理道袁世振受朝廷遣派，前往扬州利津门（今东关）内设疏理道，疏理盐政之弊，以保证国家盐税收入，改“开中制”为“纲运法”，为扬州盐业繁荣创造契机。随着官课的疏通、积引的清理和盐法改革的成功，明末疏理道完成使命，疏理道公廨改建为准提庵，后成为扬州名刹准提寺，位列扬州“二十四丛林”之一。今疏理道遗址即准提寺为省级文物保护单位，现为扬州民间收藏交易市场。

盐务会馆旧址

位于东关街西首400号。市级文物保护单位。盐务会馆隶属两淮盐运使司署，是盐商与盐官办理盐务的场所。

盐务会馆

民国年间归淮南盐务局。盐务会馆朝南，原有古式楠木大厅，通面阔三间，大厅前有三面回廊拱卫。建筑面积137.4平方米。厅堂高阔，前置走廊，廊上首置卷棚。后步架抬头枋上悬黑底金字匾额，书“仁者寿”三字。该大厅在1983年由园林管理处拆除，移建于北门外街卷石洞天园内。原地新砌三大间砖混结构房屋，安排住户。房后有古宅三进，即霭园，现从东侧巷内朝东八字门楼（东关街396号）入内。

盛世岩关旧址

位于盐务会馆门外东侧，横跨东关街286号和277号。清中期该地筑有圈门，上有汉白玉石额，题“盛世岩关”四字，为征收盐税的关隘。嗣后拆除。清光绪十三年（1887）四月，由“四品衔江都县补用知府谢延庚、按察使衔督办扬州保甲江苏即补道赵济川、一品顶戴置理两淮盐运使程恒生、三品顶戴即补道知扬州府事宜霖、甘泉县事舒朝冕”等重建。新中国成立后，因街道整治，圈门再次拆除。

漕运遗迹

广储仓旧址

位于广储门街西南。广储仓是明清扬州官府为调节漕运、储藏漕粮而设立的官仓，位于广储门附近。今广储仓已不存，唯剩广储门之名。明嘉靖三十五年（1556），为防倭寇侵扰，扬州知府吴桂芳向东扩建新城，当时并无广储门。清同治年间（1862—1874），为方便百姓进出城，在此辟城门，因城门西南处有广储仓，故名广储门。旧时广储仓之北为北城濠，城濠上有木吊桥，为扬州六吊桥之一。同治年间改建为砖拱桥，1951年修建为砖石拱桥。1977年、1988年市政部门两次维修加固，可通载重汽车。广储仓旧址向南，直通东关街。

壶天探胜

小园春色自乾坤，山水亭台宛天成。

莫道巷深无妙境，桃源驻足忘晨昏。

历史文化街区最引人入胜的地方，往往是名胜古迹。东关街恰恰拥有各色各样的名胜古迹，盐商园林值得品赏，宗教寺观可供拜谒，深宅庭院和文史展馆等待游人探胜寻幽。

园亭品芳

东关街有壶园，古人以“壶天”比喻仙境、胜境，有形制小而天地大之意。以个园、壶园等为代表的东关园林，素有“壶天自春”之誉，这里高墙深院，曲径通幽，山水楼阁，小中见大，是北方之雄和南方之秀的交融，堪称扬州园林的佳构。

小玲珑山馆

位于东关街309号。清代儒商马曰琯、马曰璐的家园，清人李斗《扬州画舫录》将小玲珑山馆誉为扬州诗文之会最盛所在，约于清雍正十年（1732）春建成。后来毁坏，近年根据史料重建。在小玲珑山馆砖墙上常见“铜钱”一样的标记，有时连成一片，这些都是旧砖。为修旧如旧，复建过程中共收购12万块旧砖块，多带“铜钱”标记。

小玲珑山馆残石

玲珑本为玉声，取之于班固《东都赋》“和銮玲珑，天官景从”。因马氏得到玲珑石时，苏州顾湘已有玲珑山馆，故马氏之园名为“小玲珑山馆”。玲珑石即太湖石，不加人工雕琢，具备瘦、透、漏、皱之奇。马氏小玲珑石原物今存额部，有阴刻篆书“玉山高并”，阴刻楷书“小玲珑山馆马氏清供”。

小玲珑山馆的建筑缘由，据马曰璐《小玲珑山馆图记》载：“近于所居之街南，得隙地废园，地虽近市，雅无尘俗之嚣，远仅隔街，颇适往还之便。竹木幽深，芰其丛荟，而菁华毕露；楼亭点缀，丽以花草，则景色胥妍。于是，东眺蕃釐观之层楼高耸，秋萤与磷火争光；西瞻谢安宅之双桧犹存，华屋与山丘致慨；南闻梵觉之晨钟，俗心俱净；北访梅岭之荒戍，碧血永藏。以古今盛衰之迹，佐宾主杯酒之欢，予辈得此，亦贫儿暴富矣。”

小玲珑山馆又称街南书屋，内有小玲珑山馆、看山楼、红药阶、透风透月两明轩、石屋、清响阁、藤花庵、丛书楼、觅句廊、浇药井、七峰草亭、梅寮诸景，其中以小玲珑山馆最为出名，故整座园林亦称为小玲珑山馆。清人袁枚在《随园诗话》中将扬州小玲珑山馆、天津水西庄、杭州小山堂并称为清代三大私家园林。后浙江秀水张庚绘《小玲珑山馆图》，马曰璐撰书《小玲珑山馆图记》。小玲珑山馆建成后，园主马曰琯、马曰璐各写诗《街南书屋十二咏》，分咏十二景。厉鹗、陈章等诗人也为街南书屋十二景题咏。

小玲珑山馆经常举行文人雅集，扬州八怪中的金农、郑燮、高翔、汪士慎等屡次受邀前来，诗酒流连，尽日长欢。郑板桥为小玲珑山馆题联：“咬定几句有用书，可忘饮食；养成数竿新生竹，直似儿孙。”上联写小玲珑山馆藏书对人有教化作用，下联写小玲珑山馆之竹对人的精神影响。对联因景设词，率性而发，切人切事，饶有哲理。民间传说，郑板桥当年因无钱还债，躲至镇江焦山僧人处，巧遇马曰琯。两人交谈后，马曰琯十分赏识郑板桥的才气，私下为郑板桥还债。郑板桥回到家中，见债已还、屋也修，乃知马曰琯私寄300两银子予以支持。此后，郑板桥成为小玲珑山馆座上客。一次郑板桥到小玲珑山馆，适逢下雪，吟道：“一片两片三四片，五六七八九十片。”众人大笑，郑板桥徐徐吟道：“千片万片无数片，飞入梅花都不见。”众人大赞。

小玲珑山馆吸引了扬州与江南的文人士子，一时间名士趋之若鹜，金农、郑燮、厉鹗、陈章、全祖望、杭世骏、卢见曾等才彦硕学频繁出入。他们以此为中心，切磋诗艺，形成以小玲珑山馆为中心的诗人群体，前后活动时间将近半个世纪。金农有诗题为《马曰琯、曰璐兄弟招同王岐、余元甲、汪埙、厉鹗、闵峄、汪沆、陈皋集小玲珑山馆》，记录了他们的雅集盛事。

街南书屋园囿

街南书屋十二咏

〔清〕马曰琯

小玲珑山馆

虚庭宿莽深，开径手芟剪。
会有云壑人，时来踏苍藓。

看山楼

我有山中心，不得山中宿。
爱此两三峰，凭栏肆遥瞩。

红药阶

绮钱晴日丽，粉缬苔花侵。
春去亦等闲，鬓丝吹上簪。

透风透月两明轩

摩围老人语，借似颜吾轩。
弹琴复解带，此意谁为传？

石屋

洞中若有室，片云入我怀。
长松覆阴窦，烟萝褰阳崖。

清响阁

疑游水乐洞，石激波潆洄。
启窗无所有，海桐花乱开。

藤花庵

垂垂紫璎珞，可玩复可摘。
摘以供清斋，玩之比薝卜。

丛书楼

下规百弓地，上蓄千载文。
他年亲散帙，惆怅岂无人。

觅句廊

长廊敛夕曛，味甘思益苦。
起予者寒虫，唧唧墙根语。

浇药井

井上二杨柳，掩映同翠幕。
空瓶响石栏，寒泉溅芒屩。

七峰草亭

七峰七丈人，不巾亦不袜。
偃蹇立篔筜，清冷逼毛发。

梅寮

瘦竹窗棂青，寒梅屋角白。
雏鹤小缡褷，约略见风格。

马曰琯、曰璐兄弟招同王岐、余元甲、汪埙、厉鹗、闵峄、汪沆、陈皋集小玲珑山馆

〔清〕金农

少游兄弟性相仍，石屋宜招世外朋。
万翠竹深非俗籁，一圭山远见孤棱。
酒阑遽作将归雁，月好争如无尽镫。
尚与梅花有良约，香黏瑶席嚼春冰。

个园

南门位于东关街312号，北门位于盐阜东路10号，东门位于花局里。全国重点文物保护单位，国家AAAA级旅游景区，面积2.3公顷。个园前身为明寿芝园。清嘉庆二十三年（1818），两淮盐业商总黄至筠在寿芝园旧址上重建。黄至筠，字韵芳，又字个园，性爱竹，因园中多竹，竹叶形似两个“个”字，故名个园。个园有竹近2万竿、60多个品种。全园由南至北，分为住宅、庭园和竹林三个部分。

个园以叠石精巧闻名，融造园法则和山水画理于一体，被园林专家陈从周誉为“园内孤例”，相传为清初画家石涛手笔。假山采用“分峰用石”手法，表现春、夏、秋、冬四季景色。春山位于宅北，庭园入口处。左右各有花台，台上翠竹玉立，清风徐来，琅玕摇曳。竹丛中插以绿色笋石，如同雨后春笋，点破春山主题。夏山位于园西北。叠石以青灰色太湖石为主，以

6~7米高的太湖石假山为主体，东与抱山楼、秋山相接，太湖石凹凸不平，有瘦、透、漏、皱之美。山上古柏，枝叶葱郁，山前池水，波澜不惊。池中有鱼，嬉戏穿梭，静中有动。池塘右侧有曲桥直通山腹，洞中幽深，人可穿行。拾级而上，山顶有一亭，名鹤亭，傍依虬曲老松。山上磴道，东接抱山楼。秋山位于园东，规模最大。整座山体用黄山石叠成，形如刀劈斧砍，气势磅礴，凸显北方山岭之雄伟。山内结构复杂，石洞、石台、石磴、石梁与山中小筑交错融合。山隙古柏斜伸，与嶙峋山石构成苍古奇拙的画面。中峰高耸奇险，山顶有拂云亭，乃全园制高点，俯瞰四周，满园佳境，尽收眼底。冬山位于庭园南墙之下，系以宣石（石英石）堆叠。宣石又称雪石，石质晶莹洁白，迎光则闪闪发亮，背光则熠熠放光，远望似积雪未消。地面亦用白石铺成裂纹状，如同冰裂。南面高墙上凿24个风音洞，巷中风来，时发出呼哨之声。其旁植蜡梅3株、榆树1株。蜡梅是扬州名品，其中一株“冬前素”花期最早。老榆树寓意“年年有余”。

园内建筑，楼、阁、厅、轩、亭，类别俱全，样式典雅，高低错落，宽窄相宜，疏密有致，构成有机整体。

抱山楼位于园中部偏北，为个园主体建筑。一列长楼，广达七楹，将夏山和秋山连为一体。丛书楼位于园东南角，倚山而建，造型别致，是园主藏书、读书的地方。宜雨轩位于园中部，为园主待客雅集之处。宜雨轩前后山墙，由精致的木雕和从欧洲进口的珍贵玻璃构成，坐在厅内可将四面景色一览无余，故又称四面厅。住秋阁位于园东秋山南峰上，面西而建，坐东朝西。阁中宽敞明亮，可眺望秋山和园景。清漪亭位于抱山楼南，秀丽而姣好。透风漏月轩位于秋山西南，宽敞通透，幽深静谧。

园南为住宅，原有福、禄、寿、喜、财五路建筑，间以火巷，现存福、禄、寿三路。

东路建筑以禄为主题。首进为清美堂，是园主接待一般来客和处理日常事务的地方。“清美”寓意以清为美，为官则清正廉明，做人则清白正直。楠木厅为园主家人餐厅，三间两披廊格局，构造考究。厅中架构均为圆柱、圆梁、圆椽，内设圆桌、圆凳、圆几，取团圆、团聚之意。

中路建筑以福为主题。前进为正厅，中进和后进为住宅。住宅格局系三间两厢，体量较大，装修规整。檐口瓦头滴水及门窗槅扇，皆饰以倒挂蝙蝠，寓意“福到”。汉学堂是大宅门主厅，系主人读书研学之所。厅中架构、轩梁均为柏木，亦称为柏木厅。

西路建筑以寿为主题。为个园中最高建筑，也是扬州古民居中最高厅堂。今存主房前后三进，是园主内眷起居场所。首进清颂堂，杉木构架，正厅三楹，厅内家具古朴精致。抱柱楹联是：“几百年人家无非积善；第一等好事只是读书。”此厅是黄氏家族聚会祭祀场所，也是堂会演戏之地。后进为楼宅，楼下是正房卧室，从屏门后楼梯可上楼。楼上是闺房，亦称绣楼，有女儿家的卧房、书房与娱乐、沐浴用房等。2010年，绣楼布置为盐商生活展览馆，再现园主一家的生活起居场景。2014年，前进厅堂东套房建成个园史料陈列馆。

清道光十八年（1838），黄至筠卒。长子黄锡庆外管盐务，内管家业，直至清咸丰十年（1860）。清同治初年，个园卖给镇江丹徒盐商李文安。李氏为丹徒名门望族，咸丰年间避战乱迁居扬州。1926年，李家让出个园，后几易其主，先后为徐宝山、蒋遂之、朱瑞徵等人所有。个园的经历和故事，可谓扬州城变迁的缩影与见证。

个园记

〔清〕刘凤诰

广陵甲第园林之盛，名冠东南。士大夫席其先泽，家治一区，四时花木容与，文宴周旋，莫不取适于其中。仁宅礼门之道何坦乎？其无不自得也！

个园者，本寿芝园旧址。主人辟而新之，堂皇翼翼，曲廊邃宇，周以虚槛，敞以层楼。叠石为小山，通泉为平池，绿萝袅烟而依回，嘉树翳晴而蓊匌。闿爽深靓，各极其致，以其目营心构之所得，不出户而壶天自春，尘马皆息。于是娱情陔养，授经庭过，暇肃宾客，幽赏与共，雍雍蔼蔼，善气积而和风迎焉。

主人性爱竹，盖以竹本固。君子见其本，则思树德之先沃其根。竹心虚，君子观其心，则思应用之务宏其量。至夫体直而节贞，则立身砥行之攸系

个园四景

者实大且远。岂独冬青夏彩，玉润碧鲜，著斯州筱簜之美云尔哉！

主人爰称曰：个园。

园之中，珍卉丛生，随候异色。物象意趣，远胜于子山所云“欹侧八九丈，从斜数十步，榆柳两三行，梨桃百余树”者。主人好其所好，乐其所乐，出其才华，以与时济，顺其燕息，以获身润，厚其基福，以逮室家孙子之悠久咸宜。吾将为君咏，乐彼之园矣！

嘉庆戊寅中秋，刘凤诰记并书。

个园：从“破土而出”到“涅槃重生”

壶园

位于东圈门22号。始建于清代，为盐商何莲舫家园。市级文物保护单位。何莲舫免官后抵扬业盐，购得此宅，增建园亭，作为家园。壶园亦称瓠园，皮市街耿家巷墙间嵌有石额，上镌“瓠园”两个隶字，是壶园旧物。何莲舫在诗集里多处提到壶园，同时他也提到瓠园一名，并说因为吴中汪氏有壶园，他才把壶园改为瓠园。据考，改名时间为清同治九年（1870）。

壶园分东西两路，中间是火巷。西路有客厅、书房、藏书楼与住宅，东路有方池、曲廊、红肥绿瘦轩。悔余庵是书房的名字。何莲舫咏壶园道：“春到壶园色色新，壶中九华碧崚峋。阶前竹笋初飞舞，池上杨花渐化萍。缓步园林日几回，朋簪相对便衔杯。鹭立凫趋鸥自野，莺歌燕舞鹤能陪。天花乱坠春如海，门外骊驹莫漫催。”今平山堂西园的单檐歇山舫屋，瘦西湖小金山的钟乳石水旱盆景，都是从壶园移去的。园中有一株合抱的玉兰树，应是原物。壶园最盛时，曾经高朋满座。仅何莲舫在诗中提到的，就有两江总督曾国藩、两淮盐运使方濬颐、盐法道前署盐运使庞际云、常镇通海道观察使沈秉成、瓜栈总办薛书常、前湖北藩司厉云官、前直隶清河道卞宝书、内阁中书胡恩纶、长江水师提督黄翼升、淮扬镇总兵欧阳健飞、候补道叶晋卿、江南提督李朝斌、两淮盐运使李元华、前任江宁藩使万启琛、书法家何绍基、诗人李匡济等。

壶园主人何莲舫为曾国藩门下士，工诗文，善书法，著有《悔余庵诗集》。据《甘泉县续志》载，江阴何莲舫太守栻罢官后筑壶园，曾国藩任两江总督兼管两淮盐政时，到扬州必到壶园做客，“诗酒流连，往往竟日”。相传一日曾国藩至何莲舫家，闲坐中何莲舫对曾国藩说：“镇江新到一个戏班，演唱颇佳，弟子已将其调来，今晚请老师一聆雅奏。”曾国藩欣然答应，并随同何莲舫至绿肥红瘦轩戏台游赏。其时仆从正在打扫陈设，曾国藩于台前驻足道：“戏台固佳，恐晚间光线暗淡，何不于台口挂一灯联？”晚间，曾国藩在何莲舫陪同下来到台前入座观剧，举目见台口

壶园（瓠园）

高悬一联，灯光灿烂，白纱上剪有黑绒制成的联句："后舞前歌，此邦三至；出将入相，当代一人"。曾国藩大悦。

壶园在民国间渐趋破败，但何氏藏书在近代曾被视为翘楚。扬州藏书，旧时以马氏小玲珑山馆、陈氏瓠室收藏最富，太平天国运动之后，唯有何氏壶园藏书最精。藏书家郑振铎《清代文集目录序》说："扬州何氏、无锡丁氏诸家藏书散出，予皆有所得。"扬州何氏即壶园何氏。何家的书，主要藏在悔余庵。到了何晋彝时，因家道中落，1920年经由扬州书商卞燕侯介绍，将家中4万余册藏书全部售给上海涵芬楼。据出版家张元济记载，何氏藏书包括明版3732册，殿版1099册，总共4万余册。这些书由张元济到壶园阅后亲自经手，最终以2万银圆成交。遗憾的是商务印书馆存放善本的涵芬楼，在日军轰炸之下全部灰飞烟灭，何氏藏书从此绝迹于天地之间。

逸圃

位于东关街356号。清宣统二年（1910），由钱业经纪人、惠余钱庄主人李鹤生（1871—1937）所建，历时3年。"逸"是安逸或超群之意，"圃"指瓜果菜园。1962年被评为市级文物保护单位。2011年被评为全国重点文物保护单位。扬州住宅园林格局多半是前宅后园，逸圃与众不同，为

逸圃

西宅东园。

逸圃有四大看点，一是园，二是山，三是门，四是雕。逸圃园林打破常规，分散各处，各种通道四通八达。假山因地制宜，并在山上建亭。逸圃的门造型各异，有八角门、花瓶门、桃形门，俱见匠心。逸圃的雕刻也多，大门有砖雕春夏秋冬，读书楼有砖雕国色天香，花厅走廊天花板有木雕五福同寿，无不追求精致。

逸圃大门南向，门楼上嵌有4块精美的砖雕，图案分别为玉兰、荷花、菊花和梅花，寓意春夏秋冬、四季轮回。原黑漆大门上有浅刻楹联“扬州古明月；陋巷旧家风”。门内西部为住宅六进，东部前院为园。进入逸圃，迎面首先是东部的八角门，上面有两个隶书大字“逸圃”。从八角门进入，沿东墙有湖石假山贴墙而垒，委婉屈曲，壁岩森严，与花墙形成虚实对比。假山北面，倚墙作五边形半亭。该亭毁于1966年，现为复建。园子北侧有花厅三间，装修极精，花厅走廊天花板上有“五福同寿”板雕，也极精美。

花厅西行北折，在火巷东侧辟一花瓶形门，题额“问径”。内有庭园一隅，置花木山石。其北为小轩三间，内有紫檀木罩隔，雕刻细致。屋内有暗门，可登楼到达住宅北面的后园。后园有湖石假山，花草树木，别有天地。轩背置小院，沿磴道可达复道廊，即由楼后转入隔壁小园。折向西北，有西向两层小楼三间，面山而筑，为读书楼，有楼廊与对面假山相通。楼下底层有彩绘瓷板画隔扇12扇，是清光绪初年景德镇瓷画家金品卿所画花鸟，为珍贵文物。楼南建有别致的旋转楼梯可登楼，布局设计精巧。楼旁有紫藤一架，老干若虬，满阶散绿。后园昔有望月亭、紫竹林等景。逸圃与苏州曲园仿佛，都是利用曲尺形隙地布设，上下错综，境界多变。由小院转入隔园，绝处逢生，似尽而未尽。

逸圃曾作为诸多机关的办公场所。扬州专区阶级教育展览馆曾设置在此，并成为当时省内最好的同类展馆。1960年扬州人民广播电台在逸圃成立，花厅作为编辑部，最后一进房子是播音室和录音室，扬州评话家王少堂的《武松》就在这里录制。后来，逸圃成为扬州国画院和扬州人民出版社的办公地点。画家王板哉、吴砚耕等曾在这里工作或生活过。2008年后恢复逸圃原貌，现作为长乐客栈的一部分对外开放。

馥园

馥园

位于东关街243号。原为谢馥春作坊与店铺旧址。馥园含老宅、花园和作坊三部分，为罕见的住宅、园林、作坊三合一建筑群。在熙熙攘攘的东关老街上，古色古香的化妆品老店谢馥春令人耳目一新。当欧莱雅、资生堂、欧珀莱等品牌在化妆品市场各领风骚之际，谢馥春坚守着自己的百年古风，以古朴与典雅、怀旧与淡泊，吸引着老少消费者。那些绘制着工笔花鸟的椭圆形彩盒，和它所包装的细腻的鸭蛋粉，陈列在闹市的店铺之中，为风景如画的扬州城氤氲了扑鼻的芬芳。在谢馥春的收藏室里，珍藏着其获巴拿马国际博览会银质奖章的照片。奖章把扬州印记永远留在了世博会的史册上。

扬州香粉走向世界，并不是从谢馥春才开始的。扬州香粉选料讲究，工艺上乘，所以在数百年间赢得南北女性的青睐。明末，扬州香铺戴春林风靡京城，京师妇女听说扬州戴家香粉到了无不欣喜若狂。上海开埠后同时有十几家戴春林香铺开张，大抵集中于昼锦里一带。今北京著名的南锣鼓巷，自南进巷首家店铺就是戴春林香粉铺。

馥园有序馆、粉黛楼和谢馥春馆三大部分，包括牡丹厅、天香楼、生产示范区、谢氏老宅和香粉铺等。全园占地面积3000多平方米。粉黛楼融合扬州美女美妆文化，展现以刘细君、赵飞燕为代表的“扬州十二粉黛”。谢馥春馆重点陈列香、粉、油、胭脂、眉黛等产品，清香扑鼻。馥园布局讲究，构思精巧，以花卉、植被、叠石、水系和建筑呈现出春夏秋冬四季景色，暗含谢馥春四季轮替，谢而复春之意。

长乐故居园圃

位于东关街357号。原系清代将军李长乐故居。门口有两只威武的石

长乐客栈水心亭

狮，进门是长方形天井，两边有狭长走廊。从右方走廊向南十余步，豁然开朗，首先映入眼帘的是一汪碧水，水上有黑天鹅游弋。水心亭名“含藻”，由一条蜿蜒小道与岸边往来。水边假山显然经过精心布局，有流水不断从假山顶缓泻而下，透过葱绿的植物流到水潭里。水潭南边是两层楼建筑，名曰“长乐厅”，现多作客栈会场和餐厅之用。其余建筑大都是民居式样的客房。民居分为三条轴线，西轴和中轴的建筑多为天井加三厢的格局，东轴建筑则隐秘在郁郁葱葱的树木和青砖灰瓦的火巷里，通过蜿蜒的鹅卵石铺就的小道一间间连缀起来。由藻舍向南，西拐有一方天井，四周植满绿色植物，今为咖啡厅。游客三三两两坐在露天的藤椅上，品茗聊天，慢声细语。

李长乐（1837—1889），字汉春，江苏盱眙人。清同治年间（1862—1874）先后带领清兵多次攻击太平军和捻军，先后被清廷赐予“侃勇巴图鲁”“尚勇巴图鲁”“博奇巴图鲁”的称号。同治十年（1871），李长乐任湖北提督。清光绪五年（1879），调任湖南。清光绪六年（1880），调任直隶，驻兵芦台，扼大沽、北塘之门户。光绪十五年（1889），卒于任上，清廷赠谥号“勤勇”。

汪氏小苑

位于东圈门地官第14号。安徽旌德盐商汪伯屏民国间扩建，为全国重

汪氏小苑

点文物保护单位。占地面积3000余平方米，遗存老房旧屋近百间，建筑面积1580余平方米，是扬州迄今保存最为完整的清末民国初期大型盐商住宅之一。汪氏小苑装饰雕琢精湛，庭园玲珑精巧，文化底蕴丰厚，以其独有的特色吸引中外游客造访。

宅第横为三路并列，纵为主房三进延伸，作南北向排列，前后中轴贯穿，左右两厢对称。中路正宅与东路住宅间有火巷贯通，与西路住宅间有腰门相连。整座建筑布局规整，住宅庭院比例均衡，纵横互联相通，内外分合自如。4个花园分布于住宅四角，结构精致，植被繁多，与住宅融为一体。主人姓汪，故称汪氏小苑。

小苑大门南向，有门堂四间。进入大门，为中路正宅，有水磨砖砌门楼及倚壁而砌的砖雕福祠。福祠屋顶左右两端各有一个龙头鱼尾的兽吻。两兽吻间的屋脊为牡丹花，屋檐正面为猴脸图，屋檐下为草龙图案及卷纹草和夔龙图案。砖雕历经百年风雨，仍线条清晰，图形生动。正宅迎面朝南三间正厅，进深七檩，上悬匾额“树德堂”，左右厢廊对称。厅后为住宅两进，均为三间两厢，进深七檩，有天井相连。

东路住宅为汪氏长子汪泰阶偕同三兄弟于民国初年所建。面南正厅与面北照厅相对，均面阔三间。正厅上悬匾额“春晖堂”，前后有卷棚。明间置镶大理石隔扇，上有6幅从云南购回的大理石山水画，有的如苍茫云海、悬崖峭壁，有的如双龙戏珠、虬枝老树，有的如奇花异草、深谷急流。屏风下裙板及次间罩槅，亦皆为精工细雕。厅内有近代篆刻家陈含光篆书楹联，保存完好。宅北为后庭院，以花墙分为东西两部。汪氏小苑石刻题名书法，包括楷、隶、行、草、篆5种字体，笔力苍劲，虽未署名，也看得出手笔不凡。

西路首进为秋嫮轩，是汪氏女眷的住宅。轩前天井为方形白矾石。屋内20根大柱全为方形，壁板为柏木，不加油漆，表示女性品行方正，洁身自好。此宅不设二门槛，意为汪氏女性大门不出、二门不迈。

小苑的花园，不像个园和何园那样与住宅分开，而是分布于住宅四角。除东南角小园没有题额之外，其他3个小园都有文人题额。东北角小园题为“迎曦”，意为最先迎来旭日；西北角小园题为“小苑春深”，意为花木最盛之处；西南角小园题为“可栖徲”，即“可栖迟”，出于《诗经·陈风·衡门》：“衡门之下，可以栖迟。”意为在简陋的木门之下，也可以游息和流连。这是主人谦逊而风雅的说法。除各种中国传统建筑元素之外，汪氏小苑还采用西方建筑元素，如拉门、瓷砖、浴缸等。

华氏园

位于东关街南斗鸡场4号。省级文物保护单位。园主华谦恒，字友梅，无

华氏园山石

锡东门华村人。华氏于清光绪年间先迁镇江，后居扬州，华谦恒随父在扬州“乙和祥”盐号供职，其后成为“乙和祥”股东。1917年前后，华谦恒用2万银圆买下斗鸡场老宅，又花1万银圆重新装修，拓建花园，称为华氏园。1937年抗日战争全面爆发，“乙和祥”盐号破产，华家逐渐中落。

华氏园规模虽然不大，构造却颇精致。园中有黄山石假山，气势不凡。华氏园在修复前，仅存花厅和北楼比较完整。修复后基本重现当年原貌，不但再建了住宅，而且恢复了假山和鱼池。

园门正对照壁，上刻“鸿禧”字样。两侧大门，分别进入东西两纵建筑。西侧为住宅，可以看到马头墙与火巷。东侧为庭院，举目皆是花窗与草木。沿小道进入门厅，眼前豁然开朗，华氏园精华就在这里。园林不大，西侧和南侧是回廊，天井中有一座可以穿行的假山。东侧院墙下，有一南一北两座假山，南边假山上建有半亭，下临鱼池。北侧的假山高高耸立，从山洞里拾级而上，可以登临旁边的二楼。在两座假山的西侧，是一座飞檐翘角的花厅。最好的地方就是花厅，西侧与走廊连接，其余三面对着花园。坐在古色古香的花厅里，假山、花木、小亭均可映入眼帘。园中有小楼，窗明几净，绿池萦绕，东南有石山，山中有磴道，可以拾级而上。这种建造手法，就是《园冶》书中所说的“楼山”。

华氏园的看点，一是山。园内假山体积不大，但气势夺人，所用材料也不同于别处。一般私家园林中的假山，不是湖石就是黄石，而华氏园的假山既有湖石，又有黄石，还有宣石。二是井。园内花厅假山旁，有一口水井，井水清冽，既可饮用，又可浇花，还可防火。

华氏园占地形状犹如一方官印，在扬州民居形制中称作“一颗印”。

冰瓯馆

位于东圈门地官第12号。市级文物保护单位。原为清咸丰年间广东廉州知府张丙炎宅第，民国年间为丁敬臣所有。冰瓯馆由东、中、西三路组群并列，三横七纵，前后相连。中路保存最为完整。

冰瓯馆原有各类大小房屋140余间，占地面积4000多平方米，现存房屋面积2294平方米。其中柏木大厅高敞轩豁，三面置廊拱卫。水磨砖大门楼朝南屹立，砖雕门楼十分精美，上面雕刻琴、棋、书、画、梅、荷、菊、鹿等吉祥图案。从第五进开始，每进都是两层楼，均为中间一方天井，四面以栏杆相围。第六进西面墙上有六角形的玲珑砖窗，透过砖窗，可以看见汪氏小苑中景观。

冰瓯馆西路五间厅披廊廊壁中，嵌存8块精美石刻，为东汉名碑《汉西岳华山庙碑》石刻跋文。《汉西岳华山庙碑》刻于东汉桓帝延熹八年（165），原在陕西华阴西岳庙中。该碑记述周至汉间历朝祭祀西岳祀典，也记载有弘农太守袁逢主持修葺西岳庙的经过。后来袁氏迁京兆尹，继任太守孙璆在4年之后完成修缮工程，并立该石碑。碑高7尺7寸，宽3尺6寸，字共22行，满行37字。碑额篆书“西岳华山庙碑”6个字，碑文用隶书体。该碑原石毁于明嘉靖三十四年（1555）关中大地震，拓本极少，仅有“玲珑山馆本”“四明本”“长垣本”“华阴本”4种。该碑是张安保于清咸丰七年（1857）临写的《西岳华山碑》四明本，镶嵌于墙的时间不早于清咸丰十年（1860）孟冬。

宅院探幽

东关街不但有古典和完整的园林，还有藏在深巷的民宅与庭院。它们有的是前人所留，有的是今人所造，深入其间，探幽析微，能够体悟扬州人的生活情趣和悠闲心态。而主人的故事，更是温馨的传奇。

青云山馆

位于国庆路342号，市级文物保护单位。青云山馆原为诸家老宅，坐北朝南。入门可见精美、简洁的水磨砖门楼耸立面前，其结构之严谨，造型之精致，磨砖之光洁，保存之完整，在今天扬州已不多见。入内但见天井、大厅、小院、厢房，保持着原有格局。在一座大厅里，保留着用花梨木精雕的挂落，可与史公祠的挂落比拟。往北面继续深入，有一间厢房，四面及天花全是板壁。墙上挂着扬州书法家葛昕的对联。厢房西边有小楼，登楼可以俯视诸家老宅风貌，砖瓦青黛，庭院深邃，令人遐思。楼梯口尚保留有一方匾额，曰“青云山馆”，时间署为“丁卯冬日”。匾额似用水泥浇筑而成，似为1927年所制。老屋西面原来有山水花树，“文化大革命”时被毁。

青云山馆在扬州盐商宅院中独具特色，山墙不是一般呈直角形的马头墙，而是呈圆弧形的云山，比一般马头墙显得格外婀娜多姿。另外，诸家的建筑所使用的海棠花窗，较何园的同类花窗虽然袖珍些，但别具简洁之美。在宅第东侧，还有南北若干进小院子和小客座，极其幽静深远，为他处所罕见。

胡氏旧宅

位于东关街306号。原主人胡仲涵，民国年间在南通开设泰龙钱庄，后在上海中南银行担任经理。

胡氏旧宅由门厅、照厅、正厅、住宅、花厅、庭院组成。民间传说胡宅暗藏机关，宅内有暗橱、暗壁、暗门、暗房、暗道等。住宅为明三暗五格局，中间为厅，两侧各有卧室，厅和卧室之间用木隔板隔开。在西侧卧室，墙上有个较大的壁橱，本为红色，实为暗道的出口，一般人从外面根本看不出这里有暗道。修建暗道机关的原因，与主人开办过钱庄的职业敏感有关。因为暗道可以储存金银珠宝，同时也是应急出逃的通道。暗室在花厅下，有一人多高，墙面用砖砌，顶部是木板，中部呈正方形。东侧、北侧各有梯形门洞，两边各开小窗，可以通风。暗室的西南侧，还有一个通道。整个暗室有三间房子大，出入口一个设在室内，一个设在走廊。花厅系古典式建筑，三面有廊环绕，四角有檐凌空。

胡氏旧宅整修后，结构有所变化，现用于餐饮业。

冬荣园

位于东关街98号，一称陆公馆。原主人陆静溪祖籍安徽，后迁宝应，继而定居扬州，供职两淮盐运使司署。早年在陆公馆角落，曾摆放“肃静”“回避”执事牌。陆公馆的总体结构基本保存，其门楼之严整，厅堂之轩敞，隔扇之精美，让人震撼，唯有园林不存。张家四姐妹张元和、张允

冬荣园

和、张兆和、张充和的母亲陆英，就出生于此。

陆公馆建筑分布在三条轴线上，从东向西，纵向排列，依次为东轴线、中轴线和西轴线。东轴线、西轴线后进有一大一小两个花园。房屋都是坐北朝南，沿街有一间门堂，穿过门堂是一方天井，天井北边为住宅。东轴线、中轴线都是五进，西轴线住宅只有两进。东轴线自南而北，分别为前厅、照厅、主厅、二厅和住宅。中轴线自门堂向后，分别为照厅、大厅、前住宅、中住宅和后住宅，东有偏厅，西有花厅。西轴线分别为前住宅、后住宅。整个建筑做工精细，雕刻精美，令人叹绝。

陆公馆大门朝南，面临大街，后面原有一座大花园，叫冬荣园。园已不存，砌成居民楼。朱江《扬州园林品赏录》如此描述冬荣园："是园垒土为山，植以怪石，参差错落，如石山戴土，以隆阜为峰，顶结茅亭，遍种松梅，而以'梅作主人'。尚有老本残枝，遗痕犹在。这山林作法，与他园迥异，虽完全出自心裁，但恰是仿自古法。当石山盛行之世，此可谓别具一格，为扬州园林垒山手法及其风格，留下一个实例。""园以山势隐伏处为低阜，自西南向东北逶迤，与后院馆舍相连，成'小山余韵'之构。院北馆舍三间，接以两厢，迎其三面，绕以抄手游廊，成庭院四合之势。舍前叠石为花坛，东种青松，西植黄杨。松干虬张，黄杨夭娇，如伞如盖，皆百年老树，保存不易。"

园林虽已不存，宅第至今仍在。冬荣园一直住着陆家后人，沈从文等名人也同陆家后人一直保持联系，直到20世纪80年代。文化学者韦明铧访问陆公馆后人时，陆氏后人亲述与张元和、张允和、张兆和、张充和等人的联系，并出示沈从文赠给陆君强的《沈从文小说选》，系人民文学出版社1982年出版，于1983年寄赠扬州东关街表弟陆君强。次年，即1984年，陆君强去世，沈从文和冬荣园的联系便也中断了。到了1988年，冬荣园的女婿——作家沈从文也去世了。它那古老建筑的有形价值和建筑里面所蕴含的无形人文价值，在文化扬州的建设中也许怎样评估也不过分。

方尔谦故居

位于东关街355号。20世纪初，这座老宅中走出了两位风云人物：一个是袁世凯的西席方尔谦，一个是徐宝山的幕僚方尔咸。方氏弟兄，才华出众，时人称为"扬州二方"。方尔谦，字地山，号称"联圣"，同时是藏书家。伦明《辛亥以来藏书纪事诗》咏道："旧日豪华识地山，乱书堆呈拥红颜。十载津门阻消息，白头乞食向人间。"注云："扬州方地山尔谦，性豪侈，工诗，与袁寒云以师生而姻娅。其弟尔咸，辛亥后转运淮扬，故地山资甚雄，大购字画古书，蓄姬妾数辈。"据闵尔昌《方地山传》载："（方尔谦）喜聚书，嗜博览，名椠旧钞，高价购求，曾不少吝。尝得宋本《舆地广记》数帙，以黄绍武旧有‘百宋一廛’之名，武进某氏人谓之‘百廛一宋’，乃曰吾今可称‘一宋一廛’矣。”其书斋号因名“一宋一廛”，惜故居尚未整治开放。

祥庐

位于东关街167–7号。当代民居庭园，主人杜祥开。从东关街中段南侧窄巷进入，尽头是一个八角门，门额刻“祥庐”二字。门内过道墙上挂着芦柴、斗篷和蓑衣，头顶是藤蔓爬满的凉棚，方寸空间盈溢着天然野趣。左转是柴门，门两边有竹刻对联：“微苑石山养性；壶天花木怡情。”

祥庐建于园主杜家祖宅基础上，20世纪90年代动工，费时多年，逐步完善。全园占地面积约120平方米，其中居住正屋70平方米，园林40多平方米，堪称袖珍园林。园主将城市园林与乡村野趣糅合在一起，自己设计、自己动手，构筑成有模有样、有板有眼的庭园。内有小桥曲水、亭台假山，锦鲤畅游、花香鸟语，四季花草30多个品种。步出海棠门，数节石雕栏杆将园林实景与院子分开。房前有一对小圆石鼓，建一座小红桥，连接小院和角亭。亭上绕满藤蔓，绿叶红花相间。亭内置藤椅两张，客人对坐，品茶闲谈，满园景色尽收眼底。园内有匾额8块，楹联7副，多为名家作品。半角亭楹联是：“鹃开花弄影；琴弹鱼跃波”。楹联中“鹃、开、琴”镶嵌有园主人杜祥开

祥庐半亭

夫妇及女儿的名字。厨房上有小阁，为读书写字之处。

葛园

位于东关街雅官人巷北段东侧。当代民居庭园，主人葛玉祥。西门外墙上有隶书“葛园”二字，系扬州书法家魏之桢书。葛园分前后两院。前院有假山、鱼池、小亭，还有金桂、银桂等花木，鱼池内清水盈盈，水葱、睡莲等水生植物青翠欲滴，生机盎然，水下锦鲤尾尾，悠然自在。厅屋陈列名人书画，供客人欣赏。西墙上4幅墨竹图，出自清末扬州画家邹寿轩之手；东墙上4幅书法作品，系民国初期扬州作家李涵秋手笔。后院墙边有一株手臂粗的枸杞，据说是爱园千年枸杞的延续，每到夏季，累累红枸杞果缀满墙头。现园主已将葛园变为民居客栈。

葛园所在的地方，清代曾是爱园，主人汪懋麟。汪懋麟有一首词《绮罗香·七夕前一日爱园夜集》，就是写的爱园雅集。汪家没落后，爱园一分为二，分别由周姓和林姓居住，后来严姓也入住其中。今园主葛玉祥说，他家

葛园

的院落原属林姓，原有百尺梧桐阁、千年枸杞根、十二砚斋、胭脂井和墨池等，现唯有枸杞根是当年旧物。

寺观朝圣

东关街有西来的佛教，有本土的道教，有丝路传播来的伊斯兰教，有远方布道来的天主教和基督教。东关街上古老的宗教建筑，再现了中外文化交流的历史足迹，演绎了东关街开放包容的胸襟品格。

琼花观

位于文昌中路62号，亦名蕃釐观，市级文物保护单位。始建于西汉元延二年（前11），原为供奉主管万物生长的土地神的后土祠。因祠周边是羊巷，故又称羊里观、羊离观。唐中和二年（882），高骈镇守扬州，在祠南建三清殿，供奉道家神仙，改称唐昌观。北宋政和年间（1111—1118），取“惟泰元尊，媪神蕃釐”，改名蕃釐观。曾为江淮一带著名道观，世人因观中有琼花，一般称为琼花观。

琼花观一角

琼花观在历史上有三清殿、玉钩井、琼花台、芍药厅、深仁祠、玉皇阁、西雷坛、写经楼、无双亭诸建筑，可惜后来陆续毁圮。观前石牌坊系明代所建，阔三间，上嵌“蕃釐观”石额，为清人刘大观题写。1993年起，历时三年全面修缮，耗资1800万元，琼花观先后恢复观门、大殿、廊房、琼花台、无双亭、聚琼轩、玉钩井等，使这一胜迹重现旧貌，也让寻觅琼花的游人有了去处。修缮后的琼花观，观门仍向南，牌坊后是具有民族风格的三间单檐山门殿。观内主殿是砌在高基平台上的五楹重檐大殿，即三清殿。大殿平台四周围以白石栏杆，殿前植两株银杏。平台石梯两侧各植龙爪槐、琼花。观门至大殿正中有甬道，甬道中有一株老榆树。甬道东西侧各建两层楼结构的仿古廊房。大殿后方围墙内是后花园，小桥流水，九曲碑廊，有造型别致的琼花台与巧夺天工的无双亭。现琼花观为扬州市文联驻地，三清殿常作美术展馆使用。

据史料记载，清顺治、康熙年间（1644—1722），先后有两代张天师羽化于蕃釐观内，故被道家正一派视为圣地。在古代小说里，琼花观常被写成神仙出没或高人隐居之地。明人所著《隋炀帝艳史》《隋唐演义》等小说，都大肆渲染隋炀帝和琼花的神奇故事。清代一些笔记，又经常记载江湖隐士或山野奇人寓居琼花观中。《儒林外史》作者吴敬梓在落魄的晚年流连于琼花台畔，悲悼自己的坎坷身世如琼花一般。其侄金兆燕诗云：“峨峨琼花台，郁郁冬青枝。与君攀寒条，泪下如连丝。”描写了吴敬梓在琼花观怆然涕下、泪湿衣衫的情景。

后土庙琼花诗二首并序

〔北宋〕王禹偁

扬州后土庙有花一株，洁白可爱，且其树大而花繁，不知实何木也，俗谓之琼花云，因赋诗以状其态。

谁移琪树下仙乡，二月轻冰八月霜。

若使寿阳公主在，自当羞见落梅妆。

春冰薄薄压枝柯，分与清香是月娥。

忽似暑天深涧底，老松擎雪白娑婆。

武当行宫

位于东关街300号。坐北朝南，正对东关街。原名真武庙，始建年代无考。明宣德三年（1428），扬州知府陈贞重建。明嘉靖四十三年（1564），含山（今属安徽）人耿氏在真武庙立“武当行宫”石碣，用以求福、祈雨，真武庙于是易名武当行宫。清咸丰三年（1853），武当行宫除大殿外，其余皆遭兵火圮废，后由清光绪年间（1875—1908）海州分司徐绍恒重修。光绪二十八年（1902），清廷颁布“壬寅学制”。是年，两淮盐运使程仪洛在武当行宫兴办仪董学堂，聘居寄、王鹏运为掌教，开扬州近代教育先河。恩铭任两淮盐运使后，听闻李慎儒、宋子联博通中西，聘为仪董掌教。其后仪董学堂改为两淮中学堂，即扬州中学前身。新中国成立后，在仪董学堂旧址先后兴办东关小学、东关第二小学和艺蕾小学。2008年2月，艺蕾小学搬迁别处。2007年至2008年4月，扬州市名城建设有限公司对武当行宫进行修缮，武当行宫恢复古观风貌。现真武殿后是一进庭院，大殿为明代楠木架构，单层歇山顶，脊覆琉璃瓦及吻兽，屋脊中央设宝顶，为现今扬州城里少见的明代

武当行宫内景

建筑遗存之一。主殿内供奉玉清元始天尊、上清灵宝天尊和太清道德天尊神像，也是展示扬州道教文化的场所。

武当行宫现存主房前后三进，古银杏3株。相比佛寺大门，武当行宫大门并不起眼，唯有门额石刻“武当行宫”及“光绪六年中秋月”尤为醒目。

准提寺

位于盐阜东路6号。始建于明朝，又称准提禅院，为扬州佛教历史上二十四丛林之一。坐北朝南，现存山门殿、天王殿、大雄宝殿和藏经楼等建筑，是扬州古城区规模较大、建筑群保存较完整的寺庙之一。2011年12月被列为江苏省文物保护单位。

准提寺原为明代疏理道公廨，是管理盐务和河运的衙门。明末改建为准提庵、准提寺，供奉准提佛母。寺毁于“扬州十日”劫难。清康熙十二年（1673）重修，清雍正年间（1723—1735）重建山门和大殿，成为扬州名刹。清嘉庆十一年（1806），阮元在二郎庙菜地发现宋代三公石残碑，移至准提寺东廊，后嵌于西楼壁。清咸丰三年（1853），除大殿外皆毁于太平天国运动时期。清同治、光绪年间（1862—1908）复建。新中国成立后，与周边建筑均为治淮指挥部所用，后改作水利物资仓库。2001年，准提寺突遭夜间拆迁，学者韦明铧等发现后，立即报告扬州市政府主要负责人，力陈准提寺之历史价值，要求马上停止拆迁，就地保护修复。2003年4月，准提寺修缮完成，准提寺古刹得以幸存。2010年10月，准提寺被辟为民间收藏馆，占地面积达3000平方米，建筑面积达2000平方米。

全寺分为四进，大门向南，青砖黛瓦，半圆拱门，建筑整饬。由南而北，依次为山门殿、天王殿、大雄宝殿和藏经楼。从盐阜东路北门进入，瓷器、邮票、钱币、字画展示与交易为第一进。玻璃柜台里陈列精雕细刻的玉器、民国到现代各版面值的纸币、种类繁多的铜钱等。陶瓷、玉器、杂件展示与交易为第二进。

礼拜寺

位于马监巷34号。又称马监巷礼拜寺，市级文物保护单位，占地面积

590平方米。据《古氏家谱》载，马监巷礼拜寺乃古都伯丁第二十四世孙古元秉于清康熙五十三年（1714）所建。寺舍原有门厅、牌坊、大殿、照厅、水房、厢房及宿舍等数十间，牌坊上有“整容门”匾。现存建筑约为两间大殿，但已湮没于民居之中。两株苍老而矫健的银杏，矗立在逼仄的缝隙之间。院内曾有两口井，一口作浆洗饮水用；另一口作礼拜沐浴用，名为“怀清井”，民间呼为“七姑奶奶井”，相传是“扬州十日”中7位贞女投井之处。井旁墙上嵌石碑一方，镌刻有七烈女事迹。

民国初年，礼拜寺内设有报社、伊斯兰书报室及回民丧葬所。1932年，扬州伊斯兰教著名阿訇、上海中国回教学会发起创立人之一刘彬如等在寺中成立“中国回教经书编译所”，专事伊斯兰教典籍《古兰经》的翻译。1933年，扬州回教协会在寺内创办回民文化传习所，亦由刘彬如主持。

神在堂

位于大草巷46号。原在扬州大学商学院内。教堂建筑面积为457平方米，哥特式建筑，尖拱券，彩色玻璃窗，可容纳600人聚会礼拜，附有牧师楼、美汉中学校长楼等建筑。2011年11月，神在堂被列为扬州市历史建筑。2012年，被列入市第五批文物保护单位推荐名单。2013年下半年开始，拆除周边旧房，开辟通达城市主干道泰州路的通道，并进行绿化整治。2013年12月25日，神在堂举行复堂仪式。2014年4月，正式对外开放。

晚清时政局飘摇，西方文化像潮水一样涌入古城扬州，作为基督教堂的神在堂，于清光绪三十四年（1908）由美国传教士韩忭明在美籍会长沈克礼协助下创建，属于圣公会教派。1924年，改建成新教堂。1946年，抗日战争结束后，扬州因缺医少药，联合国救济总署苏宁分署、美国援华会赠给扬州神在堂病床、药品、奶粉、毛毯、衣服等救济物品。新中国成立后，教堂逐渐成为民居，后为学校使用。

神在堂曾是扬州近代教育史上著名教会学校美汉中学所在地。光绪三十四年（1908），韩忭明在扬州左卫街（今广陵路）租赁民房，办校招生。清宣统二年（1910），迁至现址。在学校筹办过程中，美国海军将军美翰曾有捐款，故名美翰中学。中华民国成立后，为表示中美友好，改称美汉中学。

双忠祠

原址位于东圈门双忠祠巷。双忠祠是纪念南宋民族英雄李庭芝、姜才的祠堂，1966年被毁，1985年拓建琼花路并建设百盛商业大厦时拆除。2000年，在遗址上建“双忠祠大照壁”作为纪念，位于今琼花观社区庭院前。

双忠祠原址

清人吴锡麒有长诗《双忠祠》，写李庭芝、姜才的英雄气概和战争的悲壮惨烈。李庭芝，字祥甫，随州（今属湖北）人，两淮制置使。姜才，濠州（今安徽凤阳）人，通州副都统。南宋德祐二年（1276），两人守卫扬州，抗击元兵，被抓后不屈被杀。扬州人感其忠昭日月，葬于广储门外梅花岭东侧，建祠奉祀。墓祠年久倾圮，于清康熙、乾隆年间在原址重建。乾隆四十二年（1777），赐额“双忠祠”。清咸丰年间，毁于战火。同治十三年（1874），李庭芝裔孙李新田移建双忠祠于东圈门黄家园，并以“双忠祠”作巷名。辛亥革命前后，李庭芝后人在双忠祠内开办双忠祠小学。

双忠祠原有建筑分东西两路，各为三进平房。大门西向，厅房坐北朝南，有神龛供奉李庭芝，以姜才配享其间。后祠堂改作民房，其巷内12号李宅尚存“双忠祠”石额，上刻“同治十三年九月世孙”字样及李庭芝纸本画像。朱自清幼时在此读书。扬剧《碧血扬州》、秦腔《烈火扬州》皆演绎李、姜忠烈故事，并被京剧、粤剧、越剧、潮州戏等多剧种移植上演。

双忠祠

〔清〕吴锡麒

江南已无干净土，师相方开都督府。阃外只知蟋蟀经，禁中早转虾蟆鼓。
一朝制置敕书颁，撑拄淮南敢惮艰。戎马新闻辟君实，讹言偏误走文山。

铸成此错皆天耳，忠义要为当代倚。得贤曾号小朝廷，敢死终成好男子。

老鹳嘴前烽满天，又见都统冒戈铤。摩云阵自盘三叠，裹血身犹奋一肩。

眼前日见边疆坏，岂特卢龙有人卖？只缘社稷勉图存，如此国家堪几败？

北兵闻说指临安，风鹤传来心胆寒。寡妇孤儿愁孰诉，残山剩水梦都难。

臣身岂冀须臾活，臣力惟思两宫夺。瓜州月黑战方鏖，蒲市风寒营早拔。

诏书屡劝宁不闻，死耳岂作降将军！国殇一首流骚怨，沙碛双旗闪怒云。

茫茫天水空遗业，黯黯冬青埋一锸。气运难回白雁谣，君臣同入红羊劫。

下马今来酹此尊，可曾阁部与招魂。前身本是同时客，袍笏虚堂夜共论。

［注：吴锡麒，字圣征，号谷人，浙江钱塘人，清代文学家。在浙派诗人中，能继朱彝尊、杭世骏、厉鹗之后，自成一家。清乾隆四十年（1775）进士。清嘉庆年间（1796—1820）在扬州主讲安定、梅花、乐仪书院。］

宋双忠祠碑文并序

〔清〕姚鼐

东海朱使君，受命领两淮盐运司之次年，谒于江都城北宋制置使李公、副都统姜公祠下。乃进士民，告之曰："当宋之季，自荆襄而下，城隳师歼，降死相继。伯颜之军南取临安，阿术之军北围扬州。时维二公忠义坚固，竭力合众，以守兹城。临安既下，帝、后皆入于元，孤城势不可终全。二公卒不肯降屈其志，再却谢后之书；斩元使，焚其诏，以绝他虑，明身必死国家之难。昔蜀汉霍弋、罗宪据郡不降魏，及审知后主内附，然后释兵归命。世犹愍其所处，以为弋、宪欲守而无所向，异于君在怀有二心者也。若二公，当国破主降之后，效节于空位，致命不迁，卒成其义概，可以壮烈士之志而激懦夫之衷者，以视弋、宪何如哉？今天子褒礼忠节，虽亲与圣朝为敌，难而殒者，皆隆崇谥号，俾吏秩祀。矧宋二公立身甚伟，而旧祠陊坏，岁久不修，其于朝廷奖忠尊贤之典，守吏以道导民之谊，甚不足以称。我将率先饬而新之。"众皆曰："愿尽力！"

乾隆四十二年六月，既竣工，桐城姚鼐为之铭。辞曰：

元雄北方，既脱金距，瞰视江淮，婴儿稚女。谁固人心，奉彼弱主？力或不支，有气可鼓。二公堂堂，孤城在疆。国泯众迁，谊不辱身；死为社稷，生岂随君。既得死所，安于床茵。烈士搏膺，市人流涕，同庙扬州，以享以祭。五百斯年，其报匪懈。新堂炯炯，有翼其外。神陟在天，明曜刚大。思蠲厥心，来庭来对。

（注：姚鼐，清代散文家，与方苞、刘大櫆并称桐城派三大家，为桐城派代表人物，曾掌院扬州梅花书院。）

二郎庙

位于东关街中段二郎庙巷内，它曾经香火鼎盛。据清乾隆《江都县志》记载，二郎庙在东关马草街，祀隋嘉州太守赵昱。太守赵昱斩蛟定患，又显灵平定水灾，民众感其德，奉为二郎神，亦称灌口二郎。扬州人传说，旧时穷人家的孩子得了眼病，无钱医治，就拜在二郎菩萨座下，能治眼病。现在所说的二郎庙，更准确地说叫二郎庙巷。二郎庙巷由几条纵横交错的巷子组成，分别被称为二郎庙南巷、二郎庙东巷、二郎庙西巷、二郎庙北巷和二郎庙前巷。扬州人知道二郎庙，是因为扬州的小儿学话，将地名从一数到十，如一人巷、二郎庙、三祝庵、四望亭、五亭桥等。这样一传十，十传百，连到扬州观光旅游的外地客人也知道有这么个地方，纷纷慕名前往。阮元曾在二郎庙发现宋代三公石残碑，并撰有《二郎庙蔬圃获石记》。

三祝庵

位于三祝庵街38号，建于明万历三十八年（1610），原有房屋十余间。三祝庵虽小，却因庵中曾经寓居过一个清代画家——金农而出名。三祝庵之名，取多寿、多富、多子孙之意，和扬州三多巷命意相似。佛家清静之地，

二郎庙南巷

三祝庵街

起了个富有浓郁烟火气的庵名，一下子拉近了老百姓和它之间的距离。

当年寄居三祝庵的画家金农，在扬州八怪中年纪最长，浙江仁和人，即今杭州人，长期在扬州进行绘画与交游活动。金农大约在清乾隆二十四年（1759）迁到扬州新城三祝庵居住。那时庵旁的巷子，因庵得名，就叫三祝庵巷。三祝庵离卢雅雨的两淮盐运使署、马氏兄弟的小玲珑山馆及金农弟子罗聘所住的朱草诗林都很近。三祝庵现存照壁、长廊、大殿，已经不是寺庙，而是居民活动的场所。2008年，三祝庵旧址建为琼花观社区邻里中心，专门辟出三祝庵、双忠祠展示区。

文博场馆

除园林和寺观外，东关街大街小巷还散落着一粒粒璀璨明珠。它们或是名人故居，或是展览场所，或是城市书房，一厅一屋，一亭一阁，一草一木，无不洋溢文化的芬芳，展示美学的魅力，传递历史的信息。

东关街历史文化陈列馆

位于东关街东端城楼内，是扬州老城区首座设在城楼内的历史文化展示

城楼内为东关街历史文化陈列馆

馆。2013 年 2 月建成开放。从城楼南翼入口走进展馆，首先是一座砖砌门楼，门楼上额为“盛世岩关”，背景为东关街道。展馆展示内容包括东关历史、城门遗址、衙署会馆、寺观祠堂、名人故居、作坊店铺、书院学校、传奇故事等。“寺观与祠堂”陈列东关街区不同宗教的雕塑，背景画面是著名寺观图片。“名人故居”通过扬州名人旧宅的内部建筑，体现扬州明清建筑特色，并运用幻影成像手法，重现曾国藩做客壶园看戏的场景。“老字号商铺”借助图片形式，展示东关街上四美酱园、谢馥春等老字号风采。“书院与学校”正面展示仪董学堂，再现古代书院教学场景。“名人故居”由 200 多个表情各异的彩俑组成“田秀英出阁”送亲队伍，蔚为壮观。展馆最后部分，在东关街区平面图上，用“西洋镜”手法，让观众从圆孔窥看东关街各种风光片。此外，馆中还有昔日东关门口的水车以及联圣方地山挥毫书写楹联的塑像。

马可·波罗纪念馆

位于东关街东端泰州路99-1号。占地面积500平方米，2011年4月18日对外展出。该馆是经外交部同意、国家文物局批准的国内唯一的马可·波罗纪念馆。扬州自20世纪80年代开设马可·波罗陈列室，三易其地。最初在瘦西

爱尔兰学者富兰克参观马可·波罗纪念馆

湖桂花厅内，后移至天宁寺，现址紧靠东关古渡。每次迁移都是对马可·波罗宣传影响的扩大与提升。纪念馆以“神奇的东方之旅”为主题，分传奇人生、旷世奇书、游历中国、为官扬州、深远影响五个部分。除翔实的史料图片、形象的人物塑像外，还采用高科技表现手法，如触摸屏、三维动漫及幻影成像等，使参观者犹如身临其境。参观者只要在触摸屏幕上轻触马可·波罗行走路线的某个地区，就可以观看当地风景。在展馆门口南侧，竖立着一尊带有双翼的意大利威尼斯铜狮，连同一面威尼托区区旗，是1987年10月威尼托区赠送扬州市政府的礼物。铜狮强悍的雄姿与欲飞的气势，象征着力量与跨越。狮身长2.6米，高1.2米，重500公斤，是以马可·波罗为桥梁的中意两国友谊源远流长的见证。2013年，展馆南侧东门遗址广场上，巍然矗立起一座题为“马可·波罗在扬州”的铸铜塑像。马可·波罗身着元代官服，左手勒着马缰，右手持一书卷。铜像高3.2米，连底座高4.2米，重1吨多。

个园盐商史料陈列馆

位于个园南部住宅。个园南部住宅，原建筑有五条轴线，今存中、东、西三路，前后各三进。中进为园主次子、辑录古佚书大家黄奭所居。堂屋正中高悬阮元题“勤博”横匾，后进为四子居室。西路为园主与内眷居住及活动场所。前进有高敞的清颂堂，后有绣楼两进。2010年布置盐商生活展览馆，恢复了个园主人黄志筠的生活起居场所、黄家小姐的绣楼、黄家四公子的书房和卧室，以及厨房的陈展布置和生活场景。2014年建成个园史料陈列馆。史料馆共分为4个展厅，分别为“黄氏家史”“名人名园”“阮元与个园”“风雨四百年”。史料馆运用文字、图片、实物、连环画等多种形式，表现黄氏家族的风雨历程，也是时代的一个缩影。

张玉良纪念馆

位于东关街358号。张玉良，油画家、雕塑家，扬州人，生于广储门街32号。全馆设序馆“从广储门到卢浮宫”，简述张玉良一生及意义。展览设6大部分：一是“扬州孤女”，内容为张家毡帽店、寒门有碧玉、她的命真硬、母亲的刺绣、朦胧少女梦；二是“芜湖青楼”，内容为卖身怡春院、青楼学琵琶、初识潘赞化、共读爱莲说；三是“上海求艺”，内容为小住渔阳里、拜洪野为师、伯乐刘海粟、把伊撵出去、裸画大风波、要杀就杀我、何处是归程；四是“欧洲留学”，内容为心系卢浮宫、以三不闻名、流连法迪坎、黑女和酒仙、两栖的学生、差一点失明、获得三等奖、邂逅刘海粟；五是“回到中国”，内容为又见大上海、第一个画展、徐悲鸿邀请、瘦西湖之晨、离开市侩地、中西画结合、拜师张大千、广采百花蜜、最后的画展、乡关何处是；六是“重返法国”，内容为玄武湖诀别、埋头画室中、巧遇王守义、生当作人杰、高唱李陵碑、艺术的圣徒、刘海粟来信、月是故乡明、神州又沉沦、壮志终得酬、总是玉关情、晚年闻噩耗、遐路思难行、长眠法兰西、画魂永不死。最后展有《张玉良年表》。

熊成基故居

熊成基塑像

位于东关街韦家井6号。市级文物保护单位。熊成基，字味根，曾用名张建勋、龙潜，扬州人，辛亥革命先驱。清宣统二年（1910）因奸人告密被捕，在吉林就义，年仅23岁。1912年，熊成基灵柩被运回故乡扬州安葬。故居占地面积280多平方米，前后共三进建筑，为连体四合院，青砖小瓦，呈典型扬派建筑风格。故居内设熊成基生平史料陈列馆，面积近170平方米，展示图片、文字、实物等，再现熊成基从军报国、安庆起义、壮烈牺牲、光耀千秋等历史场面，供世人瞻仰。故居内展有熊成基在狱中的自书供词：“我今日早死一日，我们自由之树早得一日鲜血；早得血一日，则早茂盛一日，花方早放一日。”以及熊成基在临刑前的壮语：“今生已矣。我死，愿中国之富强日进一日，庶几瞑目矣。”气壮山河，名垂千古。

曹起溍故居

位于东关街338号，是曹起溍烈士出生和成长的居住地。曹起溍，字建虞，化名鲁士英、陈君豪，扬州历史上第一个中国共产党组织领导人。故居曾被占用和翻建，修缮开放后，现存晚清建造的民宅南向四间，西厢房一间，天井一方。内设烈士生平事迹陈列馆，展出物品30多件，包括展柜、展板、图片和旧家具等。修缮后的故居有前后两排主建筑，各四间房屋。两排建筑西侧有厢房连接，整个建筑呈倒U字形格局。新增建筑面积近200平方米。正屋南向，客厅放置曹起溍石像。北向四间，为曹起溍事迹展示室。1996年8月，市政府将故居定为市级文物保护单位。2005年8月，市建设局、文物局在故居门前立碑解读。2008年7月，中共扬州市委、市政府决定修复曹起溍烈士故居，2009年10月对外开放。

街南书屋城市书房

位于东关街309号街南书屋内。自2015年始，扬州以“城市的教室、市民的书房”为目标，将城市书房作为完善公共图书服务体系的关键环节，为爱读书、好读书的市民提供读书的新去处。城市书房作为便捷健康、温馨有序的现代公共阅读场所，具有24小时“不打烊”、“一站式”阅读体验、无人值守全自助、数字化与智能化等特点。街南书屋城市书房建于2015年9月，

街南书屋大门

是扬州第二家开放的城市书房。书房建筑面积100平方米，现有藏书3200余册、报刊10余种。图书内容涵盖政治经济、文学艺术、历史军事、信息科技、医药健身、生活百科等多种类别，每两周更新。书房内，自助办证机、自助借还机、自助图书消毒机、二维码电子报刊下载机、数字资源查询机等设备一应俱全，环境古朴典雅、简洁舒适，是市民看书学习的理想场所。

扬州城市记忆馆

扬州城市记忆馆

位于东圈门22号壶园内。建筑面积约345平方米，总投资63万元，2015年9月完成室内外布展陈设。历史岁月虽渐行渐远，但遗迹不能从人们的记忆中消失。在2500年历程中，扬州人民创造过辉煌的历史，同时留下了诸多记录和反映那些时代的遗物。该馆展示历史的陈迹，不但勾起人们怀旧的情绪，更让人们珍惜今天的生活。全馆分为七大部分："城墙斑驳"显示古城的风貌，"街巷寻踪"表现古城主要街巷的情景，"运河波澜"再现古运河的旖旎风光，"名胜古迹"介绍部分历史名胜的风采，"民间技艺"展示以"扬州三把刀"为主的扬州各种手艺，"民俗风情"记录扬州风俗人情，"东方欲晓"反映新中国古城保护的成果。

扬州古城保护成果展示馆

位于泰州路102号东关社区大楼二、三层，由扬州市名城建设有限公司投资建设。展馆集资料性、知识性和艺术性于一体。展厅面积约600平方米，三楼设置会议室一个，可容纳50人左右，于2019年7月5日开工建设。建设古城保护成果展示馆的初衷，是通过回望历届市委、市政府领导为保护扬州古城走过的风雨历程，力求客观总结扬州在古城保护工作中取得的成功经验和有效做法，记录古城保护经历者与广大市民为留住乡愁、守护家园作出的积极贡献。展览通过“序言”“全面保护——彰显扬州智慧”“审慎更新——练就扬州功夫”“延续文脉——讲述扬州故事”“和谐共生——构建扬州家园”“结束语”6个篇章全面再现了扬州古城保护取得的辉煌成果，重点突出了扬州地域文化的独特魅力和一代代扬州人在守护精神家园方面所表现出的历史自觉与文化自信。

东关街其他文博场馆一览表

表6

名　称	地　点	主题内容
扬州市文联美术馆	琼花观大殿	展厅面积约500平方米，举办文化艺术展览，不定期开放
花局里艺庐美术馆	花局里38号	2014年落成开放，展厅面积600平方米，提供多种文化艺术品研发、交流、展示、交易场所。免费开放，全年无休
钱币陈列馆	东关街306号胡宅	2008年建成，建筑面积1000多平方米，门厅、前厅、正厅展示中国古钱币发展历程，传播相关历史知识，定期举办钱币收藏品拍卖活动，为古钱币收藏爱好者提供交流平台

扬州古城保护成果展示馆

浮鹭翔鱼

文教昌明

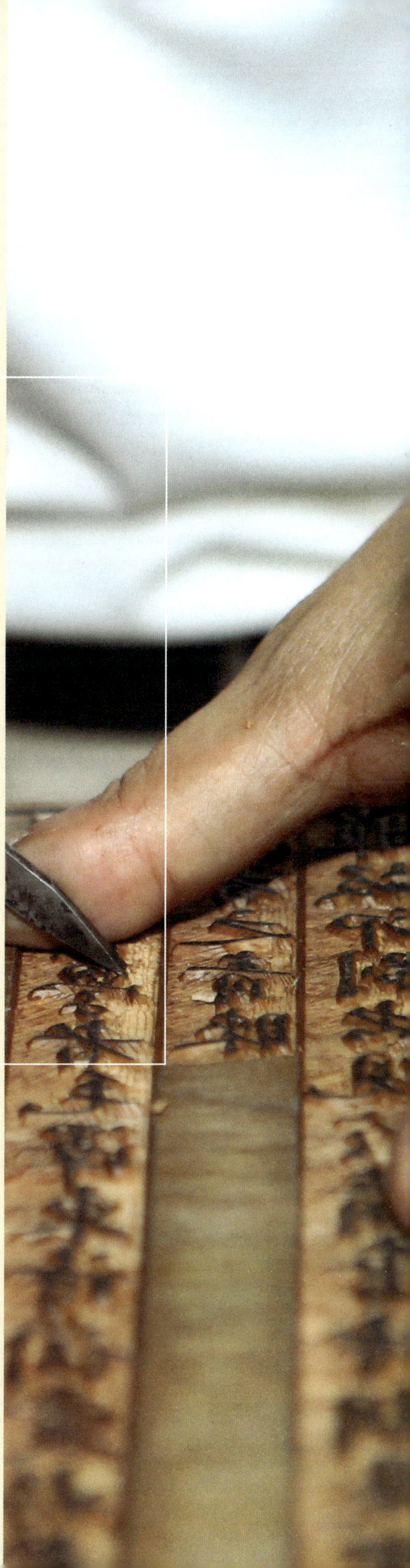

三更灯火五更鸡，赢得文名天下知。

翰墨不惟传子弟，耕耘只为育新枝。

明清以来，东关街一直是学人荟萃、学术昌明、学风浓郁之地。这里有切磋经学的书院，有培育后进的学堂，有人才辈出的世家，还有出版图书的机构。一方水土养一方人，古往今来，从东关街走出了不少经天纬地之才，乃至出将入相的人物。

书院学校

东关街有不同层次的教育机构。从女子的公学、少年的启蒙，到职业的培训、高等的教育，为东关街的文化园圃增加了一道道优美的风景。

安定书院

位于东关街疏理道。初建于清康熙元年（1662），原址在扬州旧城三元坊，即今文昌阁东南，为巡盐御史胡文学所建，现已不存。“安定”是宋儒胡瑗的字，安定书院是为纪念胡安定而建。康熙四十四年（1705），清帝玄烨南巡，曾到过安定书院，御书“经术造士”匾额。安定书院屡有兴废，清同治年间（1862—1874）在东关街疏理道重建，每月官课由盐运官员主持，其中有不少著名师资。所设课程，除一般内容之外，还有诗赋、经解、策论等。清光绪年间（1875—1908）两淮盐运使程仪洛更定章程，改试经艺策

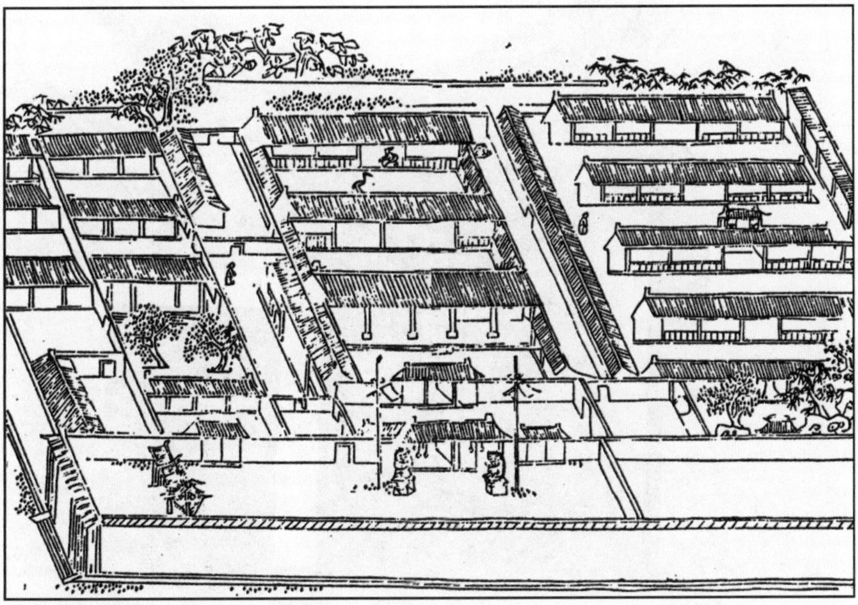

安定书院（取自清康熙《两淮盐法志》）

论。安定书院最人性化的地方是资助生员参加岁科两试和秋闱考试的路费，所以各地前来就读的学生很多。光绪二十八年（1902），安定书院改为安定校士馆。在安定书院讲学与就读的名流很多。乾嘉学派皖学领袖戴震曾在安定书院讲学，王步青、陈祖范、杭世骏、蒋士铨、吴锡麒等都主讲过安定书院。汪中、焦循、王念孙、王引之、刘台拱、任大椿等名声赫赫的学者，均出身安定书院。

梅花书院

位于东关街疏理道。梅花书院的历史可以追溯至明代，明嘉靖六年（1527），国子监祭酒湛若水在扬州考绩讲学，扬州贡生葛涧为其师在广储门外建“甘泉行窝”作为讲道之所。清雍正年间（1723—1735），扬州府同知刘重选与盐商马曰琯重建梅花书院，桐城派大家姚鼐在此掌院，盐运使朱孝纯亦在此任教。梅花书院因盐官兴学，盐商助学，名师纷至沓来。清嘉庆十四年（1809），梅花书院给学子发放盘川进京赶考，一榜连中四人，洪莹高中状元，梅花书院声名大振，特设状元厅以记其胜。一时间，扬州梅花书院与岳麓书院、

梅花书院

嵩阳书院、应天书院、白鹿书院齐名。清同治五年（1866），两淮盐运使丁日昌在东关街重建书院，吴让之书写“梅花书院”并雕成石额。后此处让给安定书院，梅花书院迁至左卫街（现广陵路）。与梅花书院有关的名人不少。皖派大家洪桐曾任书院的掌院，扬州名儒凌曙、刘文淇受业于梅花书院。乾嘉学派诸多俊彦如段玉裁、孙星衍等，均受过梅花书院熏陶。梅花书院生员先后考中状元四人，除歙县人洪莹外，其他三人是兴化李春芳、宝应王式丹、仪征陈俨。

广陵书院

位于东关街准提寺巷口。清康熙五十一年（1712），扬州知府赵宏煜建。初为义学，后改为课士堂。清乾隆二十五年（1760）改为竹西书院。乾隆四十六年（1781），知府恒豫、马慧裕将书院先后移建于准提寺巷口，更名广陵书院，由扬州知府及江都、甘泉知县轮月试之，山长每月再试。清咸丰年间（1851—1861）停课，同治年间（1862—1874）复课，兼课生监，并有小课。清光绪二十七年（1901），两淮盐运使程仪洛更定章程，改试经艺策论，只课童生。书院经费从盐官处及盐行捐款中提取，饩廪甚厚。光绪二十八年（1902）改为广陵校士馆，与名人关系不如安定书院和梅花书院密切。但仍有不少名儒在此执教，如经学大师刘宝楠、常州名士董士锡等，都曾在广陵书院主讲。书院现已不存。

方氏书塾

位于东关街西首。董玉书《芜城怀旧录》载：“东关街方氏书塾，地山、泽山昆仲读书处也。”地山、泽山，即方尔谦、方尔咸兄弟，均以少年才俊闻名。“大方性豪放，有狂名，二方工心计，病缠身。”据闵尔昌《方地山传》载：“君姓方氏，讳尔谦，字地山，一字无隅，江都人也。偕弟尔咸，同补诸生，时称‘二方’。”又因兄弟以文章名于时，人以“大小方”区分。云塾师方霈森，字汝霖，举人，为方尔谦、方尔咸兄弟之父。方霈森虽有功名，但隐居不仕，课子甚严。方霈森性情宽厚，貌如其心，平生待人

方尔谦故居

和气，从不与邻居产生纷争。方氏所育弟子多有所成。方尔谦后为袁世凯家庭教师，方尔咸后为扬州商界领袖。

戴氏学塾

位于东关街大草巷。据黎东方《平凡的我——黎东方回忆录》载，大草巷戴家门口贴有一张红纸，上书“戴氏学塾”四字，是典型的旧私塾，扬州人称“书房”。塾师戴鸿儒，专收东关街附近男女少年，黎东方姐弟都曾在戴氏学塾读书。学塾设在戴家，将堂屋与左厢房打通作为课堂，右厢房为塾师夫妇所居。学生约10人，各有书桌。入学时先向塾师作揖，后至孔子牌位前燃香点烛，三跪九叩。礼毕，对先生与师娘行一跪一叩之礼，并献给师娘“贽敬”（龙洋2元）。学塾的作息时间，每天上午八点多上学，十二点回家；下午一点多上学，五点半放学。教学的内容，上午是温习昨日功课，然后背书、写字，下午是做对子、作文、教新课。教材为《三字经》《百家姓》《千字文》和《大学》《中庸》《论语》《孟子》。

乙丑公学

位于斗鸡场4号。创办人陈氏，浙江海宁人。清咸丰年间（1851—1861），陈云阁为阜宁庙湾盐垣场商经理，于扬州斗鸡场购置房产近百间。陈云阁三子陈忠溥，字纯白，思想进步，曾任江苏省法院推事、济南通裕盐业公司书记，参与创立中华佛教总会，创办《佛教月报》，并为斗鸡场修路，造福乡里。1925年，陈忠溥与胞妹陈恕溥联合牧师董健吾等在五福巷创办学堂，因是年为乙丑年，故名乙丑公学，设有女子部与高小部。董健吾任校长，陈忠溥、卢绍刘任校董。董健吾先离开上海圣约翰大学到扬州传教办学，后又到上海创办大同幼稚园，收养革命者子女和烈士遗孤。1936年，董健吾受宋庆龄委托，护送美国记者埃德加·斯诺到陕北采访，后将毛岸英、毛岸青兄弟送到苏联。乙丑公学有花厅，名晚香书屋。现存房屋四进一楼，正厅为求己堂，取意求人不如求己。2007年东关街改造拆迁，陈家子孙仍住在斗鸡场老宅。

私立扬州女子公学

位于广储门街34号。扬州女界领袖郭坚忍创办。郭坚忍，原名宝珠，以倡导妇女解放闻名。清同治八年（1869）出生于扬州书香门第，自幼知书达理。后来接触进步思潮，尤其是结识秋瑾后，逐渐成长为进步斗士。清光绪三十二年（1906），郭坚忍在扬州弥勒庵桥租赁小楼一幢，开办妇女学堂，自任监督，公开招生，这是中国人自办的最早的女校。妇女学堂的成立，固然受到清末民国初期西风东渐的影响，更主要的原因是郭坚忍敢开风气之先。她与妇女学堂一起，挑战“女子无才便是德”的陈旧观念，为扬州妇女打开一扇呼吸自由空气和触摸时代脉搏的大门。其后军阀徐宝山侧室孙阆仙慕名拜访，郭坚忍不以其小妾身份加以歧视，与她义结金兰。在徐宝山的支持下，学堂迁至广储门街，扩建为私立扬州女子公学，内设师范班、初等小学、高等小学和附属平民小学，招收女生达百余人。现旧址仍存。

仪董学堂

位于东关街300号。清光绪二十八年（1902）两淮盐运使程仪洛在东关街武当行宫创立，为扬州第一所官立中学，经费出自盐务。是年筹办，翌年开学，总办由两淮盐运使担任，首任总办为程仪洛。运署内有仪董亭，为纪念西汉江都相董仲舒，仪董学堂因此得名。学堂开设伦理、国文、经学、历史、舆地、算学、英法外文及物理、化学、体操、图画等课程，建有藏书楼、学生宿舍。光绪三十二年（1906），改称两淮中学堂。学生分为最优等、优等、中等、下等、最下5个等第，最优等作为拔贡生，优等作为优贡生，中等作为岁贡生，下等作为优廪生。与书院、府学、县学不同的是，生员在仪董学堂学习结束，考试合格后即取得做官资格。后来两淮中学堂与扬州府中学堂合并为公立淮扬合一中学，校址迁至东关街羊巷。翌年按《江苏教育行政五年规划书》，改称江苏省第八中学。1927年，与江苏省立第五师范学校合并，成立江苏省立扬州中学。学堂原址在今东关美食广场处。

美汉中学

位于盐阜东路1号。清光绪三十四年（1908），由美籍圣公会会长韩忭明创办于扬州左卫街。清宣统二年（1910），迁至便益门街107号。在学校筹办过程中，美国海军大将美翰曾捐巨款，故名美翰中学。民国建立后，为示中美友好，改称美汉中学。学校设国文、英文两科，将现代英语教育引进扬州。美汉中学是上海圣约翰大学的附中之一，毕业生可以直升圣约翰大学。学校出过不少名人，其中有上海新丰洋行创始人之一俞开龄、中国医学科学院副院长吴征鉴、森林生态学家与林木遗传育种学家彭镇华等。日本侵略军侵占扬州时，曾将学校作为关押英美战俘的集中营。1951年，美汉中学改名私立群力中学。同年8月，私立群力中学与扬州中学财经班、兴化中学财经班合并为苏北扬州财经技术学校。1954年8月，改名为财政部扬州财政学校。

扬州市少年宫

位于东关街中段。前身是扬州市少年之家，始办于1957年，1982年正式改名扬州市少年宫，为全市中小学生游乐、学习的地方。后来在该处建艺蕾小学，培育青少年书画、音乐、歌舞等兴趣。现该地业经改造，成为集小吃、娱乐、休闲、商业等多种业态于一体的旅游空间，同时为晚间休闲小吃广场，游客可品尝特色小吃、欣赏地方戏曲。

扬州市第一中学

扬州市第一中学

位于文昌中路358号。始于清末仪董学堂，历经两淮中学堂、扬州府中学堂、淮扬合一中学，有百年建校历史。1952年，扬州市政府在原校址正式建立扬州市第一中学。至2000年，有40个教学班，在校学生2000人，其中宏志班22个，仅次于北京宏志中学，规模居全国第二。学校师资力量雄厚，有在职教职工172人，其中，省、市特级教师4人，高级教师76人，中级教师53人。现有教室全部建成现代化多媒体教室，配备有先进的信息化教学设备，另有5间标准理化实验室。全校有完备的校园网，接入教育城域网，实现计算机网络教学“班班通”；图书馆安装有最新计算机全控式图书借阅系统；拥有全塑胶面层的300米6跑道运动场；建有多功能现代化设备报告厅、语言实验室和艺术教室等。先后获全国师德建设先进集体、江苏省德育先进学校、江苏省中小学艺术教育特色学校、扬州市先进学校、扬州市文明单位等称号。

扬州大学商学院

位于盐阜东路1号。前身是江苏省商业专科学校。1952年，在私立镇江新华中学基础上建立苏南镇江商业学校。1953年，改称江苏省镇江商业学校。1955年，学校迁至扬州，设在原美汉中学内，改称江苏省扬州商业学校。1956年，改名为江苏省商业学校。1982年2月，江苏省商业专科学校由南京迁至扬州，与江苏省商业学校合并办学，成立新的江苏省商业专科学校，校址仍为盐阜东路1号。1992年组建扬州大学后，更名为扬州大学商学院。2010年，扬州大学商学院迁往文汇路校区。

诗书世家

社会的基本单元是家族。家族往往有自己的家规、家训、家教，谓之家风。家风好，则成长环境好，家族成员在走上社会之前，已经接受良好的家教。东关街则是文化世家集聚的地方。

街南书屋马氏

街南书屋马氏，指清雍正、乾隆年间扬州盐商马曰琯、马曰璐兄弟一家。马曰琯、马曰璐均为著名儒商，世称“扬州二马”。马氏原籍安徽祁门，因为经营盐业，居住在扬州。马曰琯，字秋玉，号嶰谷，著有《沙河逸老小稿》。马曰璐，字佩兮，号半槎，著有《南斋集》。兄弟勤敏好学，擅长诗词，广交文友，爱好雅集。马氏又好藏书、刻书，家有丛书楼，藏书万卷。有清一代，扬州街南书屋景物之美、文风之盛，有口皆碑。四方名士慕名前往街南书屋，得益于马氏万卷之书。如浙江文人厉鹗在街南书屋居住多年，博览群书。丛书楼最辉煌的一页，是清廷编纂《四库全书》时，马氏贡献珍本最多，因而得到皇室褒奖。后人马裕，能继承先人之风。乾隆帝有上谕，特别提到扬州马裕。根据乾隆圣旨，在《四库全书总目》中，凡马家进献之书，书题下面都注明“两淮马裕家藏本”字样。

青溪旧屋刘氏

青溪旧屋刘氏，籍贯扬州仪征，家住东圈门。刘文淇幼时，从舅父凌曙诵读经史，以疏证《左传》为志。刘文淇对《左传》研究倾注毕生心血，草创40年，长编虽具，未及写定，遽尔谢世。他的事业只好由儿孙接着完成。刘文淇的儿子刘毓崧，孙子刘寿曾和刘贵曾，均为知名学者，他们继承先人未竟事业，把疏证《左传》的浩繁工程推向前进。刘毓崧，字伯山，著有《春秋左氏传大义》等，但《左传》研究在他手里仍未完成。刘毓崧有子4人，长子刘寿曾最有名。刘寿曾，字恭甫，幼承庭训，少时即工文章，心中唯念先祖的《左氏疏义》尚未成书，于是自立限期，锐意研纂。可惜精力耗损超支，英年早逝。其弟刘贵曾也是学者，以经术闻名乡里。第四代刘师培，字申叔，其《左传》研究成果有《春秋左氏传古例诠征》《春秋左氏传例略》《春秋左氏传答问》《春秋左氏传时月日古例考》《读左札记》等，可谓发扬家声。刘师培只活到36岁，却有著述74种，后被辑为《刘申叔先生遗书》。刘师培被认为是扬州学派之集大成者，也为刘氏之学画上了句号。

汉学堂黄氏

汉学堂黄氏，原籍浙江，因业盐居住扬州。黄至筠虽是盐商，但擅长书画，他的4个儿子都有深厚的文学造诣。长子黄锡庆，字子余，一字绍园或小园，号铁庵，清道光十三年（1833）钦赐举人，任广东候补道。黄锡庆工于书画，擅长诗词，著有《黄锡庆诗》《铁庵词甲稿》《铁庵词乙稿》《中庸述义》《求是斋集临禊帖》。次子黄锡麟，亦名黄奭，字右原，黄奭在扬州安定书院读书时，受两淮盐运使曾燠赏识，后从名学者江藩研究经学。黄奭勤奋好学，将精力献给古书辑佚事业，著有《胪云集》《近思录集说》《存悔斋集杜诗注》；辑佚的丛书有《清颂堂丛书》《汉学堂丛书》《汉学堂知足斋丛书》等，可谓著作等身。三子黄锡麒，字也园。黄锡麒工诗文，与一时文士常有唱和，著有《蔗根集》。幼子黄锡禧，字子鸿。黄锡禧善书画，工词，清咸丰、同治年间寓居泰州，著有《栖云山馆词存》。黄氏孙辈继承先人遗风，亦多儒雅之气。

悔余庵何氏

悔余庵何氏，原籍江阴。何莲舫是清咸丰翰林，生当洪杨之役，城破罢官。本拟大展抱负，不料功名未成，仕途已终，只得隐居邗上，托业淮盐。何氏好藏书，尤好精品，《扬州风土记略》说江阴何氏“所藏多精本”。何

悔余庵旧照

莲舫有何秋辇、何月担两子，俱有才华。据《芜城怀旧录》载，何秋辇兼通列国语言，曾随钦使杨子通出使俄国，归国后由东海关道跃升为新疆巡抚。清宣统三年（1911），卒于甘肃途次。方地山挽联云：“身行万里路，能通六国书，无怪群公欲使班超定西域；凄凉玉门关，呜咽陇头水，早知今日不如何逊在扬州。”何秋辇之子震彝，少年得志，得中进士，工于诗文。民国后为农商部佥事，参与修撰《清史》，以微疾而亡，著有《一微尘集》《八十一寒词》。次子骈憙，亦有诗名。何莲舫次子何月担在清光绪十一年（1885）举贤，后为兵部郎中行走，数年后回归扬州，已家道中落。

东圈门江氏

东圈门江氏，原籍安徽。江石溪出生后，随父迁至扬州江都仙女庙，自幼聪颖好学。早年曾赴皖南应试秀才，后至江都丁沟名医周云溪处习医，六年业成，悬壶济世。由于医术精湛，常为贫苦病人送医施药，深受病家称道。江石溪有子女7人。长子江世俊，擅诗词文赋；次子、三子皆因家贫早夭；四女江世英；五子江世雄在“文化大革命”中去世；六子江世侯（上青）；七子江世伯（树峰），曾任扬州市政协副主席。江世俊，是非分明，酷爱文史，后入两淮中学堂。江世雄，字慕陶，为人忠厚刚正，“文化大革命”中受迫害，突发中风，不治身亡。江上青，曾用名蕃臣，抗日战争时牺牲。江上青与弟江

东圈门江氏旧居

树峰之名，取自古诗“江上树青峰”。江树峰幼年在琼花观小学读书，抗日战争时参加救亡宣传，著有《扬州名胜》《梦翰诗词抄》《水浒传自然风景的描写》等。

金粟山房陈氏

金粟山房陈氏，籍贯扬州仪征，家住东关街羊巷。第一代陈嘉树，字亭玉，号仲云。清道光二年（1822）传胪，授编修，迁山东济东泰武临道，充提调官，署按察使、盐运使，多有政绩。后升任山西按察使、江西布政使。陈嘉树之子陈彝，字六舟，清同治元年（1862）进士，授修撰，转科道。陈彝耿直敢言，弹劾无所避，曾上书弹劾侍讲王庆祺，时人称为“敢言御史”，著有《家书》《奏议》《谈异》《抱瓮庐诗文存》。陈彝之子陈重庆，字赐卿，清光绪元年（1875）举人，官湖北盐法武昌道。光绪二十六年（1900）丁忧居家，从此不仕。诗、书、画人称“三绝”，著有《默斋诗稿》。陈重庆之子陈含光，名延韡，字含光，号移孙，光绪五年（1879）生于扬州。5岁学诗，13岁作《梅花未动意先香》，轰动扬城。16岁以第一名入选秀才，旋授拔贡。毕生以诗书画自遣，为扬州冶春后社中坚。陈含光之子陈康，字忠寰，号弃疾，毕业于中央大学（东南大学前身）哲学系，同年秋赴英国伦敦大学学习。后转赴德国，专治希腊哲学史，获柏林大学哲学博士学位。1940年回国，历任西南联大、中央大学、北京大学、同济大学、台湾大学教授。1958年赴美国，讲学于德州大学、艾默瑞大学、哈佛大学、纽约大学、南佛罗里达大学等。著有《陈康：论希腊哲学》《巴曼尼得斯篇》等。

冰瓯馆张氏

冰瓯馆张氏，籍贯扬州仪征。晚清时，篆刻家张安保购宅于东关街南地官第，建冰瓯馆。张安保，字怀之，号石樵，工诗，善书，能刻印，著有《味真阁诗集》，生活于清乾隆末年到同治初年。张安保有二子，长子张丙炎，字药农，号午桥，道光举人，清咸丰进士，翰林院编修，曾任内阁侍读、廉州知府，著有《味真阁文集》《清晖堂诗话》等。廉州涠洲岛是军事要塞，英国人想辟为船坞，张丙炎不许。后来英国人又要求在北海开辟市场，张丙炎对英国人既以礼相待，又严格仪节，时人以为不损国体。后来张丙炎任职肇庆时，买书数千册放置衙中，供人阅读。继而升为道员，加盐运使衔，因母亲去世而回扬州，优游林下20年。张丙炎博雅好古，富收藏，喜吟咏，工篆书，冰瓯馆是其读书处。冰瓯馆亦名榕园，张丙炎著有《榕园丛书》等。张安保传记《显考石樵府君行述》为张丙炎所作。张丙炎弟张丙莹，亦有文才，为候选盐场大使。

张氏旧居冰瓯馆

京兆堂韦氏

京兆堂韦氏，扬州江都人。第一代韦学芳，民间音乐家。自幼聪颖卓异，从塾师习经史、诗文、词曲，过目成诵，淡泊功名，唯以闻道为乐。稍长，酷爱艺术，尤好文学、书画、戏曲与音乐。曾拜扬州昆曲（大曲）与扬州清曲（小曲）名家为师，习各种声腔唱法。同时，博览先贤文献乐谱，考镜声腔源流与曲词演变。第二代韦长龙，雅好戏曲、说书，因生计所迫，在扬州东关街铁货巷习艺，与曲家尤庆乐为邻，时相切磋技艺。第三代韦人，原名韦国城，戏曲家，幼受庭训，广泛涉猎戏曲、音乐、诗歌和绘画。新中国成立后，在江都县、邗江县、扬州市历任文化站站长、文化科科长、文化处副处长、文化局副局长。改革开放后主持扬州戏剧学校工作，担任中国俗文学学会理事、中国民俗学会理事、江苏省扬剧艺术研究会常务副会长。又致力于戏曲历史与理论研究，出版《扬州清曲》《扬州曲艺史话》《扬州戏考》《扬州扬剧艺术》等。第四代长子韦建桦，翻译家，中共中央编译局原局长、中国马克思恩格斯研究会会长，主编马克思主义经典著作多种。次子韦明铧，一级作家，扬州文化研究所原所长，扬州大学特聘教授，出版文化研究著作70多种。三子韦立华，公安三级警监、高级一级教官，江苏省公安厅原处长，扬州市公安局原副局长，编撰公安专业书籍多种。四子韦光华，雕塑家，扬州市文化馆原主任，塑造王少堂、鲍娄先、吴王夫差等雕塑作品。

梓墨版刻

文化需要传承、传播、传扬。文化传播的重要方式之一，是将人类文明结晶制作成书籍，使之流布四方。再遥远的地方，也会因为获得阅读的机会，受到文明的滋养。东关街的出版类型有家刻、有书局，出版书籍有中文版，也有译作。

广陵古籍刻印社门市部

广陵古籍刻印社门市部位于东关街182号。2011年10月营业。雕版印刷技艺是扬州历史文化重要组成部分，自唐延续至今，曾几度辉煌。1958年，扬州广陵古籍刻印社成立，承担起雕版印刷技艺传承重任。该社保存全套雕版

雕版印刷

印刷工艺，集中一批雕版印刷艺人，采用传统工艺印刷线装古籍，为全国唯一完整保存雕版印刷技艺的单位，全国最大的古籍线装书生产基地。自1996年始，该社影印大型线装书《毛泽东评点二十四史》和《邓小平文选》（线装版）等，引人注目。2010年10月，以广陵古籍刻印社为申报主体的中国雕版印刷技艺，入选“人类非物质文化遗产代表作名录”，授牌仪式在扬州举行。东关街广陵古籍刻印社门店为二层小楼，楼上有古色古香的雕花栏杆和窗棂，下悬“广陵古籍刻印社”匾额，由赵朴初题写。楼下店堂正面排列新版书籍，既有珍贵的雕版书籍如《桃花扇》《杜诗言志》《里堂道听录》等，也有适应大众需求的雕版产品如《扬州记事》笔记本和郑板桥手书《难得糊涂》复制品等。广陵古籍刻印社恢复木、铜、锡、泥、瓷5种活字印刷，工艺在全国首屈一指。另外设置橱柜，展示传统雕版，并在墙壁上悬挂雕版印刷的工具拳刀、棕刷等。门市部增加游客印刷互动、笺谱私人定制等内容，很受游客欢迎。

马氏家刻

扬州东关街街南书屋马家所刻之书，人称“马版”。马氏所刻之书，字体娟秀，首尾如一，版框整饬，墨色均匀，雕刻精美，装订考究。扬州自唐宋以来有雕版印刷传统，清康熙年间（1662—1722），扬州诗局以雕刻《全唐诗》闻名，同时兴起家刻之风。马氏既有广博的学识，又有雄厚的资本，不仅富于藏书，而且精于刻书。他们慎选良工，把所藏善本书籍、金石拓片择要刻印，以广流传。其刻书速度之快、雕工技艺之精、版式设计之美，当时均属上乘。《扬州画舫录》载：“刻许氏《说文》《玉篇》《广韵》《字鉴》等书，谓之‘马版’。”《四库全书总目》介绍马氏所刻之书，如《千禄字书》1卷，唐颜元孙撰，“国朝扬州马曰璐得宋椠翻刻之”；《九经字样》1卷，唐元度撰，“近时马曰璐得宋拓本而刊之，犹属完善”；《韩柳年谱》8卷，“近时祁门马曰璐得宋椠柳集残帙，其中年谱完好，乃与韩谱合刻为一编”。马氏兄弟不仅重雕古书，而且不惜重金刊刻时人著作。朱彝尊《经义考》、王士禛《感旧集》等书，都由马氏刊于扬州，得以流传。谢国桢《明清史谈丛》说：“我曾得到过清雍正己酉（1729）扬州马氏小玲珑山馆仿宋雕刻的《韩柳年谱》，是一部雕刻精美的书籍。”这是当代学者对“马版”的肯定。

马氏丛书楼

淮南书局

淮南书局原址位于琼花观附近，是清代扬州的官办书局，刻印过大量图书。继唐宋扬州刻书业兴起之后，明清扬州刻书业迎来新高峰。其标志是，仅官办刻书机构就有扬州诗局、扬州书局、淮南书局等。淮南书局的前身是养贤馆，其创始过程在清光绪《江都县续志》中有载："同治四年，署盐运使李宗羲开养贤馆，以收恤寒俊。八年，盐运使方濬颐议设书局，整理旧存盐法志及各种官书残板，刊布江淮间耆旧著述，即延馆中士人至局校理。其经费仍于裁减成本项下开支。书成，平其值售之。九年，署盐运使庞际云请于盐政马端敏公，分刊江宁书局《隋书》，并厘定章程，添拨书院余存经费以充局用。自后，刊布书籍益多。光绪五年，盐运使洪汝奎更访求善本传刻之。"淮南书局刊刻的书目甚多，仅经部就有《孝经》《四书说苑》《说文解字》《春秋繁露》《广雅疏证》《说文复古篇》《钦定音韵阐微》《大戴礼记补注》《春秋集古传注》《说文解字校论》《古今韵会举要》等。清光绪四年（1878），淮南书局曾刊刻魏源的《古微堂集》。在季羡林藏书拍卖目录中，有魏源著《古微堂集》内集、外集，就是光绪四年淮南书局的刻本，一函四册。

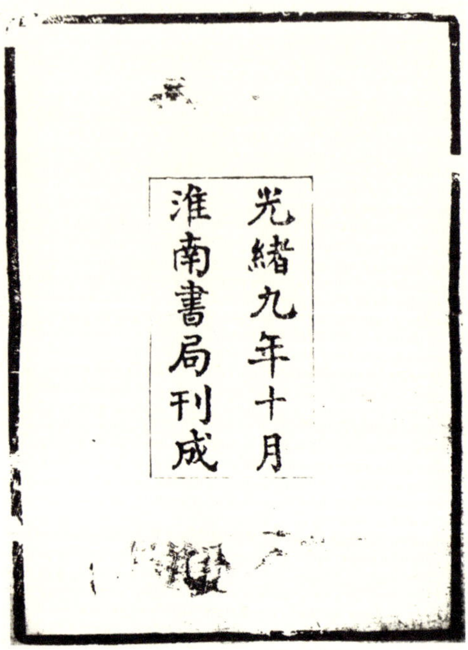

淮南书局书影

中国回教经书编译所

中国回教经书编译所遗址，位于东关街马监巷东礼拜寺。扬州作为伊斯兰教传入中国的早期重要城市，出过两种《古兰经》汉译本，一种是非穆斯林学者姬觉弥的《汉译古兰经》，另一种是穆斯林学者刘彬如与花汝舟的《汉译古兰经（附阿里提要）》。1932年，中国回教学会成员、扬州人刘彬如与花汝舟在马监巷礼拜寺成立中国回教经书编译所，专事伊斯兰教典籍《古兰经》的翻译。1935年，出版9卷本《古兰经》的第一卷。《古兰经》第一卷出版后，为了广泛宣传伊斯兰文化，刘彬如与花汝舟决定向热爱伊斯兰文化的人们免费赠送《古兰经》译本。为此他们在《人道》月刊刊登广告，注明："索经处：扬州东关街八一号中国回教经书编译所。"同时在上海《伊斯兰学生杂志》发布信息："扬州东关街八一号中国回教经书编译所近出版《古兰经》第一册，为推广吾教起见，赠送各处教友一千部。"第一册问世之后，因译本错误较多，当时江都回教礼拜寺联合会建议"暂缓发行，重再整理"。所以原拟出9卷本的《古兰经》汉译本并没有出齐，然而马监巷礼拜寺却因此在伊斯兰文化传播史上获得了特殊的地位。

古街光影

市肆聚珍

百年老店久闻名，新兴商家创业勤。

只要便民就是好，从来技艺贵于精。

商贸业态是衡量经济发达程度的指标。社会需求让市场不断洗牌，一些行业淡出历史舞台，一些行业方兴未艾。如今东关街旧貌变新颜，历史文化名街效应放大，已形成集吃、住、行、购、娱于一体的商贸服务业聚集区。

老字号

东关街有许多老字号。据1951年统计，当时属商业系统的老店铺有40多家，涉及百货、饮食、理发、浴室、钟表、寄售、洗染、鞋帽、修理、医药、五金、日杂等10余个行业。这些老字号，装点了东关街的市肆风情和商业特色。

富春花园茶社

位于盐阜东路9号。富春茶社在扬州古城区有两处，一在国庆路得胜桥，一在东关街安家巷。安家巷店称为富春花园茶社。清光绪十一年（1885），陈霭亭租赁得胜桥无名小巷内民房十余间、空地若干，开辟富春花局。陈霭亭故后，富春花局由其子陈步云继承。杜召棠《惜余春轶事》载："陈步云起鹏，以营富春茶社名。初为一花局，为文人聚会之所，因售茗焉。改茶社时，精研不辍，见惜余春（茶肆）坐客常满，欲窥其奥，屡往留连，遍尝诸食，萃取所长，更精制之。不数年间，富春之名大震……君购广储门安家巷刘淮年约园遗址莳花，可十余亩。"此即东关街安家巷店。富春花园茶社的特色点心，

富春花园茶社

有号称“天下一品”的三丁包、“扬州双绝”的千层油糕和翡翠烧卖。三丁包享誉已久，据说当年乾隆帝下江南，扬州丁姓厨师以海参、鸡肉、猪肉、鲜笋、虾仁五味制作成味美滋补的五丁包子，乾隆帝食后大喜，御题“天下一品”四字。民国年间，在“五丁”中去掉海参、虾仁，简化为今日的“三丁”，即为三丁包“天下一品”的由来。扬州千层油糕由福建传入。1913 年，富春老板陈步云和厨师黄麻子吸取北方千层馒头“其白如雪，揭之千层”的传统技艺，采用“清肥慢长”的方法发酵，擀成长方形面皮，匀撒白糖油丁，边撒边压，糕面点缀红绿瓜丝，上笼蒸熟。取出后切成菱形，芙蓉色，半透明，绵软而嫩，柔韧可口。烧卖源于北方，扬州皮薄个小的翡翠烧卖属于小吃中的闺秀。皮儿中心略厚，四周稍薄，荷叶卷边，形似石榴，底若铜钱，以菠菜等为馅，在蓬头撒少许火腿茸作为装饰。蒸熟后，薄如纸张的面皮透出碧绿颜色，犹如翡翠。2011 年 3 月，富春茶点制作技艺以“传统手工技艺”门类，入选第三批国家级非物质文化遗产项目，徐永珍为项目代表传承人。

冶春茶社东关街店

位于东关街 224 号。冶春茶社有 200 多年历史，原址在北城河“城闉清梵”旧景处。2015 年，冶春茶社在东关街开设东关街分店，秉承传统的亭台楼阁

冶春茶社东关街店

特色，外观飞檐黛瓦，古朴雅致，内堂玻璃门窗，简朴新颖，展现冶春百年老店的村野韵味。李斗《扬州画舫录》载：“市郊酒肆，自醉白园始，康熙间如野园、冶春社、七贤居、且停车之类，皆在红桥。”朱自清《扬州的夏日》载：“北门外一带，叫做下街，茶馆最多，往往一面临河，船行过时，茶客和乘客可以随便招呼说话，船上人若高兴时，也可以向茶馆中要壶茶或一两种小点心，在河中唱着、吃着、谈着，回来时再将茶壶和所谓小笼连价款一并交给茶馆中人。”指的就是冶春茶社。冶春茶社以淮扬细点、扬州小吃为主，如黄桥烧饼、葱油火烧、徽州烧饼、大煮干丝等，选料严格，制法独特，色香味形并重，具有浓厚的地方特色，深受顾客的喜爱。

清真鸿兴民族饭店

位于国庆路 292 号。前身为清真林源兴鸡鸭店，创立于清光绪二十七年（1901），是扬州经营清真鸡鸭熟食业的第一家，创始人林广丰，1956 年公私合营，林源兴更名为清真鸿兴小吃店，尤以牛肉锅贴、牛肉馄饨最为有名。1997 年，扬州食品总公司投资百万元，在林源兴原址北侧重建清真鸿兴民族饭店，占地面积 0.2 公顷，建筑面积 3000 多平方米，共 6 层，为集商业、住宿、餐饮、娱乐、休闲、会议等功能于一体的特色民族饭店。1999 年，鸿兴民族饭店被确定为市区唯一的国际旅游定点清真餐饮，先后接待 16 个省市的穆斯林嘉宾和 9 个阿拉伯国家的贵宾。2003 年，在中国首届民间民族菜肴华西美食节上，鸿兴民族饭店获 5 枚金牌。2004 年 2 月，以扬州唯一的清真特色餐馆获得“江苏老字号”殊荣。

四美酱园门市部

位于东关街 371 号。四美酱园创建于清嘉庆元年（1796），初为扬州沈氏四兄弟创办，园址在东关街。名为“四美”，含义有二：一是酱园由沈氏四兄弟共同创办，乃四人合力；二是酱菜有鲜、甜、脆、嫩四大特色，故名。至民国初年，四美酱园成为扬州城有名的酱园之一。1915 年，四美酱菜获得巴拿马国际博览会奖，自此四美酱品名声大振。1929 年，在民国政府工商部注册“四美”商标。同年，获江苏省农矿产品展览会褒奖证书和奖章。1930 年，

四美酱园

获西湖博览会奖状和金质奖章。1931 年,获全国铁路沿线物品博览会一等奖。1955 年，四美酱园与永记等酱园合并，成立公私合营扬州四美酱品厂，厂址仍在东关街。1979 年，四美酱菜被评为江苏省优质产品，多次获省优、省名牌产品，部优、国优产品称号。1998 年，四美酱品厂与三和酱菜公司合并，改制为三和四美酱菜公司。2010 年，公司整体迁入食品工业园。四美酱园门市部位于东关街西头，店堂中心的柜台顶端竖立金字黑漆大招牌，上书“四美酱园”四个字，为扬州书画家李圣和所题。迎面柜橱上横挂“山珍海错名唯重；野蔌园蔬味亦奇”雕花横联。东侧墙面上悬挂若干牌匾，以图文展示三和四美品牌的辉煌历史、工艺变迁及老式产品、旧式包装等。

大麒麟阁东关街店

位于东关街 245 号。2009 年 4 月营业。大麒麟阁是前店后作、现做现卖的老字号，创办于清光绪二十七年（1901），主店在国庆路 52 号。是年，扬州人周明泉、陈国良和王瑞，各出 500 担大米作股本，开办大麒麟阁茶食店。经营业务由周明泉主持。糕点名师崔国礼制作的芝麻牛皮糖和蜂糖糕，素称大麒麟阁茶食店的绝活：牛皮糖甜而不腻，含在嘴里特别有嚼劲；蜂糖糕的甘甜来自淀粉发酵转化的葡萄糖，与白糖的甜味迥然两样。1937 年，研制出扬州著名茶食京果粉，因京果粉用纸包装后，还未来得及过街，油渍便透出纸外，故有“不过街”之誉。大麒麟阁传统茶食还有“小八件”，即眉公饼、太师饼、黑麻饼、白麻饼、一条线、小佛手、小苹果、菊花饼，造型小巧，味不雷同，为扬式糕点代表。东关街大麒麟阁店坐北朝南，三开间门面，外立面为不加粉饰的传统砖墙。东首一间为大门，西侧两间各开设一扇大窗，作为现场制作食品的外卖窗口。门上悬挂大麒麟阁茶食店特色招牌——底色大红，中有金色龙首、马形、鳞身的麒麟，下有扬州书法家魏之祯隶书铜字“大麒麟阁”，其下一行小字“创立于一九〇一年”。大门两侧悬挂同样色调的楹联：“茶香饼熟天时顺应；货真价实童叟无欺”。在传统简朴中体现大麒麟阁茶食店的品位与风华。

绿杨春茶叶东关街店

位于东关街 388 号、390号。绿杨春茶叶店创办于清光绪三十四年（1908）。2007 年，绿杨春茶叶店在东关街开设分店。四开间的门店坐北朝南，宽敞明亮。门楣上方悬挂“中华老字号绿杨春茶叶店”牌匾，两侧门柱为晚清名士、书法家王景琦所题楹联：“吉地产金枝玉叶；泰西通海客山商”。店内经营绿

绿杨春茶叶店

杨春、魁龙珠等扬州名茶，同时经营铁观音、碧螺春、西湖龙井、茉莉花茶等国内各式名茶。店堂以图文展示镇店之宝“百年茶砖”及名家赞美绿杨春的书画作品，解读扬州名茶的文化内涵，如魁龙珠“一江水煮三省茶”等典故。新茶采摘季节，店堂现场展示手工炒茶技艺。

谢馥春香粉铺

位于东关街 237 号、243 号。2009 年 4 月营业。谢馥春香粉铺创立于清道光十年（1830），原址在扬州城南下铺街。清同治三年（1864）在辕门桥大街购房，作为谢馥春新店址，即今国庆路门市部。后又购瓦匠营巷住宅，作为香粉铺作坊，亦是今谢馥春化妆品有限公司厂区。作为近代中国重要化妆品企业，谢馥春传统生产鸭蛋粉、冰麝油及香件等，被称为谢馥春“三绝”。1915 年获巴拿马国际博览会大奖，成为当时中国化妆品第一品牌。2008 年结合东关街改造，该厂区发展成为前店后厂式景区。谢馥春香粉铺坐南朝北，位于东关街南侧。香粉铺悬挂商业部颁发的“中华老字号”匾，店面西侧院门悬挂冯其庸题“谢馥春”匾，二楼檐口悬挂“中华首妆”黑漆金字匾。

谢馥春香粉铺

戴春林香粉铺

戴春林香粉铺

位于东关街181号。戴春林始创于明崇祯末年，清中叶戴家香驰名北京。戴春林老铺原在埂子街，由明末书法家董其昌题名。戴春林香粉的母粉使用精选的云母粉，加上天然珍珠粉以及扬州邵伯糊粉坊专为其生产加工的石粉、米粉、豆粉，与鸡蛋清按一定比例调制而成。其中还用白兰、茉莉、珠兰、玫瑰等时令鲜花熏吸香味，使其具有天然花香。今东关街戴春林香粉铺开设于2011年12月，坐南朝北，两开间门面，檐下悬挂黑底金字“戴春林”横匾，外加金色花纹边框，为董其昌字体。大门两侧悬挂“千金五香艳天下，美女歌吹画扬州”楹联。店内设口字形柜台，中间呈优美的鸭蛋形，两侧书写“国妆鼻祖，承久载香”。戴春林首创“千金五香艳天下”美妆文化，所谓五香即香粉、香膏、香件、香头油、香眉黛。

扬州湖笔厂东关街店

位于东关街 414 号。中国毛笔制作技艺有宣笔、湖笔、水笔、李福寿毛笔四大流派，扬州水笔是四大流派之一。扬州毛笔，古称扬州水笔，有 1100 年制作历史，出现于五代十国时期。清嘉庆《扬州府志》载：“扬州之中管鼠心画笔，用以落墨白描佳绝，水笔亦妙。”2010 年，扬州毛笔制作技艺被列入国家级非物质文化遗产名录。扬州湖笔厂东关街店开设于 2009 年 4 月，坐北朝南，檐下悬挂由书法家武中奇题写的“扬州湖笔厂”牌匾，十分醒目。不大的店面中，有两架棕色木质柜台，陈列各式毛笔，精致简装，适应各种需求。湖笔厂还开展“私人定制”服务，为有需求的顾客定制胎毛笔。

毛笔制作

扬州漆器厂东关街店

位于东关街200号。扬州漆器是中国特色传统工艺品种之一，起源于战国，兴旺于汉唐，鼎盛于明清，以工艺齐全、技艺精湛、风格独特驰名中外。2004年，扬州漆器成为中国国家地理标志产品之一。2006年，扬州漆器髹饰技艺被列入首批国家级非物质文化遗产保护名录，扬州漆器厂被商务部授予首批中华老字号企业称号。扬州漆器厂东关街店开设于2006年1月，坐南朝北，两层楼，三开间门面，二楼有荸荠色雕花栏杆和窗棂，古色古香。下悬“扬州漆器厂东关街门店”匾额，褐底黄字，庄重大方。一楼营业店堂，分内外两间。店堂中间摆放两张卧式玻璃橱柜，两侧靠墙及里间周边是竖立到顶的橱柜，内皆陈列各式漆器精品，以礼品、旅游纪念品和高档收藏品为主，工艺涵盖点螺、刻漆、雕漆嵌玉、平磨螺钿等。

漆器制作

漆屏

漆瓶

扬州玉器厂东关街店

位于东关街63-1号、85号。扬州是中国玉器加工的重要基地之一，《尚书·禹贡》有“扬州贡瑶琨”之记述。扬州琢玉工艺源远流长，俗称“和田玉，扬州工”，是对扬州玉雕的最高褒奖。扬州玉器厂创建于 1956 年 2 月，为商务部命名的首批中华老字号企业。2006 年，扬州玉雕列入首批国家级非物质文化遗产保护名录。扬州玉器东关街门店开设于 2009 年 4 月，两个门店店名分别为“金玉满堂”和“五亭玉器”。

翡翠雕塑

1951 年东关街商铺一览表

表 7

店号	行业	开业年份	店址
夏广盛	豆食	1901	东关街2号
志和	茶社	1940	东关街外3号
刘永和	茶社	1931	东关街外5号
福康祥	颜料业	1948	东关街13号
震泰昌	香粉业	1923	东关街18号
鼎和	酱业	1935	东关街19号
国泰兴	颜料	1950	东关街31号
庆丰	茶食	1938	东关街32号
顺泰	南北货	1937	东关街35号
四流春	茶社	1930	东关街36号
福泰宏	酒业	1936	东关街44号
永丰	酱业	1946	东关街46号
仁记	酱业	1949	东关街50号
潘广和	五金电料	1862	东关街53号
刘家饭店	饭店	1945	东关街58号
詹太和	纸业	1945	东关街65号

续表7

店号	行业	开业年份	店址
周广兴	帽业	1932	东关街69号
永兴	颜料	1949	东关街96号
恒昌	油麻业	1948	东关街97号
周镜记	钟表业	1937	东关街107号
德昌油麻号	油漆业	1948	东关街111号
泰成	酒业	1946	东关街112号
春和	钟表业	1948	东关街131号
凌大兴	茶食	1945	东关街139号
四美	酱业	1817	东关街140号
协丰	南北货	1941	东关街157号
中美	理发	1946	东关街207号
东同兴	鞋业	1909	东关街218号
永记	酱业	1941	东关街223号
乾大昌	纸业	1912	东关街224号
（张）恒兴	洗染业	1927	东关街239号
鼎源	酱业	1948	东关街371号
庆康祥	纸业	1940	东关街395号
得月香	饼业	1950	东关街480号
张洪兴	寄售	1936	东关街
富记	寄售	1946	东关街
恒记	酱业	1941	东关街
广储门	酱业	1944	东关街

注：资料来源于1991年版《扬州市商业志》

新商肆

东关街在复兴过程中，有大量新店铺加盟。新店铺涵盖各个行业，满足不同需求。其中有园林风情的高档客栈、传统工艺的零售门市，有大众消费的美食广场、面向青年的创业中心等。东关街正以勃勃生机，迎接四方创业者和旅行者。

长乐客栈

位于东关街357号。为国内首家利用古宅保护性开发的精品文化宾馆。占地面积1.6公顷，建筑面积1.06万平方米。在高耸的磨砖门楼上，白矾石额上书“长乐客栈”金色大字，两侧延绵10多米的墙体，呈高屋建瓴之势。黑漆大门，门槛及膝，左右是一对圆形抱鼓石。长乐客栈由逸圃、华氏园和李长乐故居等古典建筑组成，分南北中三大区域。长乐客栈外表古色古香，室内则是现代化生活设施。客房摆设有明清风格的立灯、衣橱、条案、圈椅等生活用品，为保持建筑、装饰、设备的风格协调，施工时将空调室内机隐藏到天花板内。室内墙壁安装隔音、隔热材料。客栈内智能系统一应俱全，计算机网络、卫星

长乐客栈鸟瞰

电视系统、酒店经营管理系统、火灾自动报警及联动控制系统、智能一卡通系统、建筑设备监控系统、闭路电视监控系统，甚至LED外汇牌价显示系统、电子巡更系统等均安装到位。游客在感受扬州古代文化的同时，也能享受现代文明的便捷与舒适。

中国剪纸博物馆门市部

位于东关街350-1号。扬州剪纸线条清秀流畅，构图精巧雅致，形象夸张简洁，技法求变求新，形成特有的“剪味纸感”，为中国南方剪纸代表艺术之一。2006年5月，扬州剪纸列入国家首批非物质文化遗产名录。2009年10月，扬州剪纸列入联合国教科文组织第四批人类非物质文化遗产代表作名录。2007年4月，由扬州工艺美术集团和扬州工艺有限公司共同投资，在东关街马监巷2号原扬州制花厂，建设成立扬州剪纸博物馆，中国文联副主席、中国民间文艺家协会主席冯骥才题写馆名“中国剪纸博物馆”。2016年10月，中国剪纸博物馆迁至扬州486非物质文化遗产集聚区三楼扬州工艺美术馆。同年，在东关街设中国剪纸博物馆门市部。

张秀芳剪纸馆

位于东关街350-1号。2009年4月，江苏省工艺美术大师、非物质文化遗产扬州剪纸项目国家级代表性传承人张秀芳在东关街开设剪纸馆。张秀芳是扬州剪纸大师张永寿的传人。1956年，张秀芳随叔父张永寿学艺，经刻苦钻研，剪纸艺

剪纸（张秀芳）

术日臻成熟。从年轻学徒到艺术大师，1992年张秀芳被列入中国民间名人录。2007年，作品《鹤舞云霄》获第八届中国民间文艺山花奖。2008年，作品《百鸟争艳》获第九届中国工艺美术大师作品暨国际艺术精品博览会金奖。

吴晓平刺绣馆

位于东关街350–2号。2009年4月，江苏省工艺美术大师、高级工艺美术师、江苏省非物质文化遗产刺绣艺术代表性传承人吴晓平在东关街开设刺绣馆。扬州刺绣源于汉，兴于唐，臻于宋，盛于明清。现代扬州刺绣以针法细腻、设计高雅、风格清丽、色彩逼真闻名，尤擅表现扬州八怪书画和其他名人作品。2006年，扬州刺绣被列为江苏省非物质文化遗产保护项目。

金润阁裱画店

位于东关街马监巷口。扬州字画装裱技艺风格独特，与苏派、京派并称。2009年7月，扬州装裱技艺列入省级非物质文化遗产保护项目。

墨农画室

位于东关街91号。画室多水墨画陈列，如《琼花观》《彩衣街》《花局巷》《东关古渡》《徐凝门街》等，如同老照片一样，堪称“扬州记忆”。

个园国际青年旅舍

位于东关街花局里6号。紧邻四大名园之一个园，地理位置优越，交通条件便利。开设于2010年5月，有客房50间，主要适合于青年和大学生外出旅游或创业。旅舍设有不同特色的房型，设施齐全，特设年轻人喜欢的多人房。家庭式住房24小时供应热水，有独立卫浴、数字电视、光纤网线等服务设施。

美食广场

位于东关街中段，是以美食、休憩为主要业态的休闲广场。西至胡氏老宅，北到花局里，东到武当行宫，南至东关街，占地面积7446平方米。项目

美食广场

于2010年7月开工，2012年12月底完工。总投资6212万元，建筑面积7194平方米，复建仿古建筑面积8796平方米，绿化景观1454平方米，室内外道路及停车场2563平方米。广场以戏台为核心，形成南北、东西轴线，层次分明，业态丰富，既能满足现代商旅、文化休闲的功能需求，又能与扬州传统城市街巷肌理有机统一。地下建设大型停车场，作为东关历史街区主要停车场之一，面积约3700平方米，设有机动车停车位80个、非机动车车位350个。

花局里旅游街

位于个园东侧，南北走向，南接东关街，北连盐阜路，2008年3月建成。占地面积1.14万平方米，建筑面积8307平方米。由个园全资成立的扬州古城文化旅游公司具体负责经营和管理。街区集食、饮、住、游、购、娱于一体，辟有淮扬美食、传统工艺、茶馆酒吧、旅游客栈、文艺展演及盐商园林观光旅游六大特色区域。2013年夏，个园管理处在花局里试水旅游夜市，共有10余万名游客走进花局里激情狂欢，商户销售额50多万元。2014年、2015年又连续两年举办“两岸风情观光夜市”，开展啤酒畅饮、烧烤卤味、台湾小吃、乐队表演等十多种活动，两年夜市累计迎客超过百万人。花局里已成为青年创业交流平台、文化培训展示平台、文艺创新交流平台和名特商品展销平台。

2017年东关街商铺一览表

表8

东关街门牌号	店铺名称	经营范围
	传统工艺	
43号	金漆堂	漆器工艺品
45号	民族风情布衣坊	民族服装
49号	扬州八怪艺术传播中心	文化艺术礼品
55号	问心斋	旅游工艺品
55-2号	江南服饰	民族服饰
62号	春旺足艺	足疗
63-1号	金玉满堂	玉石工艺品
70号	扬州三把刀经销总部	三把刀
71号	忆江淮	装饰工艺品
78号	小杨的泥人店	民俗工艺品
79号	璟玉轩	玉石工艺品
85号	老银器	银制工艺品
99号	伯余堂	蓝花布艺、唐装
104-2号	怡雅斋	丝绸工艺品
104-3号	半渡莲	佛教工艺品
106-1号（东）	大东关足艺	足艺
114号	石来运转	玉石工艺品
119号	绣行天下	刺绣工艺品
121号	扬州三把刀	工艺品、三把刀
132号	大红门、三把刀专卖店	工艺品、三把刀
141号	扬州玉器	玉石工艺品
150号	民族工艺品	民族工艺包、饰品
154号	服装店	少数民族工艺品
168-9号	东关三把刀总店	三把刀

续表8

东关街门牌号	店铺名称	经营范围
179号	廊桥遗梦	民族服装、挂件
197号	运河春茶庄	茶庄
197-1号	岁月	银制工艺品
193号（东半）	钜彩阁	工艺品
206（西）	三月三	旅游工艺品
220号	广陵红木	古玩、红木工艺礼品
229号	竹西人家	红木工艺品
230号	云水三千	木质工艺品
239号	海之润珍珠	珍珠工艺品
250号	信缘阁	漆器、玉器
253号	古艺馆	古玩工艺品
256号	鑫利达工艺品商场	漆器工艺品
260号	家天下红木坊	红木装饰品
270-1号	古城足艺	足疗
270-2号	庆元堂	旅游工艺品
296号	绿叶专卖店	旅游工艺品
313号、315号	文璧记	旅游工艺品
317-1号	安琪扇庄	旅游工艺品
319-1号	兰花布庄	服装工艺品
350-1号	张秀芳剪纸馆	剪纸展示销售
350-2号	爱佩儿纯银饰品	剪纸展示销售
350-3号	李烈烽剪纸创研室	剪纸展示销售
354号	惠风堂	文化艺术品
357号西侧1号	江南服饰	丝绸工艺品
357号西侧2号	彩云之南	民族工艺品
357号西侧3号	陶乐坊	陶笛
367号	鑫利达	漆器
368号	大清乾隆馆	家居工艺品

续表8

东关街门牌号	店铺名称	经营范围
372号	鑫利达	漆器
373号	扬州特产坊	旅游工艺品
377号	花布庄	花布制品
379号	蓝花布庄	蓝印花布系列工艺品
397号	问心斋	服饰、工艺品
406号	蓝花布庄	丝绸工艺品
412号	扬州剪纸	剪纸陈列及研究
433号	竹藤轩	工艺品
435号	东关绒绒编织	绒线编织
国庆路436号	沈氏布庄	古典服装制作
国庆路441号	龙门服饰	古典服装制作
国庆路438号 东关街478号	七色麻衣饰	品牌古典服装
餐饮美食		
79号西侧	赖氏四喜汤圆	特色小吃
95-1号	宝应长鱼面馆	特色小吃
95-6号	半亩荷塘	酒吧
101号	淮扬私菜坊	盐商小吃
102号	酥香缘	特色小吃
153号	皮包水	餐饮
157号	大地蓝丝绸	丝绸家纺
168号	皮五书场	餐饮
156-1号	猫山王	特色小吃
168-8号	动人心弦	陶笛
207号	粗茶淡饭	特色小吃
223号	润源淮扬菜馆	餐饮
248号、387号	赵氏叠汤圆	汤圆

续表8

东关街门牌号	店铺名称	经营范围
270-3号	冶春	餐饮
359-1号	星巴克	饮料
359号	聚香斋	特色小吃
370号	东关人家	餐饮
384号	园兴园精致淮扬菜馆	餐饮
389号	东关街四喜汤圆总店	四喜汤圆
389-1号	东关炒饭	炒饭
395号	餐乐园	淮扬小吃
434号	吴家绿色粥铺	餐饮
440号	金米缸	餐饮
476号	扬州味	餐饮
旅游特产		
74号	绿叶专卖店	茶叶、茶具
76号	宜兴紫砂壶直销	茶叶、茶具
77号	孟宗筷子店	筷子
98号、100号	冬荣园茶社	剧场、茶叶、茶具
116号	扬州特产伴手礼	传统茶食
118号	扬州手工艺饰品	书画、女性饰品
126号	丝绸之家	民族服装、挂件
135号	旅游工艺品	茶餐饮、旅游工艺品
160号	特色零食大世界	土特产
160-1号（西）	魔术坊	玩具、工艺品
161号	三和四美	土特产和酱菜
173号	陶笛部落	陶笛
181号	戴春林香粉铺	化妆品、香件等
196号	魔术坊	魔术玩具

续表8

东关街门牌号	店铺名称	经营范围
199号	集雅斋	旅游小件
200号	扬州七品彩礼有限公司	礼品
218号	恒顺扬州专营处	镇江香醋
220-1号	广陵红木	古玩、红木工艺礼品
237号	谢馥春	谢馥春香粉
255号	随缘斋	起名、礼品
294号	中俄商品城	俄罗斯特产
299号	储秀坊	杂货
383号	扬州特产坊	地方土特产
319号	扬八怪姜糖	地方特产
425号、425-1号、425-2号	扬州小商品	旅游工艺品
食品制作		
37号	帝一茶庄	茶叶、茶具
64号	十二旦	奶茶
68号	爱咖啡	饮品
89号	三叶春	茶叶、茶具
104-1号	驴驼载	茶食
127号	千载香	姜糖
131号	润心斋	酥糖
136号	东关酱园	三和四美酱菜
147-1号	沙氏麦芽糖	玩具百货、箱包皮具
156号	杜食娘	茶食
163-2号	老杨药膳酥	芝麻酥、瓜子酥
172号	五谷丰老字号	传统茶食
175号	转角遇到喵	奶茶
176号	卡夫卡冰	冰激凌、饮料

续表8

东关街门牌号	店铺名称	经营范围
226号	李记糖坊	酥糖
244号	太白酒坊	酒坊
247号	大卡司	奶茶
261号	青豆家	奶茶
268号	酱爆鱿鱼	食品
263号、94号	扬八怪姜糖	姜糖
283号	吴勾酒坊	酒坊
289号	采芝斋	酥糖
297-1号	李氏姜糖坊	酥糖
357号东侧	怡心阁	姜糖
361号	靖江肉铺	食品、特产
363号	驴驼载	姜糖
369号	苏弘祥	糕点特产
371号	四美酱园	酱菜销售及传统工艺展示
372-1号	靳氏烧饼	烧饼制作
373-1号	世鸣蜂蜜园	蜂产品
381号	四美酱园	传统工艺展示
318-1号	椰一族	饮料
318-1号	烈焰红唇	丝绸品、玩具
318-2号	堂兴糕	土特产
318-1号	斗腐倌香豆腐	豆制品、食品
388号、390号	绿杨春茶叶店	茶叶
429号	五谷丰麻花王	茶食
432号	大麒麟阁	糕点特产
437号	Bubblebee	饮品
470号	答案奶茶	饮品

续表8

东关街门牌号	店铺名称	经营范围
470-1号	黑芝麻糊四季补品老店	芝麻糊
472号	吴记饼店	烧饼
文化创意		
35号	上海美术电影制片厂动漫体验店	动漫体验
61号	西亚珍珠农场	珍珠
89-1号	上海女人	化妆品、香件等
111号	云贝阁	工艺包、饰品
117号	老小孩动漫精品屋	玩具、老年用品、工艺品
观巷117号	廊桥怡梦	书吧
131-1号	行走扬州	工艺品
133号	荒石公园	服装工艺品
169号	宫廷木梳	木质工艺品
169-1号	北京布鞋	北京布鞋
178号	会铸	银饰
206号（东）	自由人户外	户外旅游用品
224号	手绘、摄影	旅游伴手礼品
231号	金润阁	裱画配框
234号	绪壶园	书画
235号	昊古斋	古玩字画
245号	名扬花鼓	服装
249号	宇龙轩	古玩
259号	金晶书画工作室	书画
278-1号	名扬花鼓	服装
278-2号	原牛皮衣馆	衣服、箱包
280号	韦小宝古玩行	古玩工艺品
292-2号	和惠轩	字画、古玩

续表8

东关街门牌号	店铺名称	经营范围
358-1号	像素蒲公英概念书店	书籍、工艺品
317-2号	蓝花布庄	丝绸、蓝花布
318-1号	醉花阴汉服馆	汉服、其他服装
328-3号	瑰宝斋	古玩
414号	扬州湖笔厂门市场	文房四宝
国庆路439号	老北京布鞋	北京布鞋
民宿客栈		
羊巷北端（30号）东关街口	隐庐客栈	民宿
雅官人巷北端	葛园民宿客栈	民宿
雅官人巷北端	雅官人客栈	民宿
蔡总门内	晟家民宿客栈	民宿
242号	七夕客栈	客栈
357号	长乐客栈	城市精品酒店
305号	街南书屋	城市精品酒店

杂货摊

东关街有许多手艺人，如铜匠、篾匠，以及从事锔碗、补锅、修鞋、换糖、磨剪刀、捏面人、烙糖画、吹糖球等的手艺人。有的设摊兜售，有的沿街叫卖，或为家族传承，或为师徒相授，从早到晚，络绎不绝，形成东关街特有的风情。

铜匠担

铜匠挑着铜匠担走街串巷，属“八根系”（旧时走街串巷、挑货担子的手艺人和小本经营者，大多用绳系挑着担子行走，担子一头有绳系 4 根，两头计 8 根，故称“八根系”)。担子两头是带抽屉的木柜，一头抽屉放铆钉、铜皮等修补原料，一头是工作台，台面有一把固定的木柄长锉。架子上挂着铁砧和铜挂件，抽屉里有钳子、榔头等工具。铜匠修铜器不生火，故称冷作。生意多是打制铜盆、铜烫壶，修配铜钥匙、铜铰链，修补瓷盆等。修补瓷盆时，铜匠用砂纸将破损处打磨光滑，用木棒在小瓶子里蘸点硝镪水涂在上面，用烧红的烙铁粘上锡，再焊上去。这种活计，花钱不多，立等可取，很受家庭主妇欢迎。

捏面人

扬州捏面人的造型多以戏剧人物形象为主，色彩鲜丽，形象生动。人物脸部表情细腻，手指、头发、眼睛等捏得惟妙惟肖；手脚动作夸张，手法粗犷，带有写意性；色彩搭配讲究对比与反差，乡土气息浓郁。东关街马监巷口有捏面人师傅孟晓红，是家传手艺，师承于其父。看孟晓红捏面人是一种享受，红、绿、黄、白、黑等各色面团，被她随手一掰，先在小木棍上捏一个头形，然后用其他颜色的彩面捏出眼睛、鼻子、嘴巴等点缀其上，辅以搓、捏、团、挑、揉、压、按、擦、拨等手法，再借助刀、梳子、剪刀等工具，一个面人随即成形。她善于以传统技艺捏塑现代品，如葫芦娃、小猪佩奇等，还能现场捏塑人像。花局里入口处有捏面人师傅“光光”，擅长捏卡通人物、动漫人物，还可捏塑明星、球星、《西游记》人物等。

捏面人

吹糖球

烙糖画

勺子像灵活的画笔，用薄薄的、半透明的糖稀，在平板上烙出各式动物图案，如龙、凤、牛、羊、猪、鸡等，引起过往路人的惊喜。其中有创意的要数林海兵师傅，他打破平面制作糖画的传统，创新技艺，将平面糖画制作成立体糖画，如花篮、乌龟、孔雀、自行车等，引来游客的关注和称赞。

吹糖球

吹糖球，又称吹糖人，以麦芽糖为主要原料，吹塑成各种形象。东关街观巷口有吹糖人师傅杨云成设摊经营。杨云成是杨氏吹糖球第五代传人，世居东关街。他吹糖人的技巧，以吹为主，辅以捏、拉、旋、补、贴等技法，手法娴熟，功夫老到，几十秒钟，一气呵成。

老杨药膳酥

据说老杨家创传统酥糖于清代乾隆年间（1736—1795），传承古法，用瓜子、核桃、松子、腰果、芝麻等干果，并加之于盛产江南的芡实，文火熬糖，用心制作，入口酥而不黏，甜而不腻，唇齿甘香，回味无穷。

2011年中央电视台《远方的家》栏目到扬州寻找扬州十二娘，采访了老杨药膳酥。药膳酥因扬州十二娘之一的厨娘曾做给乾隆吃过而闻名，老杨家的药膳酥之所以叫作“药膳”，是因为主要配料里有冰糖、芡实和各种坚果，中医传统文化认为芡实有祛湿养胃之功效，而坚果类富含蛋白质、各种维生素、微量元素等。炒熟后压模切成小块。入口甜而不腻、香浓酥脆是传统而又养生的扬州茶食。

链接　多彩非遗贺新春　千年古街赏民俗

春节里的非遗，新年里的“老味道”。为活化古城资源，弘扬非遗文化，丰富春节期间全市人民群众文化活动，2022年2月2日，城控集团下属名城公司在东关街开启“我的扬州你的家，欢欢喜喜过大年”非遗大集活动。活动现场，各具特色的非遗项目齐聚东关历史街区，非遗传承人通过精彩的展示、表演以及与游客零距离的互动，让游客们感受到了非遗文化的魅力。同时，该次非遗集市文化活动在央视第13频道进行同步直播，将扬州非遗文化实时呈现给全国观众。

该次活动，名城公司邀请了面塑、糖画、吹糖、雕版印刷、剪纸、舞龙、扬剧、弹词、木偶戏等多位非遗传承人共同参加活动。市民、游客们可以通过逛集的方式边看、边体验、边互动，近距离了解非遗文化，全身心地感受“好地方”的新年气氛。

春节是中华民族最重要的传统节日，但近年来的春节，人们感到年味淡了些许。此次在东关街举办的非遗大集活动，一方面让年味儿浓郁了起来，让过年的场景重新热闹了起来，让人们真正参与到了过年当中来；另一方面通过活动，弘扬和传承非遗文化，同时将扬州小众化的非遗文化展现给大家，让这些鲜为人知的非遗文化得到宣传，走进人们的视野。

赏年俗、品美食

东关街非遗大集

文化是一个国家、一个民族的灵魂。扬州自建城的2500多年以来，留下了丰厚的非物质文化遗产。今后，名城公司将节日民俗、非遗文化与古城复兴有机结合，多层次、多元化地做到“修旧如旧”，让民俗和非遗文化“厚”起来，让历史文化名城“活”起来，在中国传统文化得到传承和创新的同时，让古城保护工作更上一层楼。

（徐帅　杨健）

人物列传

自古良材成大器，鸿鹄壮志有谁知。

路途漫漫何修远，莫负青春年少时。

东关街是扬州古城核心区域之一。千百年来，地灵人杰，乡贤辈出，名宿云集。走近名人，追寻他们的光辉足迹，追忆他们的精彩人生，更多的感受是心灵的激荡，心智的启迪。先贤激励后昆，继承传统，续写辉煌。

志士仁人

在一切仁人志士之中，舍生取义者最值得敬仰，因为他们把理想和信仰看得比自己的生命还高贵。东关街不乏这样的英烈。他们或为江山，或为社稷，或为黎民，或为信念，牺牲自己，杀身成仁，成为东关街最动人的精魄。

李庭芝（1219—1276）　姜才（？—1276）　李庭芝，字祥甫，湖北随州人，南宋两淮制置使、太子少保、左丞相，抗元名将。姜才，安徽凤阳人，宋龙神四厢都指挥使、保康军承宣使，抗元名将。南宋德祐元年（1275）四月，忽必烈命令右丞相阿术率军进攻扬州，惨烈的扬州保卫战从此展开。德祐二年（1276），南宋沿江州郡尽失，前锋统领姜才率部突围，投奔李庭芝，两人一道固守扬州。元兵久攻扬州不下，遂以扬子桥为中心，构筑长围，对扬州进行环形封锁。城中粮尽，饿殍载道，军民以树皮、草根充饥。其间，元军先后五次招降，均遭李庭芝拒绝，李庭芝三次斩来使、焚诏书。次年二月南宋灭亡，元军挟持谢太后和宋恭宗两次下诏，要李庭芝、姜才降元，均遭到严正拒绝。是年七月，端宗赵昰在福州成立流亡朝廷，遣使以少保、左丞相名义召李庭芝等至福州共商国是。李庭芝以制置副使朱焕留守扬州，自己与姜才率7000人突围东走。至泰州城，拟由此入海，南下福州。不料李庭芝和姜才刚离扬州，朱焕便叛宋降元，元兵驱李部将士及其妻子于泰州城下，泰州守将孙良臣开城迎降。时姜才发背疽卧床，不能出战，遂被俘获。李庭芝闻城破，跳莲花池自杀，水浅未死，同被俘送扬州。阿术再三劝降，李庭芝、姜才两人大骂不屈，遂在扬州茱萸湾英勇就义。“死之日，扬之民皆泣下”，葬于广储门外梅花岭侧。

阎　金（生卒年不详）　陕西绥德人。明嘉靖三十六年（1557），倭寇犯扬州，7艘倭船自金沙登岸，劫掠通、泰，又杀向扬州，盘踞在东郊。倭寇以湾头为据点，夜袭东关，使用火箭、火罐、火砖、火炮攻击扬州城。

其时扬州东关城墙由知府吴桂芳修筑，固若金汤。知府石茂华上任后，再筑东关新城，加固城防。倭寇穷凶极恶，拆除民房梁柱，建造与城相平、外蒙牛皮的高台云车，在车上充实麦草、柴薪，纵火焚烧，借黑烟腾涌之际轮番攻城。面对来犯之敌，扬州官兵坚守城防，其中战功卓著者首数关西大汉阎金。阎金系陕西勇士，居扬州多年，任侠尚义，精于骑射。阎金见倭寇猖狂攻城，义愤填膺，振臂高呼，跃上城堞，青年壮丁跟随而上。市民不分男女，无论老少，纷纷抬出门板，提起刀斧，登城助战。这时指挥云车攻城的是一个倭寇小头目，身穿锁子甲，腰束生牛皮，挥舞指挥刀正在狂叫。阎金弯弓搭射，百步穿杨，一箭射杀倭匪小头目，倭匪大惊。加上阎金用陕西话怒斥倭寇，倭寇听了，以为西北援军赶到，慌忙撤退。扬州兵民乘势杀出城外，倭寇丢盔弃甲，落荒而逃。

熊成基（1887—1910） 一名承基，字味根，一作渭耕，辛亥革命先驱，扬州人。故居为韦家井6号。少时仰慕岳飞、史可法，自励立志建功，为国效力。清光绪三十年（1904）夏，考入安徽武备学堂练军班，读《猛回头》《革命军》《扬州十日记》等书，常激愤流涕。先后参加陈独秀、柏文蔚倡导的同学会、岳王会等革命团体。光绪三十一年（1905），入江南南洋武备学堂。次年毕业，任南京新军第九镇第九炮兵排排长。后调安庆，任第三十一混成协马营队官、炮营队官。后加入光复会，在安庆新军中发展反清力量。光绪三十四年（1908）十一月十九日晚，革命党人在安庆城外举行起义，计千余人参加，熊成基被推为总司令。起义失败，熊成基劝散部众，只身潜往日本期望再举，并加入同盟会。清宣统元年（1909）秋，熊成基回到哈尔滨。次年一月，因刺杀海军大臣载洵未遂被捕。宣统二年（1910）二月二十七日，熊成基在吉林望云山就义，年仅24岁。

熊成基

1912年，熊成基灵柩由同盟会会员运回扬州。农历九月五日，扬州各界人士在史公祠进行追悼，随后将其葬于蜀岗万松岭，今大明寺栖灵塔南。1928年，国民政府颁布《褒彰熊成基烈士令》，“依陆军上将例追恤”。1931年，在瘦西湖大虹桥东兴建熊园以示纪念。其未过门夫人程舜仪仰慕英雄大义，终身矢志守节，于1973年4月5日因病去世，终年85岁，后与熊成基合葬于蜀岗万松岭。2010年10月，为纪念熊成基就义100周年，其故居按原貌重建开放。

曹起溍

曹起溍（1906—1931） 字建虞，化名鲁士英、鲁隐仕、陈君豪，扬州人，故居在东关街金桂园巷。扬州早期党组织的领导人。1925年5月，由恽代英介绍入党，后任中共扬州最早的党组织——省立第八中学党支部书记。后考取上海南洋公学，但他放弃上学机会，回扬州开展革命活动。1927年3月，扬州国民党左派建立江都县党部，曹起溍任组织部部长。自次年起，历任中共扬州特别支部代理书记、临时县委书记、城区区委书记、扬州特委东乡特派员、中共泰县临时县委书记等职。1929年8月16日，曹起溍在泰州北阮家巷漆匠胡桂芝家（县委机关所在地）接待省交通员时，被敌人发现逮捕，先后关押在苏州、镇江监狱。在镇江狱中写下诀别诗：“虎丘战罢转焦山，砥柱中流非等闲。马革裹尸励尔志，何须马革裹尸还。”1931年2月24日，曹起溍被杀害于镇江北固山下，年仅25岁。2009年，曹起溍被评为50位为新中国成立作出突出贡献的江苏英雄模范人物之一。2009年，故居按原貌重建，内设烈士生平事迹陈列馆，10月1日对外开放。

陈　素（1915—1938） 原名陈德铭，号素风，祖籍安徽桐城，生于扬州，住所在东关街谢家巷13号。1927年考入扬州中学，次年秋加入中国共产主义青年团。创办《夜枭》《地硫》等刊物，以短文和诗歌的形式宣传革命思想。1930年，因领导学潮，被列入追捕名单，潜转镇江中学读书。“九一八”事变后，任镇江中学学生自治会学术部部长，主编《镇江中学》

刊物，宣传抗日救亡，再次受到当局迫害，被开除出校。随后，陈素回到扬州，继续进行革命活动，不久加入中国共产党。次年转至上海，先后在光华大学附中和光华大学读书。此间，他在学生和工人中开展革命活动，同时参加“左联”领导活动，常以秦风、烛光、袭常等笔名在《申报》和《时事类编》等报刊上发表文章。后因身份暴露，再次被开除并受到追捕，潜回扬州。1935年辗转至日本明治大学攻读历史，归国后在私立扬州中学和扬州平民中学任历史教员。旋与江上青、卞璟、莫朴等人筹建江都县文化界救亡协会，任常务理事，负责对外联系，主编《抗敌周刊》。沪宁线各市相继沦陷，扬州危在旦夕，遂组成江都县文化界救亡协会流动宣传团，陈素担任宣传团副团长、中共地下支部书记。宣传团步行宣传抗日，途经仪征、六合、江浦、合肥、舒城，1938年1月到达安徽六安。所到之处，书写标语，上演话剧，推动抗日救亡活动。是年夏，宣传团集体参加国民党第五军（后改为第十一集团军）总政训处，陈素任第一三一师政治部少校宣传科科长兼秘书。是年秋，第一三一师在保卫武汉的阻击战中伤亡惨重，奉命转移至后方休整。陈素抱病骑马，深夜行军，行至湖北浠水沙河镇附近，不幸落水牺牲。

江上青（1911—1939）　原名江世侯，江石溪六子，故居在东圈门16号。受父亲江石溪影响，江上青自幼爱好文史。1927年考入南通中学高中部，加入共青团。次年夏转入扬州高中，同年12月，作为学生运动骨干分子被捕。1929年6月获释后，改名江上青，到上海艺术大学文学系学习，秘密加入中国共产党，并任上海艺大党支部书记，从事地下学运工作。同年冬，在上海再次被捕。狱中所作诗篇，名为《提篮曲》。一年后出狱，参加抗日救亡运动。1932年返回扬州，致力学运。继而在仪征扬子中学和扬州平民

江上青与夫人王者兰

中学教国文。曾与陈君治、于在春等创办《新世纪周刊》《写作与阅读》。“七七”事变后，江上青与陈素等发起组织江都县文化界救亡协会，创办《抗敌周刊》，宣传抗日。扬州沦陷前夕，江上青等组成江都县文化界救亡协会流动宣传团，从江都出发，溯江而上，宣传抗日。1938年10月，江上青等任职安徽省第六区行政督察专员公署，秘密组成中共皖东北特别支部，江上青任书记，负责开辟皖东北抗日根据地准备工作。江上青担任安徽省第六区行政督察专员公署秘书兼保安副司令、第五游击纵队政治部主任。次年7月29日，江上青随盛子瑾到张大路（灵璧县北）与国民政府灵璧县县长许志远谈判结束归来，行至泗县小湾村附近王圩子时，遭到预谋伏击，中弹牺牲。2009年9月14日，江上青被评为100位为新中国成立作出突出贡献的英雄模范之一。

许晴

许　晴（1911—1941）　原名许多，扬州人，住东关街韦家井17号。1928年从扬州中学毕业，即投身革命。先在南京从事中共地下组织宣传工作，后到北平（今北京）参加进步学生运动。1931年，考入联华影业公司演员养成所，开始戏剧创作与演艺生涯。次年，与白杨一起参加无声影片《故宫新怨》的拍摄，并介绍白杨加入进步剧团“苞莉芭”（俄语“斗争”的译音）。他们同台演出不少进步话剧。其间结识白杨的姐姐、作家杨沫，后来杨沫《青春之歌》中许宁原型就是许晴。1933年冬被捕，获释后改名许晴。“八一三”淞沪抗战爆发后，参加赵朴初、夏衍领导的救济灾区难民收容所，郭沫若领导的上海文化界救亡协会战地服务团，从事抗日爱国文艺宣传创作工作。1940年10月，随刘少奇、赖传珠东进盐城，任盐城县文教科科长。次年2月，任鲁迅艺术学院华中分院戏剧系教授、系主任。他创作了《重庆交响曲》《怒吼吧！长江》《王玉凤》《惊弓之鸟》等多部大型话剧，与冼星海合作创作歌曲《旱灾歌》，与音乐家孟波合作多次，所作《抗战两周年纪念歌》《欢迎史沫特莱之歌》《水上巡逻队队歌》《中华民族好儿女》等歌曲在根据地广为流传，成为反映根据地军民生活和斗争的代表作。1941年7月24日凌晨，许晴在盐阜区第一次反“扫荡”中冲在前面，掩护学员，弹尽退守在盐城北秦庄，被日军连戳数刀后推入河中，壮烈牺牲。1943年，陈毅对许晴的创作成就和革命精神予以高度赞扬。为纪念许晴烈士，当地政府把北秦庄改名许晴村。2015年8月，民政部公布第二批在抗日战争中顽强奋战、为国捐躯的600名著名抗日英烈名录，许晴入选其中。

赵颖平

赵颖平（1918—1947） 原名潘克定，又名潘琦，扬州人，住所在三祝庵文化里8-1号。幼年随父在山东青岛就读。返回故里后考入省立扬州中学高中部，后进入上海国立医学院学习。上学期间，开始参加革命活动。“七七”事变后，赵颖平投笔从戎。不久和在北平相识的同乡陈冀一起，辗转回到扬州。1938年春，江都民众抗日同盟在扬州成立，他是组织者之一，常与同盟成员在城乡组织民众开展抗日活动。次年，在上海参加中国共产党。在中共江苏省委江北特委安排下，他以进步青年身份加入国民党李明扬部队，从事统一战线工作。1940年，李部包围江都郭村，企图消灭新四军，赵颖平发动所在支队和第一支队起义。郭村战斗结束后，他调到新四军挺进纵队，历任宣传股股长、组织股股长、秘书科科长、政治处副主任及中共苏中三地委青委会委员、两泰（泰县、泰兴）青分委书记等职。1946年，调华东军工部，负责转送军工物资及军工厂设备。次年秋，调华东野战军特种纵队。敌人海陆空包围胶东地区，他留在胶东地区坚持斗争。1947年9月4日，在渤海湾指挥运载军工物资的船只突围时，遭国民党军队飞机袭击，不幸中弹牺牲。

人文俊彦

文学艺术是人类文明的桂冠。千百年来，东关街走出许多名垂青史的才俊。他们在社会科学、自然科学和文学艺术各方面取得辉煌的成就。

任大椿（1738—1789） 字幼植，一字子田，扬州兴化人。扬州学派代表人物，就学于安定书院、梅花书院，曾问学于戴震。清乾隆三十四年（1769）二甲第一名进士，授礼部主事。乾隆三十八年（1773）授《四库全书》纂修官，旋迁任员外郎、郎中。乾隆五十四年（1789）升陕西道监察御史，未莅任而卒。少工文辞，诗风清远。任大椿长于治《礼经》，尤其擅长名物，而且精通小学诸类。任四库馆纂修时，审定《经部·礼类》各书提要。著有《弁服释例》《深衣释例》《释缯》《释色》《字林考逸》《小学钩沈》《诗集》等。

汪　中（1744—1794） 字容甫，扬州江都人。扬州学派代表人物，肄业于安定书院。汪中出生孤苦，无力读书。成年以后靠帮助书商打杂而不取分文报酬，得以遍览经史百家之书，谙熟儒墨之经，故扬州民间有“无书不读是汪中”的说法。他治学广泛，对先秦古籍、两汉学制，以及文字、训诂、名物等都有深刻研究，成果丰硕。著有《述学内外篇》《广陵通典》《大戴礼记正误》《经义知新记》《春秋列国官史异同考》《国语校文》《旧学蓄疑》等，均有刊布本。无刊本的有《春秋述义》《春秋后传》《强识录》《问礼堂书目》《尚书考异》《小学》《说文求端》《宋世系表》《金陵地图考》等。

王念孙（1744—1832） 字怀祖，号石臞，扬州高邮人。扬州学派代表人物，就学于安定书院、梅花书院。清乾隆四十年（1775）进士，任陕西道御史、吏科给事中，累官至北直隶永定河道。少时受业于戴震，于文字、声韵、训诂方面尽得其传，尤精于训诂。著有《导河议》《河源纪略》《广雅疏证》《校正广雅音》《广雅疏证补正》《郝氏尔雅义疏刊误》《段氏说文签记》《王氏读说文记》《群经字类》《方言疏证补》《毛诗群经楚辞古韵谱》《丁亥诗钞》《王石臞先生遗文》《王石臞先生文集补编》《古韵谱》《高邮王氏遗书》等。王念孙就古声以求古义，触类旁通，在《尔雅》《说文》基础上有新的发展。他的《读书杂志》博涉子史，正误析疑，为后来研究古典文献者所必读。

刘台拱（1751—1805） 字端临，扬州宝应人。扬州学派代表人物，就学于安定书院、梅花书院。承传家学，应试不第，留京授徒时结交朱筠、程晋芳、戴震、邵晋涵、任大椿、王念孙等。后任丹徒县训导，以读书教书终其身。与学者同游，当论经考古时，刘台拱沉默少语，但每发一论，“诸老莫不叹服”。长于考订，以藏书、鉴赏为乐。聚书数万卷，金石古物颇多。著有《论语骈枝》《经传小记》《国语补校》《荀子补注》《淮南子补校》《方言补校》《汉学拾遗》《文集》等。

焦　循（1763—1820） 字理堂，扬州甘泉人，扬州学派代表人物，就学于安定书院、梅花书院。焦循出身寒微，奉母家居，一生以家塾授徒为业。参与编修嘉庆《扬州府志》，以所得润笔银在家乡黄珏桥筑雕菰楼，读书著述其中。焦循学识渊博，治学方法独特，涉猎范围甚广，于经史、历算、经典都有研究。他以数学原理中的演绎法施于易学研究之中，为从来治易者所不及。著述甚丰，有《易图略》《易章句》《易通释》《易话》《剧说》《花部农谭》等。在地方史志方面还著有《北湖小志》《李翁医记》《雕菰集》《忆书》《邗记》《里堂家训》《扬州图经》《扬州足征录》《里堂道听录》等。此外，仅见书目的著作还有《易余集》《注易日见》《毛诗鸟兽草木虫鱼释》《陆玑疏考证》《毛郑诗异同释》《诗地理释》《书义丛钞》《焦氏家乘》等。

王引之（1766—1834） 字伯申，号曼卿，王念孙之子，扬州高邮人。继承父业，成为扬州学派代表人物，就学于安定书院。清嘉庆四年（1799）一甲进士，官至工部尚书。著有《经义述闻》《经传释词》《古岁考》《春秋名字解诂》《字典考证》《王文简公文集》等。阮元称赞王氏父子的学说是“一家之学，海内无匹”，学界有“高邮王氏父子”之美称。

凌　曙（1775—1829）　字晓楼，一字子升，扬州江都人。扬州学派代表人物，就学于梅花书院。国子监生。凌曙家贫，读《四子书》未毕即去乡，杂作佣保，而绩学不倦。“年二十为童子师，问所当治业于包世臣”，包世臣教其“治经必守家法，专法一家，以立其基，则诸家渐通”。曾入都为阮元校辑古籍，尽见魏晋以来诸家《春秋》之说。著有《春秋繁露注》《公羊礼疏》《公羊礼说》《公羊问答》等。

包世臣（1775—1855）　字慎伯，号倦翁，自署小倦游阁外史，安徽泾县人。少时即工辞章，继而好兵家言，善经济学。清嘉庆十三年（1808）中举，试用为江西新喻县知县，一年后去官。师从邓石如，书法、篆刻为时所推。著有《中衢一勺》《艺舟双楫》《管情三义》《齐民四术》等书，《清史列传》有传。文章简约务实，清新可喜，远胜于空话连篇的学究派。曾住东关街观巷，其《齐民四术》记：“嘉庆丙寅（1806）六月，予寓扬州观巷大顺园。”观巷位于东关街南，其居址名小倦游阁。包世臣有《小倦游阁记》云：“襄阳在维扬倦游阁成此书，予故自署其所居曰‘小倦游阁’。”意为米芾在扬州有倦游阁，所以他把书斋名为小倦游阁，也是步尘前贤之意。“倦游”出于《史记》，意为厌于游宦。包世臣只做过一年试用知县，对仕途的厌倦可以理解。不过他没有厌世，反而积极入世，这在崇尚经学的乾嘉时代不啻为清新奇崛之士。

刘文淇（1789—1854）　字孟瞻，扬州仪征人。清嘉庆二十四年（1819）优贡生，候选训导。其父以医为业，悬壶济世。舅氏凌曙喜其聪明颖悟，教他识字读书。稍长，精研古籍，贯通群经，对毛、郑、贾、孔之书及宋元以来诸学说，广搜博览，排比对照，务从纷繁记载中得出历史真相。

对《左传》一书，用力最勤。他认为《左传》一书本义，前人有许多地方搞错了，必须“旁稽博考，详为证佐，务期左氏之大义微言炳然著明”。刘文淇一生没有做官，靠教书为生。辞世之日，适逢曾国藩任两江总督之时，曾亲至青溪旧屋吊唁。

刘宝楠（1791—1855） 字楚桢，扬州宝应人。扬州学派代表人物，就学于安定书院。传承家学，少负盛名，与仪征刘文淇并称为“扬州二刘”。清道光二十年（1840）进士，历任文安、元氏、三河等县知县。著有《论语正义》，写完前十四篇，后六篇由其子刘恭冕续成。又著有《宝应图经》《胜朝殉扬录》《文安堤工录》《愈愚录》《念楼集》等。

祁友蒙（1883—1931） 字孳敏，号甘荼，山西寿阳人。历任南河同知、湖北知府等官职。辛亥革命后隐居扬州，购东圈门老宅为家，人称祁家大院。祁友蒙好猜谜，在扬州参加著名谜社竹西后社。董玉书《芜城怀旧录》载，祁友蒙“性敏悟，喜隐语，与孔小山诸同社，常悬文虎，互相猜测为乐”。2004年，上海古籍出版社出版《百年谜品》，选载祁友蒙所制佳谜，深受灯谜爱好者赞赏。祁家大院的旧址，在今东圈门20号，亦称祁氏山林。大院后面原来是花园，后来山林渐废，唯门楼以北、长楼以南，有山石散落、古木稀疏而已。今为停车场。

许心武（1894—1987） 字介忱、介尘，祖籍安徽歙县。家住东关街小草巷斜对面。少年丧父，随母寄居在镇江舅父家读书。1915年考入河海工程专科学校特科班，师从水利专家李仪祉。毕业后，就职于天津顺直水利委员会，曾参与筹建卢沟桥水文站，在永定河进行水库勘查。1923年留学美国加州大学柏克利分校，旋转入爱荷华大学研究院，学习水利工程，1926年获硕士学位。1927年回国，负责拟订华北及淮河、黄河等水利机构的组织和工作方案，组织华北水利委员会、导淮委员会及黄河水利委员会。1931年，水灾肆虐，许心武忧心如焚，每天奔波在黄河岸边，白天深入灾区测勘水情，夜晚伏案编写导黄方案，潜心指导黄万里等有志于水利事业的青年。

同年，任河南大学校长。主持建造当时全国高校首屈一指的大礼堂，扩充建设建工学院，设置课程完备的土建系；遍聘知名教授，并亲自兼课，提高学术水准。当年河南大学上课时数为全国之冠。教育部考绩，河南大学名列第二；综合评估列全国国立大学第六名。1933年，许心武任黄河水利委员会副总工程师，后任总工程师。主持堵口工程，率工程技术人员拟订黄河下游堤防善后规章和计划，在豫、鲁、冀三省实施堵口及修坝修堤工程。后任导淮工程处处长，疏浚淮河故道，领导挖河及闸坝施工。抗战期间，应聘勘察与规划川、滇两省农田水利，嘉陵江水道以及大渡河、马边河水电工程。1944年任中央大学水利系教授兼系主任，1948年春任复旦大学教授。后在华东水利部、华东设计院、上海市设计院任工程师。

朱自清

朱自清（1898—1948） 原名朱自华，字佩弦，号秋实，原籍浙江绍兴，生于江苏东海。1923年至1930年，朱家住东关街仁丰里，今东关街90号。1916年，朱自清考入北京大学预科，同年底与扬州名医之女武钟谦结婚。1919年加入新潮诗社，开始创作新诗，其新诗处女作《睡罢，小小的人》于同年2月问世。积极参加“五四”爱国运动和新文化运动，就此走上文学道路。在杭州、扬州、上海、台州、温州、宁波和上虞等处中学任教，同时从事新诗和散文创作。1922年和俞平伯等人共同创办《诗》月刊，是现代文学史上第一个诗刊。1928年10月，朱自清第一本散文集《背影》由上海开明书店刊行。是年冬，朱自清将《背影》寄至扬州东关街仁丰里家中。朱自清的父亲坐在靠窗户的椅子上，看到《背影》不禁感慨万千，觉得儿子终有所成。同年11月26日，朱自清夫人武钟谦病逝，朱自清作《给亡妇》一文追忆亡妻。朱自清一生勤奋，著有大量诗歌、散文、评论、学术著作。1948年8月12日，朱自清在北平医院病逝。1992年10月，位于东关街南侧安乐巷27号的朱自清故居对外开放。

洪兰友（1900—1958） 名作梅，以字行，扬州人。幼时住在粉妆巷，后居地官第。1924年夏，洪兰友毕业于上海复旦大学法科研究院。长期从事国民党党务工作，为CC系骨干人物。1935年和1945年连任国民党第五届、第六届中央执行委员。抗战胜利后，任国民大会筹备委员会秘书长。1948年12月，任行政院政务委员、内政部部长。1949年到台湾。1958年病逝。著有《法学通论》。其故居在丁氏盐商住宅之东，由住宅和花园组成。住宅前后七进，由南向北依次为大门、仪门、正厅及住宅四进，今大体犹存。

余冠英（1906—1995） 乳名松寿，字绍生，笔名灌婴、白眼，扬州人，中国古典文学专家。青年时期，余冠英迁居东关街羊巷23号金粟山房。1926年考入清华大学历史系，后转中国文学系。1931年毕业后留校任教，历任清华大学助教、讲师，国立西南联合大学副教授、教授，清华大学教授，北京大学文学研究所（后划归中国科学院）研究员兼古代文学研究室主任，中国社会科学院文学研究所副所长兼学术委员会主任、顾问、学术委员会名誉主任、博士生导师。余冠英在扬州读书期间，阅读进步书刊，结交进步同学。五卅运动爆发时，扬州学生奋起支援，余冠英成为扬州学生联合会第一任会长。他组织学生游行，带领学生代表与商会交涉，发动罢市罢课，动员商界集资，邀请共产党员恽代英等到学校讲演。在清华大学期间，常在《清华周刊》和《中国文学会刊》发表散文和新诗。抗日战争期间，余冠英在西南联大讲授中国文学史、历代文选、国文教学法等课程。1946年，余冠英回到清华，任中国文学系教授，讲授中国文学史和汉魏六朝诗等课程，主编《新生报》副刊《语言与文学》，参加吴晗等组成的整理闻一多先生遗著委员会。1948年

余冠英

6月18日，与朱自清、金岳霖、吴晗、陈梦家、钱伟长、朱德熙等在著名的《抗议美国扶日政策并拒绝领取美援面粉宣言》上签名。余冠英著述严谨，考订缜密，著有《诗经选译》《汉魏六朝诗选》《古代文学研究集》等。

黎东方

黎东方（1907—1998） 原名黎智廉，笔名黎洁、时偕。“东方”是他留学法国时护照上用的名字。父黎淦，字衡平，清光绪十八年（1892）举人，曾为两淮盐运司衙门候补，后任何垛场场长。黎东方曾住东关街沙锅井、二郎庙。5岁进大草巷戴氏学塾读书，后在运司街乐群小学及第二高等小学读书。1921年考取设在羊巷的省立第八中学，次年离开扬州，考取上海南洋大学附中。1926年考入清华大学历史系，王国维、梁启超、陈寅恪、赵元任等对他后来研究史学产生很大影响。1928年至巴黎大学读书。1931年6月4日以所著《比列志士记》通过答辩，获巴黎大学文科博士学位，并附以“最荣誉记名”。此项“记名”在19世纪仅有两人获得，他成为20世纪获此项“记名”第一人。回国后，先后在北京大学、清华大学、中山大学等校任教，兼任国立编译馆大学图书编辑委员会常务委员等职。与顾颉刚、傅斯年、缪凤林等一起发起成立中国史学会。抗战胜利后，应美国女作家赛珍珠之邀，赴美讲学。1949年起，先后在美国、新加坡、中国台湾、马来西亚、英国等地大学讲学。1954年与林语堂在新加坡共创南洋大学。20世纪80年代末在中国文化大学退休，定居美国圣地亚哥市。1992年受聘为扬州师范学院历史系教授。黎东方被称为“现代东方讲史第一人”。1944年在重庆实验剧场卖票讲史，盛况空前。其后到昆明、泸州、贵阳讲史，所讲内容令听众欲罢不能。黎东方说史，不虚构一个人物、一个故事，而以生动活泼、引人入胜的语言吸引观众。先后出版中、英、法文著作50多部，主要有《细说三国》《细说元朝》《细说明朝》《细说清朝》《细说民国创立》等。1992年春再次回国，在北京大学演讲。

姚江滨（1915—2007） 字公振，泰州人，家住东关街问亭巷。省立高邮界首乡村师范学校毕业，先后在泰兴、镇江任教。1938年考入重庆国民政府中央教育部教科书编辑委员会，任抗战建国教科书编辑。参加发起组织中华全国文艺界抗敌协会和中国大众文化社，积极宣扬民族团结，鼓动抗日救国。1941年考进中央经济部农本局，后调入中国农民银行总行经济研究处，从事农业经济研究。1949年7月进入中国人民银行无锡支行，负责农业金融业务。不久调入中国人民银行苏南分行，从事经济研究，创办《苏南金融通报》。1952年调往苏州，参与筹建华东银行学校，并在该校任教。1956年应高教部招聘到扬州，担任苏北农学院农业经济学教师兼学报编辑。1957年参加九三学社。反右时遭到不公正待遇，1979年平反。1987年退休。姚江滨潜心著书立说，先后出版《中国战后农业金融政策》《中国农业金融史》《中国农业企业》《中国农村经济建设问题》《农业的技术改造》《社会主义农业经济学》《论农业多种经济》等。1980年3月，为配合中日邦交正常化、迎接鉴真坐像回国探亲，出版长篇历史叙事诗《东渡使者》。1985年出版《晁衡师唐》。姚江滨退休后孤身远游，足迹遍及半个中国，著成《万里行记》出版。

李亚如（1919—2003） 号止翁，别署扫垢山庄寄客、三有斋主，别号潇湘旧友，扬州人，出生于东关街马坊巷。李亚如幼承家学，从小爱好文学和绘画。8岁时从江都蒋志瀛学书画，从姨父李镜安（李涵秋之弟）学古文诗词。常到街头裱画店临摹佳作，乐此不疲。17岁时，在上海出版的《洪流》刊物上发表新诗《露珠》。1941年，与朱锦辉、高一峰举办“三青年画展”，涉足画界。1945年参加工作，从事宣传。1947年7月加入中国共产党。历任宝应县射阳民教馆馆长、华中二地委《人民画报》主编、泰州报社副社长、苏北农学院宣传科科长、扬州专署文化局局长、扬州地委统战部副部长、扬州市副市长、扬州市政协副主席、扬州国画院院长等职。1988年6月离休。李亚如为国家一级美术师，曾任北京齐白石艺术研究中心副主席、清代扬州画派研究会会长、绿杨诗社社长等职。李亚如在美术、书法、文学、美学等方面均有较高造诣，尤其在书画方面有很高成就，被誉为扬州八怪杰出传人、当代扬州画派领军人物。画室以“三有斋”为名，即：有容，吸收诸家之长；有我，有自己的风貌；有法，创新不离开法度。1987年，中国美术家协会在中国美术馆举办李亚如画展。人民美术出版社出版《李亚如画辑》，南京出版社出版《李亚如书法篆刻集》。1989年出版诗集《泡影集》。20世纪60年代主持创作现代戏《夺印》。扬州八怪纪念馆专辟李亚如书画陈列厅。

韦　人（1922—2012）　原名韦国城，笔名一苇，扬州江都人。幼承家学，受祖父韦学芳教诲和熏陶，广泛涉猎戏曲、音乐、诗歌和绘画。少因家贫，中断学业，发愤自强，悉心访求各种民歌、时调、俗曲与谣谚。抗日战争爆发后，与同仁创办抗日读书会、青年抗日协会，走上文学创作道路。1937年在《江苏日报》发表第一篇讴歌抗日英雄的小说《一个不屈的老伙夫》。抗战胜利后投身文教工作，筹建乡村学校，创办青年剧团，集编剧、导演和组织工作于一身。其主要建树集中于戏曲领域，创作剧本19部，大多为反映革命斗争、社会变迁和人民生活的现代戏，其中《雷锋》《白毛女》《绿洲红旗》《一个震撼人心的午夜》等剧公演后引起强烈反响。同时搜集扬州戏曲资料，从1955年起，锲而不舍地搜集和记录扬州清曲唱词、扬州香火戏神书、扬州花鼓戏抄本、维扬幕表戏纲目，主持编辑刊行《扬州戏曲参考资料》，指导编纂印行《扬剧艺术史料》，汇集王万青等清曲名家生前演唱的音像资料；整理扬州戏曲传统剧目，对数以千计的传统剧目进行考察，爬梳剔抉，去芜存菁，遴选代表性作品加以整理，并将其录制成音像作品广为流传；研究扬州戏曲的历史源流和艺术规律，1960年发表《扬剧探源》，通过文献考证和田野调查澄清旧说，首次提出扬剧起源于清代康熙年间的扬州乱弹，至清末民国初期由维扬大班、维扬文戏和维扬清曲合流而形成维扬戏，即扬剧前身。晚年致力于扬州戏曲理论研究和著述，出版《扬州清曲》《扬州曲艺史话》《扬州戏考》《扬州扬

韦人

剧艺术》等专著，著成长篇回忆录《风雨兼程》。

李天和（1923—2001） 扬州人，出生于东关街个园。美籍华人。父李允卿，清宣统元年（1909）优贡，曾任浙江候补同知，扬州冶春后社诗人。母何连璧，出身名门。1930年，李天和随父母迁居上海，靠父母家教，修完小学课程。1935年考入上海南洋模范中学。1939年考入上海交通大学机械系。1946年毕业后，入美国通用电器公司上海分公司工作。1948年奉派赴美国学习。1950年获美国电工硕士和哲学博士学位，先后任美国通用电气公司工程师、高级研究工程师、电力业务总战略设计师、电力系统总工程师、副总裁。1980年被聘为美国麻省理工学院电机系终身教授。1984年任设在维也纳的国际应用系统分析研究所所长。曾任电气与电子工程师学会（IEEE）高级会员、IEEE能源委员会主席、基础科学委员会主席、电力工程学会主席。1975年当选美国国家工程院院士。1981年任美国科学促进协会高级会员。1986年被聘为瑞士工程科学院通讯院士。1987年受聘为中国科学院荣誉研究员。2000年当选中国工程院外籍院士。获得多项科学奖，主要有普拉特奖、电力生命奖、戴维斯工程成就奖。在电工科学研究中，先后获美国专利30项，其他国家专利900多项。发表论文75篇，主要著作有《大功率开关装置的物理基础和工程应用》。率先提出“提高管理质量”理念，于1989年创立美国质量管理中心，任中心主任。先后到清华大学、北京大学、上海交通大学等高校作质量管理演讲。1994年国庆节时，中国政府授予他友谊奖章，以奖励他多年来为中国经济发展作出的贡献。2001年2月4日，李天和病逝于美国。

李天和

商贾名流

东关街保存了许多商人家园。既有如日中天的马氏街南书屋、黄氏个园，也有闻名遐迩的李氏逸圃、胡氏老宅。它们或是盐商故园，或是钱庄旧店，由屋及人，可见其主人“贾而好儒”。

汪懋麟（1639—1688） 字季甪，号蛟门，晚年号觉堂，扬州人。父汪如江，字观澜，号觉非居士，业盐为生，以德行称誉乡里。清人称扬州盐商有“三通人”，即指江春、汪懋麟和马曰琯。汪懋麟于清康熙初年成进士，授内阁中书与刑部主事。继而被举荐参加“博学鸿词科”，以丁父忧未与试。因徐乾学推荐，以刑部主事入史馆充任纂修官，参与修撰《明史》。所撰《明史》传记，记述清晰，裁剪精当，受到时人称许。汪懋麟在京期间，与诗人宋荦、田雯、曹禾、叶封、颜光敏、王又旦、谢重辉、曹贞吉等并称“金台十子”。著有《百尺梧桐阁集》，系汪氏于康熙十七年（1678）自编。又有《百尺梧桐阁遗稿》，系其死后由侄子汪荃编成。汪懋麟故居在东关街哑官人巷，今称雅官人巷，家中有爱园，又称百尺梧桐阁。园内旧有百尺梧桐、千年枸杞，并十二砚斋一座、胭脂井一眼、墨池一泓。有二女，一适程文正，一适胡期恒。程文正之子即汪懋麟外孙程梦星，字午桥，也是诗人，号称筱园主人。汪懋麟临终之前，以自己特有的方式对自己的一生作了告别：先是让人洗砚磨墨，用鼻子去闻；又让人煮茶以进，自称香味入骨；然后吟诗两首，大笑而逝，时清康熙二十七年（1688）四月十一日。

安　岐（1683—1745） 字仪周，号麓村，别号松泉老人，朝鲜人，清康乾年间因随贡使入京而常住中国。与其父均是权相明珠家臣，在天津、扬州两地业盐，遂成富商。安氏与同在扬州经营盐业的晋商亢氏齐名，并称“北安西亢”。安岐的生平，美国学者恒慕义在《清代名人传略》中叙述甚详。安岐父亲安尚义，或称安尚仁、安三，字易之，曾为大学士明珠以金义、钱仁的名号在天津长芦贩盐，后将经营地盘扩大到河南。安岐在天津开始帮助父亲经营盐业。此后安家因企图将经营地盘扩大至京城西南引发官司，受到惩处。《红楼梦》索隐派认为，贾宝玉原型是康熙年间权倾一时的相国明珠之子纳兰性德，而明珠生前藏匿的巨额财富所在，是由来自朝鲜半岛的安岐发现的。传闻安岐随贡使到北京，得到明珠关于窖藏金银的手绘秘籍。书中全系隐语，但被安岐一一破解。于是安岐求见明珠子孙，告以窖藏所在，尽数挖出。他就用分得的部分财宝做资本，至天津与扬州经营盐业，以致富甲天下。史载安岐在扬州购置巨宅，豪华奢侈，不可言状，事过百余年后，扬州人尚知“安二鞑子”之名。今扬州安家巷、芦刮刮巷，都因安岐得名。安岐是造诣深厚的文物鉴赏家，所著《墨缘汇观》一书，详细记载他经眼的历代法书名画，前人评其“所见之广，鉴别之精，实所罕觏”。北京故宫博物院镇馆之宝《平复帖》《出师颂》上，均有安氏收藏印。

马曰琯（1688—1755）　马曰璐（1697—1766）　马氏兄弟，清代儒商，人称“扬州二马”。原籍安徽祁门，后因经营盐业，居住扬州。马曰琯，字秋玉，号嶰谷，著有《沙河逸老小稿》。马曰璐，字佩兮，号半槎，著有《南斋集》。兄弟俩勤敏好学，擅长诗词，广交朋友，爱好园林。马家园林本叫作街南书屋，后以园中小玲珑山馆闻名于世，所以人们也称其小玲珑山馆。清康熙、乾隆年间，以扬州为中心的两淮盐业如日中天，以马氏兄弟为代表的两淮盐商不但是清廷财政税收的支柱，也是康乾盛世文化繁荣的标志。马氏有丛书楼，以藏书十万卷极负美名。编纂《四库全书》时，朝廷征求海内秘本，马曰璐之子马裕进献而被采用的书籍达七八百种。马氏兄弟藏书数量之多，校书用功之勤，同唐宋以来名家相比毫不逊色。这一点，几乎为世人公认。姚世钰《丛书楼铭》说，将丛书楼与明清藏书名家相比，“若近代所称天一阁、旷园、绛云楼、千顷斋，以暨倦圃、传是楼、曝书亭，正恐不及也”。全祖望《丛书楼记》说：“百年以来，海内聚书之有名者，昆山徐氏、新城王氏、秀水朱氏其尤也，今以马氏昆弟所有，几几过之。”可见当时文人对马氏丛书楼非常推崇。马氏兄弟去世后，许多文人怀念他们。袁枚有《扬州游马氏玲珑山馆，感吊秋玉主人》诗云：“山馆玲珑水石清，邗江此处最知名。横陈图史常千架，供养文人过一生。客散兰亭碑尚在，草荒金谷鸟空鸣。我来难忍风前泪，曾识当年顾阿瑛！”

黄至筠（1770—1838） 又称黄应泰，字韵芬，又字个园，原籍浙江仁和（今属杭州）。因经营两淮盐业，入籍扬州府甘泉县，清嘉道年间（1796—1850）扬州八大商总之一。正二品顶戴，钦赐盐运使司盐运使，诰授资政大夫。黄至筠因父亲在赵州做官，清乾隆年间（1736—1795）生于赵州，即今河北赵县。十几岁时，其父去世，家产为人掠去。数年后，他骑着一头毛驴独自进京，凭借父亲朋友给他捎去的一封信，见到在京的两淮盐政。两淮盐政是管辖扬州盐业的最高长官，见黄至筠谈吐不俗，觉得是个人才，就委任他到扬州经营淮盐，从此黄至筠加入扬州府甘泉县籍。清嘉庆初年，朝廷因军费开支增大，水灾急需处理，财政日益困难。为济燃眉之急，朝廷公开卖官，号召富人捐钱，然后赏给荣誉官衔。黄至筠一马当先，先后捐资数十万两白银，清廷因此赐他“盐运使”荣誉官衔。同时，清廷还邀其进京祝寿，赏其到圆明园听戏，并赐给他仆人。黄至筠曾三度起落，凭过人意志和高超能力化险为夷。清道光年间（1821—1850）盐政改制，两淮盐业趋于没落，黄志筠力挽狂澜，竭力维持扬州盐业局面。黄至筠作为经商奇才，在书画方面也有很深造诣，今个园抱山楼和扬州博物馆各存一幅黄氏所绘石刻扇面。黄至筠在扬州东关街所建个园，是目前扬州保存最完好的盐商私家园林，与北京颐和园、承德避暑山庄、苏州拙政园并称“四大名园”。

谢宏业（1800—1853） 祖籍徽州，清初移居扬州。年轻时在扬州药材铺做伙计，谙熟药理。清道光十年（1830），在扬州下铺街自立门户，成立谢馥春香粉店。起初，戴春林香粉铺工人常在谢宏业的药材铺买药材，用于制作香货。寒来暑往，有心人谢宏业对香料行情了如指掌，于是在下铺街租了一小间铺面，开始做香粉、头油生意。店铺挂着醒目横匾，上书“谢馥春”三个字。谢宏业去世后，谢馥春前程未卜，幸而女主人有胆有识，于清同治三年（1864）在东关街重建家园，即今馥园。院落前面是作坊，后面是住宅，谢家还在院中栽种几株牡丹，象征春天必将复活。谢馥春在第四代传人谢箴斋手中再次焕发活力。这位年轻的当家人，虽然总是穿着土布长衫，但天生具备商人头脑。为了出奇制胜，他大胆使用当时与黄金同价的法国香精，使得扬州香粉非旧时模样。1915年巴拿马国际博览会上，谢馥春鸭蛋粉以其轻、白、红、香荣获银奖。

何莲舫（1816—1872） 名栻，字莲舫，亦字廉昉，号悔余，江阴人。原为江西吉安知府，太平军时城陷，因而罢官，便至扬州做了盐商。据《新世说》载，何莲舫自广信罢官后，隐居邗上，托业淮鹾。何莲舫好藏书，家有悔余庵，为藏书之所。自刻《悔馀庵全集》行世，曾国藩极为嘉许，尝书一联以贻之："千顷太湖，偶与陶朱同泛宅；二分明月，合随何逊共移家。"所谓"陶朱"乃是春秋时人范蠡，弃官经商，成为巨富；"何逊"则是南朝梁代诗人，历史上有因爱梅花欲居扬州之说。这两个典故用于何莲舫身上，的确是再也贴切不过。何莲舫因为罢官而成为扬州盐商，这在扬州盐商中很为罕见。曾国藩有《次韵何廉昉太守感怀述事十六首》赠何莲舫，写得情真意切，痛快淋漓。第一首写道："域中哀怨广场开，屈宋而还第二回。幻想更无天可问，牢愁宁有地能埋！秦瓜钩带何人种？社栎支离几日培？大冶最憎金踊跃，哪容世界有奇才！"把何莲舫比作报国无门、怀才不遇的屈原、宋玉，说古人忧愁尚可问天，今人悲愤只能埋于地下，可见曾国藩对何氏评价之高。其子孙俱有文才。

汪竹铭（1860—1928） 安徽旌德人，世代从事皮货业。太平天国运动中，汪氏家业在战争中付之一炬，不得已到扬州谋生。汪氏第一代在扬州盐号打工，经白手起家，艰苦创业，到第二代汪竹铭时已成为晚清扬州盐业巨富。年轻的汪竹铭曾经担任"乙和祥"盐号经理。"乙和祥"原为上海典当大亨张振东所创，其地址在今广陵路三祝巷西。清末民国初期，扬州盐业风雨飘摇，但因汪氏使尽解数争得江宁、六合、浦口的食盐专销权，使"乙和祥"一度呈现辉煌。汪竹铭生活于清末民国初期，可谓是生于末世、力挽狂澜的近代扬州盐商。汪竹铭之后，"乙和祥"的命运每况愈下。汪竹铭娶妻韩氏，仙女庙（今属江都区）人，除有二女汪泰芬、汪泰芳外，另有四子汪泰阶、汪泰麟、汪泰科、汪泰弟。其家园在东圈门地官第14号，现为全国重点文物保护单位。

诸际华（1869—1945） 原籍浙江余姚，后迁扬州业盐。迁扬第一代诸际华，第二代诸春山、诸堃山、诸云仙，第三代诸祖德、诸祖康、诸玉凤、诸玉贵、诸祖荣等，至今已是第五代。据诸祖荣回忆，诸际华生于清同治八年（1869），年轻时从浙江余姚到扬州商界闯荡，并跻身扬州八大盐商之列。诸氏老宅，前门在永庆里，后门通探花巷，园中有假山、鱼池、防空洞等。此外，诸氏在犁头街、砖街、得胜桥、辕门桥、永宁宫等地也有房屋。

李鹤生（1871—1937） 扬州人，曾在扬州左卫街即今广陵路开办惠余钱庄。惠余钱庄创办于1918年，1935年歇业，其间投资两万两白银。1935年，扬州左卫街至少有惠余、怡生、生元、元昌四家钱庄倒闭，应是时局所致。李鹤生为人平和，扬州人对他的印象是自奉节俭、乐善好施。相传清宣统二年（1910），李鹤生在东关街修建逸圃时，年已八旬，膝下无子，孑然一身。他私下询问一个老郎中，晚年能否得子。郎中经过一番望闻问切，点了点头，说如果造屋，必须前狭后宽，前低后高，才合后步宽宏之意。后来逸圃的修建，果如郎中所说。

胡仲涵（？—？） 扬州人，现代金融家胡笔江之侄。胡笔江（1881—1938）生于扬州城南沙头，银行家，曾任交通银行北京分行经理、中南银行总经理等。在胡笔江的影响下，胡仲涵于民国年间在南通开设泰龙钱庄，后在上海中南银行担任经理，同时也在扬州从事金融活动。扬州钱庄业始于明末，盛于清代，清光绪年间（1875—1908）扬州钱庄多达五六十家，从业者甚多。胡仲涵在扬州金融界名声不大，但其宅第宽宏、建筑考究，经整修后对外开放，其名渐为人知。胡氏家族也有人在台湾开办银行。

大师巧匠

技艺是社会文明进步的基石。没有各种具体的技艺进步，文明的大厦就缺乏有力的支撑。东关街有无数名师巧匠，用过人的智慧和巧夺天工的制作，创造美好的世界，并把他们的匠心流传后世。

金　农（1687—1763）　字寿门、司农、吉金，号冬心先生、稽留山民、曲江外史、昔耶居士等，浙江杭州人。清代书画家，扬州八怪之一，布衣终身，曾寓居三祝庵作画。金农好游历，卒无所遇而归。晚寓扬州，卖画自给。嗜奇好学，工于诗文书法，文风古奥，精于鉴别。中年后才学画，其画造型奇古，善用淡墨干笔作花卉小品，尤工画梅。画佛时，自号心出家盦粥饭僧。又画马，自谓“得曹、韩法，赵王孙不足道也”。画山水花果，布置幽奇，点染闲冷，非复尘世间所睹。所画人物，造型古朴，笔法简拙。山水构图别致，随意挥写点染，画梅竹用笔奇拙厚重。书法从《天发神谶碑》等变化而出，运笔扁方，竖轻横重，别具奇趣，自谓“漆书”。代表画作有《东萼吐华图》《蜡梅初绽图》《玉蝶清标图》《菩萨妙相图》等。著有《冬心诗集》《冬心随笔》《冬心杂著》等。

吴尚先

吴尚先（1806—1886）　原名吴安业，又名樽、树杞，字尚先，又字师机，晚年自号潜玉居士、潜玉老人，原籍钱塘（今属浙江杭州）。清道光二十四年（1844），随父迁居扬州，设存济药局于东关街观巷，遗址在今观巷29号。观巷25号至27号为其住所。出身书香门第，仕宦之家。道光十四年（1834）中举，为候选知县，于诗文之外兼学医术。吴尚先根据《内经》等中医理论，认为“外治之理，即内治之理；外治之药，即内治之药”，外治可以“与内治并行”，并能“补内治之不及”。于是致力于外治法研究，即用外贴膏药的方法治疗疾病，被誉为“外治之宗”。其研制膏药种类极多，有适用于外科的，有适用于内、妇、儿、五官等科的。吴尚先医术精湛，医德高尚，遇有付不起药资的，免费为其治疗。且“来诊者不以时，随到随诊，人咸乐其便”。著有《理瀹骈文》（初名《外治医说》），该书付印行世后享誉极高，人民卫生出版社曾标点刊印。1984年11月，全国医史会议盛赞吴尚先为现代透皮给药的先驱。1986年8月，中华医学总会、扬州市中医学会在观巷29号立碑，上书“清代医药学家、《理瀹骈文》作者吴尚先先生（1806—1886）存济药局遗址”。

张允穌（1868—？） 字甘亭，仪征人，庠生，工画山水，精四体书。曾居地官第12号冰瓯馆，后居东关街小草巷，有房屋三路十三进，为扬州传统民居纵深进数最多者，现存中、西两路。董玉书《芜城怀旧录》载：“张允穌，字甘亭，仪征邑生，午桥先生从侄。居东关街。素工四体书，尤擅丹青，山水规仿宋元，精细工秀，悉有规矩。”受其从叔张午桥影响较大，经常对照家中收藏书画，反复临摹，日不间断。及长，书画技艺日臻成熟，间作小诗亦佳妙。1929年4月，扬州设立救济院，张允穌任院长，借东关街武当行宫两淮中学校址办公，每年经费额定2400元。抗日战争时期，与陈含光等15位画家在扬州晴社基础上，追慕扬州画派前贤石涛，重建涛社。1946年3月与8月，偕何其愚、顾伯逵、耿鉴庭、戈湘岚、鲍娄先、陈含光、林雪岩、金佩鱼等扬州书画界名流两次雅集，共庆抗战胜利。时年近八旬，犹挥毫不辍，人得之珍若拱璧。

尤庆乐（1895—1980） 扬州人。尤氏在东关城门楼西侧开铜匠店，周边多为银匠、铁匠、锡匠作坊。东关工匠平时多以丝竹消遣，尤庆乐深受音乐熏陶，喜习各种乐器，与铁货巷韦长龙交谊最深。韦长龙是江都曲家韦学芳之子，虽不操琴，素好顾曲。每当工余日夕，东关城门下常见尤庆乐抚琴，韦长龙聆曲，凡至琴音妙处，两人欣然会意，人喻为伯牙子期。尤庆乐17岁能吹奏昆曲曲牌，20岁始学扬州清曲，就学于名家黎子云、张铭宣、刘晓棠、石宝铭等，艺术日益精进。他善唱“阔口”，即真嗓子，所唱扬州清曲古曲【南调】，音色淳美，腔调悠长，颇得黎子云真传。中央音乐学院中国音乐研究所和扬州文化部门存有尤庆乐录音资料《轰叮咚》《望江楼》《小上坟》《梳妆台》《小上楼》等曲目。尤庆乐后在江苏省戏曲学校任教。

张毓英（1896—1971）　名宗俊，以字行，祖籍仪征，自祖父一代起迁居扬州。初住彩衣街，后居东关街疏理道。抗日战争前，曾参加《江苏通志稿》编写。酷爱象棋，全力研究，自出资金与场地举办象棋活动，孜孜不倦搜求与整理出版棋艺著作。家不富裕，而广交棋友，为人慷慨，被江南棋界誉为“棋孟尝”。1924年，编成《象棋萃鲭》一书出版发行，遍赠棋友。又选编60局作为《象棋萃鲭》续篇，未及刊印。清末民国初期象棋名手万启有称张毓英为“中国象棋界最有精神之大提倡家”“象棋界之灵魂”。棋王谢侠逊所编《象棋谱大全》，选刊张毓英藏局47局。20世纪60年代窦国柱所编《近代象棋名局选》，选有张毓英棋局50局。1957年全国象棋比赛，张毓英为华东赛区副总裁判长。

王板哉（1906—1994）　别名王兆均，号语讷，又号半呆、半憨，山东日照人。早年就读于日照县中、山东省立第二师范即曲阜师范。1933年考入国立北平艺术专科学校，因其聪颖好学，深得齐白石喜爱，同时师事黄宾虹、闻一多诸先生。白石老人曾为王板哉制印“半憨”，因谐音“半呆”，改名板哉。1937年在北平举办个人画展，展出的80多幅画作中，60余幅作品有齐白石题跋，一时轰动古都。20世纪40年代在南京阴阳营以种菜为生，自喻《儒林外史》中卖菜翁。后入华东革命大学学习。1950年到扬州工作，历任《苏北文艺》编辑、苏北党校教员、省立扬州中学教师。1960年扬州国画院成立，1962年调入画院，从此走上专业创作道路，成为国家一级美术师。王板哉书画作品多次在海内外展出或发表，被各博物馆、纪念馆收藏或勒石。出版《王板哉画辑》。代表作有《松》《紫藤》《木樨花》等。王板哉曾任北京齐白石艺术开发中心副主席兼函授学院名誉教授、扬州市清代扬州画派研究会顾问、日照市书画院名誉院长。

张永寿（1907—1989） 号颂椒，艺名张三麻子，扬州人。少年时代住康山街，后住东关街五福巷中段东侧。10岁随父张金盛学剪纸。12岁以其艺谋生，奔走于镇江、南京、上海及苏北、皖南一带。20岁回扬州，在多子街德兴衣庄门楼设摊挂牌。剪纸摊放置红木镜框，里面盛放各式花样，招牌上写“张三麻子专剪专描新式花样”。另外还剪一副对联：“剪就龙飞虎跃；描成鸟语花香。”横批“铁笔专家”。为妇女刺绣提供鞋子、枕头、帐沿、门帘、绣幔、镜袱、香袋上的花样，精巧细腻，生动活泼，独具一格，闻名遐迩。1951年加入扬州市文联，从事剪纸工作。1954年出版《张永寿剪纸集》。1956年调入扬州漆器玉石厂工作，参加江苏省第一届文教群英会。1957年加入中国农工民主党，出席全国第一届工艺美术艺人代表大会，被轻工业部授予“老艺人”称号。1958年根据郭沫若《百花齐放》诗集，以半年时间剪出101幅作品。郭沫若赠诗：“扬州艺人张永寿，剪出百花齐放来。请看剪下出春秋，顿使东风遍九垓。”并题写书名“《百花齐放》剪纸”。1962年调扬州民间工艺社（后为扬州工艺厂），带徒传艺。1979年出席全国第二届工艺美术创作设计人员代表大会，被授予中国工艺美术家称号。其间，力作《百菊图》《百蝶图》相继印行。作品在日本、澳大利亚等国展出，均获盛誉。1988年出席全国第三届工艺美术艺人代表大会，获中国工艺美术大师称号。是年，扬州市政府授予其特级工艺美术大师称号。

张永寿

李圣和（1908—2001） 女，名惠，号印沧，扬州人。旧寓地官第12号，有“诗书画三绝”之誉。李圣和出身扬州名门，自幼受家庭熏陶，诗词清新典雅，格律严谨，有唐宋遗风。书法凝练遒劲，端庄秀逸，真草行隶俱佳，尤工小楷。绘画清丽明快，雅俗共赏。善花鸟，工笔写意兼长，尤擅月季。画中题诗，融诗书画于一体。作品从端庄的楷隶到豪放的行草，从精致的工笔到潇洒的写意，展现了她独特的艺术风貌。尤其是其清逸娟秀的小楷，被费新我誉为“当代江苏第一”。出版有《李圣和诗书画集》《李圣和诗词集》《漆室吟》等。

尤德祥（1918—2000） 尤庆乐长子。随父学习清曲和乐器。除家教外，又师承黎子云、周锡侯、王万青诸前辈，汲取众家之长，“阔口”（真嗓子）与“窄口”（假嗓子）皆能，吹、拉、弹、打俱精。演唱时吐字清晰，喷口有力，既有其父之风，又青胜于蓝。乐器以二胡、琵琶擅长。擅唱曲目有《秦雪梅吊孝》《九腔十八调》等。1957年，扬州市文联编辑出版《扬州清曲选》，所收曲调有尤德祥所唱曲牌简谱。曾任泰州市扬剧团团长，直至退休。

钱宏才

钱宏才（1921—1992） 扬州人。16岁随父学艺。1956年进东关街马监巷南端的扬州制花厂，从事通草花设计制作。通草花是工艺花的一种，江苏省非物质文化遗产。古代扬州经济发达，文化繁荣，城乡仕女均喜装饰，以戴花为美。北宋王观《扬州芍药谱》云“扬人无贵贱皆戴花”。民间节日和寺庙供奉，也常以各种工艺花为装饰。因此，扬州制花业在民间植根尤深，发展迅猛，成为全国工艺花制作中心和集散之地。据《扬州画舫录》载，通草花在清乾隆时声名鹊起。民国时通草花技艺日渐衰落。1953年，扬州通草花艺人钱宏才首创通草菊花盆景，开拓通草花创作生产的新领域，发展到牡丹、杜鹃、梅花、蜡梅等数十个品种，成为人们喜用的室内装饰品。1957年，钱宏才携作品参加第一届全国工艺美术艺人代表大会，通草花被誉为“不谢之花”。1958年，通草花菊花盆景与绒花花篮《和平颂》被选送莫斯科展出。1959年北京人民大会堂落成，钱宏才等设计创作的菊花、杜鹃、天竹、凌霄、蜡梅、茶花、牡丹、黄杨等10盆通草盆景，被选送陈列于北京人民大会堂。1978年，省政府授予钱宏才工艺美术师称号。1979年，参加全国第二届工艺美术艺人代表大会。1987年，扬州市政府授予其一级工艺美术大师荣誉称号。

梅曰强（1929—2003） 字南移，祖籍江西湖口，广陵琴派第十一代传人。故居在东关街剪刀巷29号，名移云斋，现为梅曰强纪念馆。梅曰强少年时受古琴家汪建侯熏陶，1944年正式拜汪建侯为师，学习古琴和国画。1956年拜广陵派第十代传人刘少椿为师。为精研琴艺，白天工作，每晚及假日必从刘少椿学习琴艺至深夜，困极就与老师抵足而眠。经三年刻苦钻研，琴艺大有长进。梅曰强活跃琴坛数十年，一直致力于广陵琴派研究、传承与推广。曾应聘南京师范学院任课外古琴教师。1992年获南京市首届文学艺术奖。是年迁居扬州，以传授广陵派古琴艺术为己任。在扬州设琴馆，担任扬州师范学院课外古琴教师、扬州市少年宫古琴班指导，并向扬州大明寺佛家弟子传授琴艺。主张音正韵和，清远古穆，入流派而不囿于流派，自然与修为兼集。1990年在南京夫子庙举办个人音乐会。2002年12月8日，在北京国家图书馆音乐厅举办“广陵琴韵——梅曰强操缦六十周年纪念音乐会”。撰有《古琴与古琴艺术》《广陵琴派及其演奏艺术》《关于古琴指法有法无法、有规无矩的浅识》等，筹资出版《蕉庵琴谱》《神奇秘谱》等典籍。有《广陵琴韵》《移云斋心旨——梅曰强古琴艺术》等专辑行世。曾任中国琴会常务理事等职。

梅曰强

李信堂（1934—2016） 原名少章，扬州人。非物质文化遗产扬州评话项目国家级代表性传承人，一级演员。家住东关街牌坊巷。11岁随父李洪章学艺，后师从王建章、王筱堂、王少堂，是王派水浒传人之一。从艺60年，博采众长，自成一家，表演形神兼备，情意相贯，张弛有道。为增加表演艺术魅力，改传统的“口、眼、身、法、步”为“口、手、身、步、

李信堂

神”，改老腔老调和四平八稳的“念书”为圆口夹杂喷口而变换节奏的“诵书”，变“坐着说”为“站着说”。借鉴戏曲武打，形成富有个性的“跳打”风格。表演不落俗套，推陈出新，激昂之际，妙语如珠，抒情之时，谈笑风生。1963年参加全国创作新书座谈会和新书会演获奖。1977年参加江苏省文艺团体创作节目会演获奖。1988年、1991年分获三州书荟荣誉奖和最佳表演奖。1989年参加中国第二届艺术节（华东片）获荣誉奖。1996年受邀到丹麦参加中国口头文学国际研讨会。2008年获芦花奖终身成就奖。李信堂与时俱进，创演30多部中、长、短篇新书，代表书目有《江心洲》《万只鸭子吆过江》《一个震撼人心的午夜》等。曾任扬州市曲艺团团长、江苏省曲协理事、中国艺术研究院中华说唱艺术研究中心理事。

庄则栋

庄则栋（1940—2013）　幼居扬州东关街仁丰里，今东关街90号。祖父在扬州当书吏。父亲庄愓深在上海犹太人哈同夫人罗迦陵开办的苍圣明智大学任教，后迁北京。庄则栋出生后，与生母雷仲如住在扬州。自幼喜爱乒乓球运动，后加入北京市少年宫业余体校乒乓球小组，1957年入选北京市乒乓球队，同年参加全国比赛。1960年获运动健将称号。1961年成为中国乒乓球队的主力队员。参加第26届、27届、28届、31届世界乒乓球锦标赛，三次蝉联男子单打冠军，成为中国第一个在世界锦标赛荣获三连冠的运动员。1961年、1963年、1965年三次获国家体委颁发的体育运动荣誉奖章。1973年，国际乒乓球联合会授予他复制的圣·勃莱德杯。1974年至1976年任国家体委主任。1973年当选中共十届中央委员，第三届、第四届全国人大代表。1984年任北京市少年宫乒乓球教练。1988年、1996年，庄则栋两次回扬州。第一次回扬州东关街老家，深情回忆快乐童年。第二次回扬州时，用“衣胞之地”形容扬州。

名媛丽影

扬州出美女，自古有此说。就东关街而言，此言实在不虚。在她们中间，有皇妃、妇女界先进人士、丹青能手、小巷“总管”，处处表现出不同凡俗的气质和风华。东关街如果没有这些杰出的女性，必然逊色不少。

田秀英（？—1642） 原籍陕西，因父田弘遇在扬州任千总，故移家扬州，所居为东关街田家巷。田家巷原在东关街东端，因拆迁不存。田秀英生而纤妍，性寡言，多才艺。明崇祯元年（1628）封为礼妃，进而册封皇贵妃，住承乾宫。田秀英在宫中因聪慧而受宠，能骑马、唱曲、弈棋、绘画，无所不能，尤善抚琴。生皇子四人，崇祯十三年（1640），所生皇五子病故，田贵妃忧郁成疾，明末清初诗人吴梅村有《永和宫词》咏其云：“雅步纤腰初召入，钿合金钗定情日。丰容盛鬋固无双，蹴鞠弹棋复第一。上林花鸟写生绡，禁本钟王点素毫。杨柳风微春试马，梧桐露冷暮吹箫。”田贵妃殁于崇祯十五年（1642）七月，葬于昌平，谥恭淑端惠静怀皇贵妃。李自成入北京，崇祯帝、周皇后皆自缢。李自成命打开田秀英坟墓，将崇祯帝、周皇后一起葬入。从此，田贵妃之墓由贵妃园寝改号思陵，即今明十三陵之思陵。

郭坚忍（1869—1940） 原名宝珠，字延秋，字韵笙，扬州人。郭坚忍幼承家教，聪明好学，年方及笄，即有“不栉进士”之誉。18岁嫁与亳州知州陈晋次子陈芷渔为妻。婚后育有六子五女。1906年定居扬州。受孙中山民主思想影响，改名坚忍，不冠夫姓。与秋瑾有诗书往还，秋瑾遇难，郭坚忍改字延秋，意为承其遗志。郭坚忍主张男女平等，反对礼教束缚，在扬州首创幼女学堂于弥勒庵桥（今花井南巷）。后受徐宝山接济，迁校址于东关街西段广储门街李姓花园，扩建为扬州私立女子公学，设立师范班、高等小学、初等小学和附属平民小学。因其素负才名，开明士绅纷纷送女入学。其教学方法多出自创，师范班除文、史、算外，还设有缝纫、烹饪、种植等课。郭坚忍热心公益，倡导“天足”，创立扬州女子不缠足会，自任会长。她召集妇女开会，登台演说，要求女子读书，主张恋爱自由，文明结婚，受到妇女拥戴。孙中山于1911年、1918年两次会见郭坚忍。在上海参加中国社会党，回扬州成立扬州支部。1915年，丧权辱国的“二十一条”签订后，郭坚忍率学生上街游行，以剪刀刺破手指，血书“抵制日货”标语。“五四”运动爆发，郭坚忍带领女子公学全体师生罢课示威，声讨军阀卖国。1926年北伐军攻克扬州，郭坚忍在大汪边军民庆祝大会上代表妇女界发表演说。军阀孙传芳曾悬赏3000元通缉郭坚忍。1934年，易君左《闲话扬州》出版，郭坚忍认为此书侮辱扬州妇女，联络各界成立“究易团”，向江苏省地方法院提出诉讼。著有《游丝词》《延秋馆诗草》。

郭坚忍

陆英（1885—1921）　原籍安徽，因父陆静溪供职于两淮盐运使司，故移家扬州东关街，所居人称陆公馆。陆英是陆静溪之女，生于东关街陆公馆冬荣园，嫁合肥望族张武龄为妻，妆奁之盛冠于一时。陆英知书识礼，生张元和、张允和、张兆和、张充和四女，皆有才识，世称“张家四姐妹”，分别嫁与昆曲名家顾传玠、语言学家周有光、文学家沈从文、德裔美籍汉学家傅汉思。张允和《张家旧事》回忆：“我的母亲叫陆英……祖父在为我爸爸（张武龄）选佳偶时，知道扬州陆家的二小姐贤良能干，小小年纪在家就协助母亲料理家事，托媒人定下了这个媳妇。当时张家在安徽合肥是有名的官宦人家，又要娶名门之女，婚礼自然非常隆重。”这位从扬州东关街陆公馆走出去的新娘陆英，是个绝色美人。以致媒婆掀开她的盖头时，新娘子羞怯怯抬眼一看，所有人都为之惊艳：一双凤眼，眼梢上挑，光芒四射。陆英在张家威望极高，待人接物、理财办事，周到妥帖，长辈、同辈、幼辈无不佩服。陆英喜欢读书，教女儿唱扬州小曲《杨八姐游春》等。

张玉良（1895—1977） 扬州人，原名陈秀清，后名张玉良、潘玉良、潘张玉良。家住东关街西段广储门街32号。幼时家贫，被卖为雏妓，潘赞化为其赎身并娶其为妾，还送她前往上海读书。张玉良的才华为刘海粟、洪野赏识，考入上海美术专门学校学艺。1921年考得官费赴法留学，先后进里昂中法大学和国立美专学习，与徐悲鸿同学。1923年进巴黎国立美术学院。其作品陈列于罗马美术展览会，获意大利政府美术奖金。1929年张玉良归国，任上海美专及上海艺大西洋画系主任，后任中央大学艺术系教授，协助蔡元培组织中国美术学会。1937年再赴巴黎，任巴黎中国艺术会会长，多次参加法、英、德、日及瑞士等国画展。曾为张大千雕塑头像，又作王济远塑像等。张玉良为东方考入意大利罗马皇家画院第一人。其传奇经历与人格画艺被誉为“画魂”，为电影、电视、戏曲所演绎。今东关街358号为张玉良纪念馆。

张玉良自画像

潘奇（1914—2008） 原名潘克芬，笔名克纹、尹子，扬州人。出生于东关街三祝庵文化里8-1号。5岁入女塾读书，后进江都县立第九小学，成为学校小乐队成员。1926年入青岛市立女子中学。1935年毕业于国立北平师范大学。大学期间，两次参加北平合唱团，曾向白俄罗斯女歌唱家欧罗普夫人学习声乐。抗日战争全面爆发后，潘奇奔赴延安。1937年途经西安，加入上海救亡演剧一队，与崔嵬、贺绿汀等同台表演抗日救亡歌曲与戏剧。

次年赴延安，入鲁迅艺术学院学习。1940年任鲁迅艺术学院音乐系助教兼戏剧系音乐教师，被评为鲁迅艺术学院模范教员。1958年任人民音乐出版社副社长、副总编辑，主持工作，直至1985年离休。在人民音乐出版社负责出版《中国古代音乐史稿》《音乐美学概论》《音乐建设文集》《音乐理论基础》等专业书籍。创办《儿童音乐》杂志，并任主编。90岁高龄时，翻译出版《普契尼书信选集》。潘奇为中国音乐家协会第二届、第三届、第四届理事、副秘书长，国家出版工作委员会委员。2002年获中国音乐金钟奖、终身荣誉勋章。

乡邦文汇

人人谁不爱家乡，早见帆樯暮夕阳。

一阁一亭皆画卷，一花一木尽文章。

东关街文化底蕴深厚，历代骚人墨客留下大量文学艺术作品。其中有著述、文章、诗词、楹联，也有金石。在这些宝库中，有宏伟的视野、珍贵的纪事，也有绮丽的文采、深刻的哲思。

著　述

在同一条街上，古往今来，竟然有这么多人著书立说，真是奇迹。这些著述不是俚俗戏说，而是精妙绝伦的著作，有诗歌，有论著，有历史，有纪实。通过这些著述，可以窥探历代东关街人的所见、所闻、所思。

《百尺梧桐阁集》

《百尺梧桐阁集》

清人汪懋麟著，有清康熙刊本、清人秘籍丛刊本。汪氏住东关街雅官人巷，家有百尺梧桐阁，故诗文集以阁名。又有《百尺梧桐阁遗稿》，由其侄汪荃编成。徐世昌《晚晴簃诗汇》称其“涉笔于昌黎、香山、东坡、放翁之间”。

《沙河逸老小稿》

《沙河逸老小稿》

清人马曰琯著。马氏住东关街小玲珑山馆，又称街南书屋，有丛书楼，藏书甚富。《四库全书》征集天下珍本，马氏献书七八百种，为全国之冠。《沙河逸老小稿》是马曰琯诗集，前有沈德潜、陈章序，后有伍崇曜跋。

《南斋集》

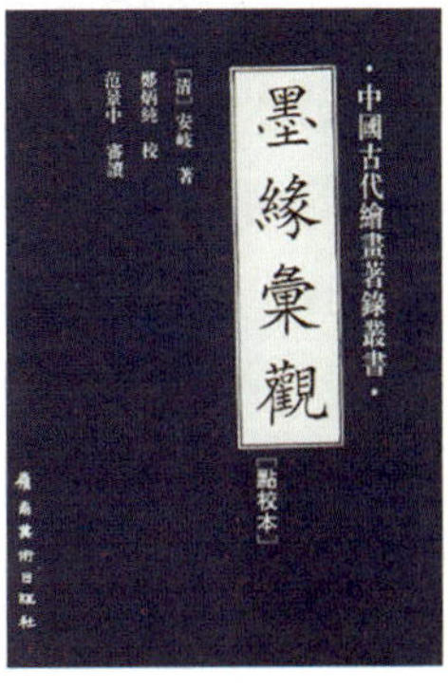

《墨缘汇观》

清人马曰璐著。马曰璐系马曰琯之弟，家住东关街小玲珑山馆。著有文辞，合为《南斋集》，前有杭世骏、蒋德序，后有伍崇曜跋。

《墨缘汇观》

清人安岐著。安氏住东关街约园，园今不存，安家巷因其得名。安氏家资巨富，酷喜书画，所藏书画，上至三国，下至明末，范围极广，数目甚丰。《墨缘汇观》为其书画鉴赏录，书前有自序。

《春秋左传旧注疏证》

清人刘文淇著。刘氏住东圈门，于《左氏传》用力最勤，辑《春秋左传旧注疏证》，未及写定而逝。后其子刘毓崧、孙刘寿曾继之，三代共治一经，百年而成。后吴静安有《春秋左氏传旧注疏证续》。

《包世臣全集》

清人包世臣著。包氏住东关街观巷，学识渊博，喜兵家言，治经济学，对农政、货币、文学等均有研究。《包世臣全集》论及水利、漕运、盐政、文辞、书法等，多有创见。

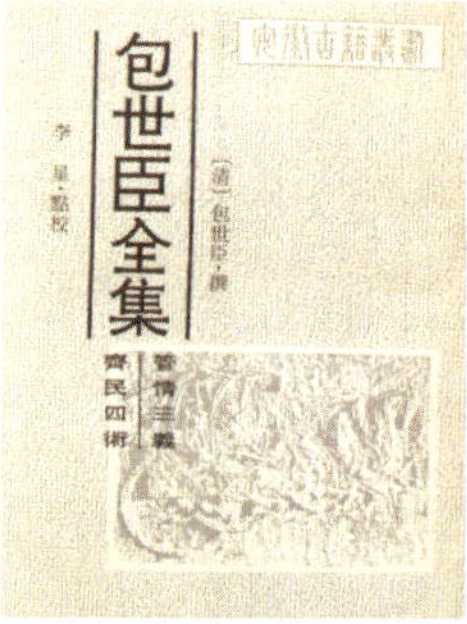

《包世臣全集》

《清颂堂丛书》《汉学堂丛书》《汉学堂知足斋丛书》《黄氏逸书考》

清人黄奭辑。黄氏住东关街个园，字右原，原名黄锡麟。与山东马国翰并称清代辑佚两大家。黄氏辑佚散失古书近300种，在目录学、训诂学、音韵学、校勘学方面有独到见解。

《黄氏逸书考》

《冰瓯馆词钞》《榕园丛书》

清人张丙炎编著。张氏住地官第，书斋名冰瓯馆，故书以馆名。《冰瓯馆词钞》收其辞赋。《榕园丛书》收其著作，分甲、乙、丙三集，有张允龢序。

《家书》《奏议》《谈异》《抱瓮庐诗文存》

清人陈彝著。字六舟，住东关街羊巷，称金粟山房。陈彝深研宋明诸儒之书，著述甚丰。

《大方先生联语辑存》

方尔谦著，周一良辑。方尔谦，字地山，被人称为“大方”，住东关街西首，善制联语。周一良辑录大方散佚对联，编成《大方先生联语辑存》。

《江石溪诗抄》《江上青烈士诗抄》《江树峰诗文选》

江树峰辑著。江石溪原住江都仙女庙，后迁东关街田家巷、东圈门，擅诗文、书画、音乐，尤精箫笛、昆曲。

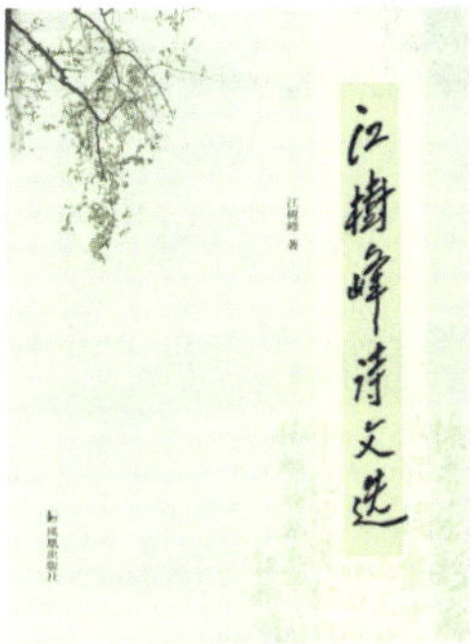

《江树峰诗文选》

《平凡的我——黎东方回忆录（1907—1998）》

黎东方著。黎氏住东关街二郎庙巷，开通俗讲史先河，被誉为“通俗讲史第一人”。

《背影》

朱自清著。朱氏原住东关街仁丰里。《背影》为散文集。

《游丝词》

郭坚忍著。郭氏在东关街北广储门街办学。《游丝词》有吴恩棠等序。

《东关文丛：东关名人》

韦明铧著。全书包括南宋双忠、大明贵妃、扬州二马、青溪旧屋、个园黄家、联圣大方等内容。

《东关文丛：东关名胜》

朱韫慧著。全书包括斗鸡场、二郎庙、芍药巷、准提寺、武当行宫、东圈门、神在堂等内容。

《东关文丛》

《东关文丛：东关名园》

韦艾佳著。全书包括琼花观、街南书屋、个园、壶园、冬荣园、汪氏小苑、逸圃、祥庐等寺观和庭园。

《东关文丛：东关名店》

余志群著。全书包括谢馥春、富春花园茶社、绿杨村茶叶店、大麒麟阁茶食店、清真鸿兴民族饭店等内容。

《个园》

韦明铧著。系考证、介绍、赏析个园历史文化景观之书。全书包括《风雨四百年》《黄氏一家人》《修篁弄影——北区观竹》《假山奇观——中区品赏之一》《亭廊诗情——中区品赏之二》《庭院古风——南区品赏》等。

《图说“双东”》

朱正海主编，王平安、管世俊、韦明铧、陈泽浦、高永青等撰稿。内容写东关街、东圈门今昔变迁、古街老巷、园林名胜、坊肆店铺、士子艺人、儒商旧闻、古城保护等。

《扬州古城文化录——“双东”街区卷》

《扬州古城文化录·“双东”街区卷》

薛高辉、石翔主编，韦明铧、王资鑫、曹永森、丁家桐撰文。内容写东关街历史沧桑，介绍东关亭园，散论东关风情，讴歌东关人杰。

《文化东关》

仲玉龙主编。内容包括运河文化、盐商文化、美食文化、园林文化、非遗文化、英雄文化、名人文化、宗教文化、创意文化等。

《文化东关（高级段、中级段、低级段）》

焦建中主编。系扬州市东关小学编写的校园课本，分为低级、中级、高级三册。语言通俗，图文并茂，适合作为小学乡土教材。

文　选

有关东关街的散篇零帙，比书籍更多。文章有感而发，笔墨因时而作，其实都是东关街古今民俗的采风，是东关街人文史地的写真，是东关街时代风云的刻录。将一篇篇文章连缀起来，就是东关街跋涉行进的足迹。

琼花观看月序

〔清〕孔尚任

游广陵者，莫不搜访名胜，以侈归口。然雅俗不同致矣。雅人必登平山堂，而俗客必问琼花观。琼花既已不存，又无江山之可眺，久之，俗客亦不至，寂寂亭台，将成废土。

丁卯冬，余偶一游之，叹其处闹境而不喧，近市尘而常洁，乃招集名士七十余人，探琼花之遗址。流连久立，明月浮空，恍见淡妆素影，绰约冰壶之内。于是列坐广庭，饮酒赋诗，间以笙歌，夜深景阒，感慨及之。

夫前人之兴会，积而成今日之感慨；今日之感慨，又积而开后贤之兴会。一兴一感，若循环然，虽千百世可知也。而况花之荣枯不常，月之阴晴未定，旦暮之间，兴感每殊。计生平之可兴可感者，盖已不能纪极矣。今日之集，幸而传也，不过在不能纪极中，多一兴感之迹；其不传也，并兴与感亦无之。而所谓琼花与明月，固千古处兴感以外耳。

小玲珑山馆

〔清〕梁章钜

邗上旧迹，以小玲珑山馆为最著。余曾两度往探其胜，寻所谓玲珑石者，皆所见不逮所闻。

地先属马氏，今归黄氏，即黄右原家，右原之兄绍原太守主之。余曾检《扬州郡志》及《画舫录》，皆不得其详，遂固向右原索颠末。右原为录示梗概云：康熙、雍正间，扬城鹾商中有三通人，皆有名园。其一在南河下，即康山，为江鹤亭方伯所居。其园最晚出，而最有名。乾隆间翠华临幸，亲御丹毫。鹤亭身后，因欠帑，园入官。今仪征太傅领买官房，即康山正宅。园在其侧，已荒废不可收拾，终年键户，为游踪所不到。盖康山以“康对山来游”得名。扬郡无石山，仅三土山，平山、浮山及康山是也。康山若再过数年，无人兴修，故迹必愈湮，恐无有能指其处者，而不知当日楼台金粉，箫管烟花。蒋心余先生尝主其园中之秋声馆，所撰九种曲内，《空谷香》《四弦秋》皆朝拈斑管，夕登氍毹，一时觞宴之盛，与汪蛟门之百尺梧桐阁、马半槎之小玲珑山馆后先媲美，鼎峙而三。

汪、马之旧迹，皆在东关大街。汪、马、江三公皆鹾商，而汪、马二公又皆应词科。汪氏懋麟，江都人，由丁未进士授中书，以荐试康熙鸿博，为渔洋山人高足弟子。园中有百尺梧桐、千年枸杞。今枸杞尚存，而老梧已萎，所茁孙枝，无复曩时亭苕百尺矣。此园屡易其主，现为运司房科孙姓所有。

至小玲珑山馆，因吴门先有玲珑馆。故此以小名。玲珑石即太湖石，不加追琢，备透、绉、瘦三字之奇。马氏两兄弟，兄名曰琯，字嶰谷，一字秋玉；弟名曰璐，字半槎，皆荐试乾隆鸿博科。开四库馆时，马氏藏书甲一郡，以献书多，遂拜《图书集成》之赐，此《丛书楼书目》所由作也。然丛书楼转不在园。园之胜处为街南书屋、觅句廊、透风透月两明轩、藤花庵诸题额。主其家者为杭大宗、厉樊榭、全谢山、陈授衣、闵莲峰，皆名下士，有《邗江雅集》《九日行庵文宴图》问世。辗转十数年，园归汪氏雪礓。汪氏为康山门客，能诗善画，今园门石碣题“诗人旧径”者，犹雪礓笔也。

园之玲珑石，高出檐表，邻人惑于形家言，嫌其与风水有碍，而惮鸿博名高，隐忍不敢较。鸿博既逝，园为他人所据，邻人得以伸其说，遂有瘗石之事。故汪氏初得此园，其石已无可踪迹，不得已以他石代之。后金棱亭国博过园中觞咏，询及老园丁，知石埋土中某处。其时雪礓声光藉甚，而邻人已非复当年倔强，遂决计诹吉，集百余人起此石复立焉。惜石之孔窍为土所塞，搜剔不得法，石忽中断。今之玲珑石岿然而独存者，较旧时石质不过十之五耳。汪氏后人又不能守，归蒋氏，亦运司房科，又从而扩充之。朱栏碧甃，烂漫极矣，而转失其本色，且将马氏旧额悉易新名。今归黄氏，始渐复其旧云。

小玲珑山馆图记

〔清〕马曰璐

扬州，古广陵郡，女牛之分野，江淮之汇流，物产丰富，舟车交驰。其险要扼南北之冲，其往来为商贾所萃，顾城仅一县治，即今之所谓旧城也。自明嘉靖间，以防倭故，拓而大之，是以城式长方，以其所增者，即近今之所谓新城也。

予家自新安侨居是邦，房屋湫隘，尘市喧繁。余兄弟拟卜筑别墅，以为扫榻留宾之所。近于所居之街南，得隙地废园，地虽近市，雅无尘俗之嚣，远仅隔街，颇适往还之便。竹木幽深，芟其丛芸，而菁华毕露；楼亭点缀，丽以花草，则景色胥妍。于是，东眺蕃釐观之层楼高耸，秋萤与磷火争光；西瞻谢安宅之双桧犹存，华屋与山丘致慨；南闻梵觉之晨钟，俗心俱净；北访梅岭之荒戍，碧血永藏。以古今盛衰之迹，佐宾主杯酒之欢，予辈得此，亦贫儿暴富矣。于是鸠工匠，兴土木，竹头木屑，几费经营，掘井引泉，不嫌琐碎，从事其间，三年有成。

中有楼二，一为看山远瞩之资，登之则对江诸山，约略可数；一为藏书涉猎之所，登之则历代丛书，勘校自娱。有轩二，一曰“透风”，披襟纳凉处也；一曰“透月”，把酒顾影处也。一为红药阶，种芍药一畦，附之以浇药井，资灌溉也。一为梅寮，具朱绿数种，媵之以石屋，表洁清也。阁一，曰“清响”，周栽修竹以承露。庵一，曰“藤花”，中有老藤，如怪虬。有草亭一，旁列峰石七，各擅其奇，故名之曰“七峰草亭”。其四隅相通处，绕之以长廊，暇时小步其间，搜索诗肠，从事吟咏者也，固颜之曰“觅句廊”。

将落成时，予方拟榜其门为“街南书屋”。适得太湖巨石，其美秀与真州之美人石相埒，其奇奥偕海宁之绉云石争雄。虽非娲皇炼补之遗，当亦宣和花纲之品。米老见之，将拜其下，巢民得之，必匿于庐。余不惜赀财，不惮工力，运之而至。甫谋位置其中，藉作他山之助，遂定其名“小玲珑山馆”。适弥伽居士张君过此，挽留绘图。只以石身较岑楼尤高，比邻惑风水之说，颇欲尼之。余兄弟卜邻于此，殊不欲以游目之奇峰，致德邻之缺望。故馆既因石而得名，图以绘石之矗立，而石犹偃卧，以待将来。若诸葛之高卧隆中，似希夷之蛰隐少室，余因之有感焉。夫物之显晦，犹人之行藏也。他年三顾崇而南阳兴，五雷震而西华显，指顾问事，请以斯言为息壤也可。图成，遂为之记。

丛书楼记

〔清〕全祖望

扬州，自古以来所称声色歌吹之区，其人不肯亲书卷，而近日尤甚。吾友马氏嶰谷、半查兄弟横厉其间。其居之南有小玲珑山馆，园亭明瑟而岿然高出者，丛书楼也，迸叠十万余卷。

予南北往还，道出此间，苟有宿留，未尝不借其书。而嶰谷相见寒暄之外，必问近来得未见之书几何？其有闻而未得者几何？随予所答，辄记其目，或借钞，或转购，穷年兀兀，不以为疲。其得异书，则必出以示予。席上满斟碧山朱氏银槎，侑以佳果，得予论定一语，即浮白相向。

方予官于京师，从馆中得见《永乐大典》万册，惊喜，贻书告之。半槎即来问写人当得多少？其值若干？从臾予甚锐。予甫为钞宋人《周礼》诸种而遽罢官，归途过之，则属予钞天一阁所藏遗籍，盖其嗜书之笃如此。

百年以来，海内聚书之有名者，昆山徐氏、新城王氏、秀水朱氏其尤也。今以马氏昆弟所有，几几过之。盖诸老网罗之日，其去兵火未久，山岩石室，容有伏而未见者。至今日而文明日启，编帙日出，特患遇之者非其好，或好之者无其力耳。马氏昆弟有其力，投其好，值其时，斯其所以日廓也。

聚书之难，莫如雠校。嶰谷于楼上两头，各置一案，以丹铅为商榷，中宵风雨，互相引申，真如邢子才思误书为适者。珠帘十里，箫鼓不至夜分不息，而双灯炯炯，时闻雒诵，楼下过者多窃笑之，以故其书精核，更无讹本。而架阁之沉沉者，遂尽收之腹中矣。半查语予，欲重编其书目，而稍附以所见，盖仿昭德、直斋二家之例。予谓鄱阳马氏之考经籍专资二家，而附益之黄氏千顷楼书目，亦属《明史・艺文志》底本。则是目也，得与石渠、天禄相津逮，不仅大江南北之文献已也。马氏昆弟，其勉之矣。

看山楼记

〔清〕徐用锡

维扬马君嶰谷及难弟涉江，英年好学耽古，与其友汪子祓江搜扬幽遐，重雕宋椠将湮废之书，修治别业，贮经史子集及法书名画，艺林所称为小玲珑山馆也。今年夏，祓江舟行五百里访余，谈次述马君于山馆左右掘井泉，莳花竹，翼以轩楹，前起小楼，扁之曰“看山”，盖取唐姚秘监题田将军宅“近砌别穿浇药井，临街新起看山楼”句，欲得一言以为记。

余迂陋无似，独爱看山，雅与居闲趣寂为宜。马君处烟花迷离之场，可娱目者何限，而喜看山乎？询其所看之山，祓江笑曰：“过江山色亦云烟，杳霭间取其意而已。”余曰：“有是哉！”尝私语，看山一也，须有心解，得其形不若得其意。得其形以山为主，而看者遇焉，则有局乎山者；得其意以看者为主，而山会焉则有进乎山者。不识庐山真面目，只缘身在此山中，得其形者似之。采菊东篱下，悠然见南山，得其意者似之。

忆余平生途次所看之山，自齐鲁至燕，出居庸，北抵晋，由赵魏，历襄荆、郧西，界蜀，过岭南，逼粤西、黔中矣。若往游可指数者，如京师之西山、房山，保阳之葛公山，黄州之赤壁、樊山，襄之岘万、鹿门、龙山、习家、池山，永州磨崖、刊中，兴颂之浯溪山。柳州作记之钴鉧潭西山，秀奥若新安之黄山，壮伟磅礴若武当山。五岳陟巅者二：曰泰，曰衡。徐、泗、吴、越，近地不与焉。

归八年矣，终岁兀然一编，盘旋一亩之宫。舍旁隙地，儿子种竹木十五年矣，郁然成林。拟构小草阁，西北六十里外望邳之岠山，卒以贫，不就。虽远山一簇，不能为我有也。于马君之所起，能无慨于中乎？虽然，余平生所看者多矣，曾无一能为我有，何必岠山！若高下、远近、浅深、清旷、夸坦、秀奥、瑰诡之状，其赏心尽在闭目时，则凡平生所看者俱为我有，而岠山乌足道哉！

人心之无定也，局乎中而蔽于前，一拳可以障泰华。中有所得，而观其会通，方寸可以运五岳。我与马君，得其观之者，则进乎山矣；得其所以观之者，又进乎观矣。于已取之，而已圣人象。兼山而名卦，阳上阴下，止其所当止，而极乎静，体立而用行。艮其背所云者，廓然而大公也。行其庭所云者，物来而顺应也。马君不独笑余昔之局于形也，而且有会乎意之表，怡神定性，以与道俱，则其所看者远矣。诗曰“高山仰止，心向往之”矣。

小倦游阁记

〔清〕包世臣

嘉庆丙寅，予寓扬州观巷天顺园之后楼，得溧阳史氏所藏北宋枣版《阁帖》十卷，条别其真伪。以襄阳所刊定本校之，不符者右军、大令各一帖，而襄阳之说为精。襄阳在维扬倦游阁成此书，予故自署其所居曰：“小倦游阁”。十余年来，居屡迁，仍袭其称。而为之记曰：

史言长卿故倦游，其人才足依。说者谓倦，习也。习于游，故能长其才。然近世人事游者，辄使才尽何耶？盖古之游也有道，遇山川则究其形胜厄塞，遇平原则究其饶确与谷木之所宜，遇城邑则究其阴阳流泉，而验人心之厚薄、生计之攻苦，遇农夫野老则究其作力之法、勤惰之效，遇舟子则究水道之原委，遇走卒则究道里之险易迂速与水泉之甘苦羡耗，而以古人之已事，推测其变通之故。所至又有贤士大夫讲贯切磋，以增益其所不及。故游愈习，则见闻愈广，研究愈精，而足长才也。今之游者则不然，贫则谋在稻粱，富则娱于声色。其善者，乃能于中途流连风物，咏怀胜迹，所至则又与友朋事谈宴逐酒食，此非惟才易尽也，而又长恶习。

予自嘉庆丙辰出游，以至于今，廿有七年矣。少小记诵，荒落殆尽，而心智益拙，志意颓放，不复能自检束。而犹日冒此倦游之名也，其可惧也夫，其可愧也夫!

个　园

陈从周

个园在东关街，是清嘉庆、道光间盐商两淮商总黄应泰（至筠）所筑。应泰别号个园，园内又植竹万竿，所以题名个园。据刘凤诰所撰《个园记》，园系就寿芝园旧址重筑。寿芝园原来叠石相传为石涛所叠，但没有可靠的根据，或许因园中的黄石假山气势有似安徽的黄山，石涛喜画黄山景，就附会是他的作品了。

个园原来范围较现存要大些。现今住宅部分经维修后，仅存留中路与东路，大门及门屋已毁，照壁上的砖刻很精工。住宅各三进。正路大厅明间（当中的一间），减去两根平柱，这样它的开间就敞大了。应该说，是当时为了兼作观戏之用才这样处理的。每进厅旁，都有套房小院，各院中置不同形式的花坛，竹影花香，十分幽静。

园林在住宅的背面，从火巷（屋边小弄）中进入。有一株老干紫藤，浓荫深郁，人们到此便能得到一种清心悦目的感觉。往前左转，达复道廊（两层的游廊），迎面左右有两个花坛，满植修竹，竹间放置了参差的石笋，用一真一假的处理手法，象征着春日山林。竹后花墙正中开一月洞门，上面题额是“个园”。门内为桂花厅。前面栽植丛桂，后面凿池。北面沿墙建楼七间，山连廊接，木映花承，登楼可鸟瞰全园。池的西面原有二舫，名“鸳鸯”。与此隔水相对，耸立着六角亭。亭倒映池中，清澈如画。楼西叠湖石假山，名“秋云”（黄石秋山对景，故云），秀木繁阴，有松如盖。山下池水，流入洞谷，渡过曲桥，有洞如屋，曲折幽邃，苍健夭矫，能发挥湖石形态多变的特征。因为洞屋较宽敞，洞口上部山外挑，而水复流入洞中，兼以石色青灰，在夏日更觉凉爽。此处原有“十二洞”之称。假山正面向阳，湖石石面变化又多，尤其在夏日的阳光与风雨中所起的阴影变化，更是好看，予人有夏山多态的感觉，因此称它为“夏山”。山南今很空旷，过去当为植竹的地方，想来万竿摇碧，流水湾环，又另生一番境界。从湖石山的磴道引登山巅，转至七间楼、经楼、廊与复道，可到东首的黄石大假山。山的主面向西，每当夕阳西下，一抹红霞，映照在黄石山上，不但山势显露，并且色彩倍觉醒目。山的本身拔地数丈，峻峭凌云，宛如一幅《秋山图》，是秋日登高的理想所在。它的设计手法，与春景、夏山同样利用不同的地位、朝向、材料和山的形态，达到各具特色的目的。山间有古柏出石隙中，使坚挺的形态与山势取得调和，苍绿的枝叶又与褐黄的山石造成对比。它与春景用竹、夏山用松一样，在植物配置上，能善于陪衬，以加深景色，是经过一番选择与推敲的。磴道置于洞中，洞顶钟乳垂垂（以黄石倒悬代替钟乳石），天光隐隐从石窦中透入，人们在洞中上下盘旋，造奇致胜，构成了立体交通，发挥了黄石叠山的效果。山中还有小院、石桥、石室等，与前者的综合运用，这又是别具一格的设计方法，在他处园林中尚是未见。山顶有亭，人在亭中，见群峰皆置脚下。北眺绿杨城郭、瘦西湖、平山堂及观音山诸景，一一招入园内，是造园家极巧妙的手法，称为“借景”。山南有一楼，上下皆可通山。楼旁有一厅，厅的结构是用硬山式（建筑物只前后两坡用屋顶，两侧用山墙），悬姚正镛题“透风漏月”匾额。厅前堆白色雪石（宣石）假山，为冬日赏雪围炉的地方。因为要象征有雪意，将假山置于南面向北的墙下，看去有如积雪未消的样子。反之如将雪石置于面阳的地方，则石中所含石英闪闪作光，就与雪意相违，这是叠雪石山时不能不注意的事。墙东列洞，引隔墙春景入院，借用“大地回春”的意思。上山可通入园的复道廊，但此复道廊已不存。

个园以假山堆叠的精巧而出名。在建造时，就有超出扬州其他园林之上的意图，故以石斗奇，采取分峰用石的手法，号称四季假山，为国内唯一孤例。虽然大流芳巷八咏园也有同样的处理，却没有起峰。这种假山似乎概括了画家所谓“春山淡冶而如笑，夏山苍翠而如滴，秋山明净而如妆，冬山惨淡而如睡”（见郭熙《林泉高致》），以及“春山宜游，夏山宜看，秋山宜登，冬山宜居”（见戴熙《习苦斋题画》）的画理，实为扬州园林中最具地方特色的一景。

诗　粹

诗歌是文学桂冠上的明珠。从唐代开始，东关街就进入了诗人们的视野，一直延续到当代。不同时代的诗人，对东关街的印象和观感是不同的，从而构成了一部浪漫的东关街诗史。

扬州春词三首

〔唐〕姚　合

广陵寒食天，无雾复无烟。
暖日凝花柳，春风散管弦。
园林多是宅，车马少于船。
莫唤游人住，游人困不眠。

满郭是春光，街衢土亦香。
竹风轻履舄，花露腻衣裳。
谷鸟鸣还艳，山夫到更狂。
可怜游赏地，炀帝国倾亡。

江北烟光里，淮南胜事多。
市廛持烛入，邻里漾船过。
有地惟栽竹，无家不养鹅。
春风荡城郭，满耳是笙歌。

入扬州郭

〔唐〕李　绅

潮水旧通扬州郭内，大历以后，潮信不通。李颀诗“鸬鹚山头片雨晴，扬州郭里见潮生”，此可以验。

菊芳沙渚残花少，柳过秋风坠叶疏。
堤绕门津喧井市，路交村陌混樵渔。
畏冲生客呼童仆，欲指潮痕问里闾。
非为掩身羞白发，自缘多病喜肩舆。

赠别二首

〔唐〕杜　牧

娉娉袅袅十三余，豆蔻梢头二月初。
春风十里扬州路，卷上珠帘总不如。

多情却似总无情，唯觉樽前笑不成。
蜡烛有心还惜别，替人垂泪到天明。

后土庙

〔唐〕罗　隐

四海兵戈尚未宁，始于云外学仪形。
九天玄女犹无圣，后土夫人岂有灵？
一带好云侵鬓绿，两层危岫拂眉青。
韦郎年少知何在？端坐思量太白经。

答许发运见寄

〔北宋〕欧阳修

琼花芍药世无伦，偶不题诗便怨人。
曾向无双亭下醉，自知不负广陵春。

吊扬州琼花

〔南宋〕郑思肖

扬州琼花，天下惟一本，后土夫人司之。花之盛衰，淮境丰歉系焉。未南渡前，经兵火，此花亦死。今遭大故，丙子岁维扬陷，丁丑岁此花又死，孰谓草木无知乎！

南土新飞劫火灰，琼仙恋国暗惊猜。
定应摄向天宫种，不忍陷于秦地开。
花死青春禽鸟哭，城埋黑气鬼神哀。
一朝枯蘖变高树，传得歌声沸似雷。

淮东制置使李公

〔元〕刘麟瑞

淮海曾闻一伟人，十年卧护息边尘。
重来铁骑攻城急，旋执金戈赴阵频。
梦入瓯闽期立极，路遵通泰倏捐身。
平山堂下悲风起，魂绕琼花万树春。

题蛟门比部十二砚斋

〔清〕顾图河

不用高居数仞堂，此中静坐意差强。
门前剥啄从嗔怒，竹里逡巡只退藏。
叠石栽花春日晚，埋盆汲水午风凉。
六安枕上支头卧，直送西窗下夕阳。

蜡纸灯笼伴夜吟，寒蛩秋蚓答空林。
是非懒挂论文口，歌哭难平读史心。
未见异书余几卷，不辞高价买千金。
墨床笔格乌皮几，此乐谁曾著意寻。

小玲珑山馆题郭熙寒风密雪图

〔清〕程梦星

山馆林阴翠欲滴，微露清光萦四壁。
中悬郭熙风雪图，凛凛严威俨相逼。

枯树偃枝疑有声，危峰积素真无隙。
当时艺苑称名流，谱入宣和擅高格。
神宗年号章宗玺，两两标题皆可识。
内府珍藏七百年，讵料流传屡沿革。
不因灵物相护持，豪夺巧偷遭蠹蚀。
何从宝轴归君家，一丈鹅溪尚完璧。
时维四月风雨多，银蟾闭窟阳乌匿。
对此不觉生夏寒，消尽烦蒸转萧索。
清暑之殿曾高张，寿安之宫亦陈迹。
区区墨妙留人间，等闲迁徙江南北。
于今移向草堂看，老眼摩挲三太息。

觅句廊晚步二首

〔清〕厉　鹗

近日幽寻屡出郊，竭来山馆燕新巢。
斜阳一抹风廊影，葵写圆花竹写梢。

返照深深人竹根，青鞋踏遍旧苔痕。
好诗只在微茫里，付与栖禽自在喧。

咏两明轩盆荷四首

〔清〕汪士慎

尺许香泥种藕须，从今花胜美人姿。
阶前一样翻风叶，何用凭栏定有池。

夜来月似水云铺，仿佛凌波步影无。
清兴主人诗境好，露华多处拾明珠。

惜花人有性天香，才似诗狂又酒狂。
选得娇红先供佛，肯教莲叶盖鸳鸯。

喜无风雨红妆静，素绠银瓶汲水添。
曲几方床香国里，夜凉人去不垂帘。

为马秋玉画扇

〔清〕郑　燮

缩写修篁小扇中，一般落落有清风。
墙东便是行庵竹，长向君家学化工。

题安定书院壁

〔清〕焦　循

千里归来乍息肩，敝裘犹带武林烟。
韶光廿载真虚过，学舍三间且醉眠。
窗外寒枝增幻影，梦中亡友认当年。
霜花满地鸡鸣夜，回首何人懒著鞭。

游瓠园

董玉书

昔年何水部，池馆在扬州。
绿锁开金谷，朱轩敞玉楼。
葡萄筵进酒，箫管夜吟秋。
觞咏今如昨，吾侪恨晚游。

哭熊味根烈士

柳亚子

寿春倡义闻天下，今日淮南大有人。
辽海烽烟多故鬼，皖江风雨泣遗民。

辍耕陈胜思张楚，函首于期竟入秦。
莫问虹桥旧时月，衣冠梅岭也成尘。

调寄青玉案·怀念江上青

江树峰

腾腾晓雾秋山去，竟一别、难重聚。
梦魂几绕蕉窗叙，街头宣讲，广场歌剧，星月何从数。
碑铭已勒洪湖渡，英烈江淮生死处。
翠柏丹枫千万句，青阳春早，广陵梅吐，嘱我行兄路。

为张永寿《百花齐放剪纸集》题诗

郭沫若

扬州艺人张永寿，剪出百花齐放来。
请看剪下出春秋，顿使东风遍九垓。

联　抄

对联是中国文学独有的文学形式，它在东关街历史文化长廊中别具光彩。凡是园林、寺庙、名胜、庭院，莫不有联。值得东关街人骄傲的是，近代联圣方尔谦就是东关街人。

广陵涛井联

佚名　题

邗江无二水；
广陵第一泉。

琼花观联

佚名　题

明月三分有其二；

琼花一树世无双。

准提寺联

佚名　题

近水楼台开梵宇；

平山栏槛倚晴空。

两淮盐运司戏台联

〔清〕郑燮　题

新声谱出扬州慢，

明月听来水调歌。

题襟馆联

〔清〕何栻　题

当年多士登龙，追陪雅集，溯渔洋修禊，宾谷题襟。招来济济英髦，翰墨壮山河之色。翳玉钩芳草，绿蘸歌衫，金带名葩，香霏砚席，扬华摛藻，至今传宏奖风流。贤使君提唱骚坛，谁堪梅阁联诗，芜城续赋？

此日有人骑鹤，烂漫闲游，怅文选楼空，蕃釐观圮。阅尽茫茫浩劫，园林剩瓦砾之场。只桥畔吹箫，二分月古，湾头打桨，十里春深，补柳栽桑，渐次复承平景象。大都会搜寻胜概，我欲雷塘泛酒，蜀井评茶。

广陵书院联

〔清〕周作文　题

校士每携琴，鹿洞谈经，独爱二分明月；

慕贤希鼓瑟，鳣堂讲学，遍观一郡文风。

广陵书院联

〔清〕王道坦　题

旧赋感芜城，琴鹤临民，兵气全消舒化日；

新堂重建树，案萤师古，士风丕振看登云。

百尺梧桐阁联二副

〔清〕郑燮　题

百尺梧桐阁；

千年构杞根。

百尺高梧，撑得起一轮月色；

数椽矮屋，锁不住五夜书声。

小玲珑山馆联

〔清〕郑燮　题

咬定几句有用书，可忘饮食；

养成数竿新生竹，直似儿孙。

小倦游阁联

〔清〕包世臣　题

喜有两眼明，多交益友；

恨无十年暇，尽读奇书。

为留隙地铺明月；

不筑高楼碍远山。

青溪旧屋联

〔清〕莫友芝　题

左酒右浆，喜叠其室；

伯歌季舞，福为我根。

个园觅句廊联

〔清〕袁枚　句

月映竹成千个字；

霜高梅孕一身花。

壶园联

〔清〕何莲舫　题

客来骑鹤地；

家傍斗鸡台。

个园壶天自春联

李圣和　题

淮左古名都，记十里珠帘、二分明月；

园林今胜地，看千竿寒翠、四面烟岚。

个园宜雨轩联

费新我　题

朝宜调琴，暮宜鼓瑟；

旧雨适至，新雨初来。

个园住秋阁联

孙龙父　题

安得素心人，乐于数晨夕；

却疑尘世外，别有一山川。

个园清漪亭联

魏之桢　题

何处箫声，醉倚春风弄明月；

几痕波影，斜撑老树护幽亭。

汪氏小苑联

陈含光　题

既宜构，亦宜堂，丹雘塈茨，喜见梓材能作室；

无相犹，式相好，竹苞松茂，还以雅士咏斯干。

一宋一廛联（集马致远、乔吉句）

方地山　题

多少豪杰；

如此江山。

逸圃联

佚名　题

扬州古明月；

陋巷旧家风。

世泽薮平渊，草木争荣茵作地；

家声传邺架，子孙有幸好藏书。

半亩方塘，领取天光云影；
数弓余地，商量种竹栽花。

东关城门联

韦明铧　题

雄关庇古邑，蕴藏十里春风，二分明月；
高阁对长河，辉映三都帝阙，两浙荷花。

东圈门联

韦明铧　题

吴盐胜雪，心系千家滋味，调和赣湘皖鄂；
邗水如潮，腰缠万贯金银，润泽湖海江淮。

述志联

熊成基　题

心嗤樊哙宜屠狗；
胸有干将耻杀人。

江上青故居联

佘小池　题

秋水掬来双手月；
青山行过半身花。

金　石

扬州无山，不产石料，但是该用石材的地方并不吝啬。大者是牌坊，小者是碑刻，实用是井栏，观赏有石雕，材质冰冷，文辞温婉，碑刻无言，镌史留痕。

蕃釐观石牌坊

琼花观前有状似华表的四柱三间门楼式石牌坊，相传始建于明代，后毁。今牌坊为1993年重修，石质呈糙米色，左右各有两根石柱，上圆下方，柱端似华表，分别雕刻日月形状。左为赤乌，象征太阳；右为玉兔，象征月亮。门楼三间，上嵌石额，大书“蕃釐观”三个字，楷体，清人刘大观书。石牌坊后有大殿，台基高起，飞檐翘角，有“三清殿”匾额。

蕃釐观石牌坊

广陵泉石刻

“广陵泉”石碑，原在东关城门南。1951年3月，扬州拆旧城，筑新路。4月，在东关街口到解放桥之间的城墙内侧，发现壁橱式拱形门洞，券顶高约一丈，宽约六尺，进深丈许，中有一井，两旁石刻一联：“邗江无二水；广陵第一泉。”正中上方有一方石额，大书“广陵泉”三字。今“广陵泉”联额均佚。

玉钩井栏石刻

琼花观始建于西汉，内有古井，名“玉钩井”。清康熙《扬州府志》

载："玉钩井在蕃釐观后。"《钦定古今图书集成》云："相传有黄冠持画，见守帅画，皆云章鸟篆，不可识，使人尾之。乃入后土祠，井中縋视之，见一洞署玉钩洞天。再入则水溢不可寻矣。明天启间，泉上有亭，已废。皇清康熙十三年知府金镇议重建。"井旁对联："天机不可泄，云章鸟篆千道画；神水有缘来，土井玉钩一洞天。"琼花观在清代为胜地，书法家蒋衡有"经传寿言"书法，款识云："乾隆二年中秋，书于广陵之玉钩洞天华阳第一福地，老人蒋衡。"今井栏尚存。

玉钩井栏石刻

阮元作《二郎庙蔬圃获石记》

此井栏原在东关街二郎庙菜圃。清嘉庆十一年（1806），浙江巡抚阮元路经东关街二郎庙菜圃，发现宋代残石，上有数字。一年之后，阮元作《二郎庙蔬圃获石记》，记载发现经过："嘉庆丙寅（1806），予过扬州新城准提庵僧舍。经二郎庙蔬圃，见有破古石井栏，似有字痕，洗拓之，乃'□熙十□三公石□'数字。'熙'字之上字不完，似是'淳'字。盖以'熙'为年号逾十年者，在扬惟'淳熙'耳。'十'字下似是'年'字。爰移置准提庵东厢内，并记之。丁卯秋日。"阮元移石的准提庵，即今准提寺。今石不存。

山陕会馆界碑

山陕会馆系明代山西、陕西盐商在扬州所建会馆，也是扬州最早的盐商会馆。原址在旧城南门街，清初迁至东关街。山陕会馆北界在剪刀巷，巷中砖墙东西两头原各有一方石碑，嵌于墙中。西头一块界碑刻"山陕会馆地基西墙界”，东头一块界碑刻“山陕会馆地基北墙界”，表明当年山陕会馆方位。惜剪刀巷巷内维修时，“山陕会馆地基西墙界”界碑被毁，今唯存“山陕会馆地基北墙界”。

百岁坊石额

东关街中段有山陕会馆。地下青石板因岁月漫长，多已磨损、断裂。走进大门，依稀有通道延伸向北。石板路上有一块横卧地下的长条石，镌刻“百岁坊”三字，不知何时之物。据《扬州画舫录》所记，弥陀寺巷亦称“百岁坊”，此石或是彼处之物。

马氏小玲珑石

东关街马氏街南书屋，一名小玲珑山馆，得名于小玲珑太湖石。清康乾年间，盐商马氏兄弟修建宅园，重金购买一太湖石，其石高耸而秀美，集皱、透、漏、瘦于一身。石置馆中，名小玲珑山馆，为园中十二景之冠。因小玲珑石高出屋檐，邻人以为有碍风水，故将此石埋入地下。后来汪氏得此园，召集工人挖出小玲珑石，意在恢复旧观。不料在剔除石孔中泥土时，将小玲珑石折断。残件被移至史公祠内。近年重建街南书屋，小玲珑石残件又归还街南书屋。石上有阴刻篆字“玉山高并”4个字，署阴刻楷书“小玲珑山馆马氏清供”，左侧有阴刻篆书印章“玲珑山馆”4个字。

小玲珑残石

《个园记》碑刻

个园抱山楼壁上有刘凤诰《个园记》碑石。碑文历述广陵甲第园林之盛，名冠东南，考证个园本寿芝园旧址，主人辟而新之。因主人性爱竹，而竹子本固、虚心、节贞，象征君子之德行，所以称之为“个园”。碑文描写个园“珍卉丛生，随候异色。物象异趣，远胜于子山所云‘欹侧八九丈，从斜数十步，榆柳两三行，梨桃百余树’者。主人好其所好，乐其所乐。出其才华，以与时济。顺其燕息，以获身润。厚其基福，以逮室家孙子之悠久咸宜。吾将为君咏，乐彼之园矣！”署名“嘉庆戊寅中秋，刘凤诰记并书”。书法秀美，碑石完好。

盛世岩关圈门石额

石刻“盛世岩关”，原嵌于东关街与广储门交界处的砖砌圈门上。该圈门约建于清乾隆、嘉庆年间（1736—1820），时扬州盐业发达，漕运繁忙，市井相连，商旅辐辏，盐课占全国财政收入1/4。“盛世岩关”含有康乾盛世险要关隘之意。民间相传，该圈门系个园主人黄至筠所建。黄至筠原拟在家园大门东西两边各建一座牌楼，地方官以越制为由出面干涉，黄氏不得已，将已建成的西牌楼作为盐务稽核处所。石刻今存。

冰瓯馆《西岳华山庙碑》

张安保所临《西岳华山庙碑》，在地官第冰瓯馆。《西岳华山庙碑》原刻于东汉，明嘉靖时（1522—1566）因关中地震毁坏，世间拓本极少。扬州有两种传本，一是小玲珑山馆本，一是冰瓯馆本（史称四明本）。地官第冰瓯馆张氏故居壁上张安保所临《西岳华山庙碑》，所据即四明本。冰瓯馆住宅分东、中、西三路，各为五进、七进、三进。各路住宅后都有花园。园门朝南，上刻琴、棋、书、画、梅、荷、菊、鹿等吉祥图案。出门向西而北，墙上嵌石碑8块，即张安保所临《西岳华山庙碑》。石刻今存。

西岳华山庙碑

沙锅井石井栏

沙锅井在探花巷北。井栏石质，呈圆锥状，颜色灰黑，如同沙锅，故名。清同治二年（1863）《扬州府治图》有沙锅井地标。黎东方曾住井旁，《平凡的我——黎东方回忆录（1907—1998）》写道：“先父先母带了所剩的二三千两银子，与几柄‘万民伞’，于任满之时暂赴扬州小住。这一次，他们不再住在先母的娘家，而赁了沙锅井的一座屋子。沙锅井地势低，常常淹水。水高之时，可以有椅子凳子那么高。倘不是先母常常描写给我听沙锅井‘发大水’的故事，我哪里会知道我家曾在沙锅井住过几年呢？”井栏今存。

沙锅井石井栏

霭园砖刻

砖刻“霭园”在东关街西头小巷人家门额上，署名张允龢。此宅原系民国初年两淮盐运司官员吴佩江住所，内有吴氏宗祠观乐堂。张允龢，字甘亭，仪征人。工四体书，尤擅丹青。山水仿宋元，精细工秀，悉有规矩。年近八旬，犹挥毫不辍，人得之珍若拱璧。间有小诗，亦佳妙。1929年扬州整顿慈善机构，设立救济院，张允龢任院长。董玉书《芜城怀旧录》云：“（甘亭公）年七十余，颀身鹤立，人望之若神仙。”砖刻今存。

琼花观砖雕石刻

琼花观内多砖雕石刻。园中古银杏树东，有大照壁，中间是琼花砖雕，精致优美。南边一座小亭，亭内石桌刻有象棋棋盘。石凳上也有图案，东西刻河图洛书，南北刻八卦图案。在琼花观环形长廊壁间，镶嵌许多石刻，内容均为关于琼花观的故事和诗词。

东关古渡铜雕

东关古渡在东关街东，牌坊下有面朝运河的大型铜雕壁画《大运千秋》，由中国工艺美术大师朱炳仁创作。铜雕以隋炀帝下扬州为主题，画面上隋炀帝站立船头，大臣、宫女立于隋炀帝周围。采用传统锻铜工艺和现代无缝拼接工艺，画面气势恢宏，人物形象逼真。

铜雕壁画《大运千秋》

历津城阙

市井廛遗

乡音不改鬓毛衰，故土难离常梦回。

当日家常邻里话，醇香恰似酒满杯。

文化昌盛之区，除正史而外，必有野史纪之，如传说、故事、谣谚等。东关街的地名掌故、民间方言、历史演义，向来流传于市井，为民众所乐道。它们以亦雅亦俗、亦庄亦谐的风格，澄明世道，怡养人心，是东关街文化的重要部分。

地名掌故

东关街地名繁多，其由来、特色、轶事，坊间流传已久。现在依据最新采访所得，择其要者，略述于此。

泰州路

东关街东首与泰州路相通。泰州路是1951年初在拆除东边城墙的基础上建造起来的马路。当时扬州是苏北行政公署所在地，下辖泰州、南通、盐城、淮阴4个专区，所以环城马路建成后，分别以所辖地区命名，称泰州路、南通路、盐阜路、淮海路。泰州路北接盐阜路，南连南通路，宽12~18米，总长度1468.3米。

盐阜东路

东关街北侧是盐阜路。盐阜路是扬州古城环城路的北段，因朝向北方的盐阜地区而得名，又以国庆路北端为分界线，其东称盐阜东路，其西称盐阜西路。盐阜东路东临古运河，东端南侧与泰州路连接，北侧与高桥路相交。北临护城河，西接国庆路。路宽18~22米，全长1146米。

国庆路

东关街西接国庆路。国庆路由旧时运司大街、教场大街构成。20世纪50年代初为发展城市交通，拆城筑路，将原来的辕门大街、教场大街、运司大街两侧店铺及住房拆除，街道拓宽至8米，两边各有人行道。路面由水泥混凝土筑成，两旁栽法国梧桐。因为全路在1951年国庆节前建成，故名国庆路。国庆路全长1316米。

便益门大街

便益门大街位于东关街东北。以原便益门为界，城内为便益门大街，城外为便益门外街。便益门大街因便益门而得名。旧时城门定时开启，百姓出入不便，故在新城东南和东北各设便门，分别称为徐宁门与便益门。今便益门大街北连盐阜东路，南起大草巷，街宽4米左右，全长115米。昔日为商业街，有张万元豆腐店、广盛园酱园等。

广储门街

广储门街位于东关街西北，因广储门得名。广储门原为新城镇淮门。《扬州画舫录》载，清雍正年间（1723—1735），葛御史在城外梅花岭下建广储仓，因运粮从镇淮门进出，遂称广储门。城门内为广储门内街，城门外为广储门外街。画家张玉良故居在此街。街宽3米，全长339.1米。

大草巷

大草巷在马监巷之东，原名马草巷，因明代扬州设牧马监，将草料场设此，故名，后改称大草巷。另一种说法是，从前扬州人家做饭都烧柴草，大草巷、小草巷都是柴草囤积销售之地。巷中旧有芸圃，为书法家张允觎书斋。另有戴氏学塾，史学家黎东方居此。大草巷呈东西走向，宽2～4米，长度近600米。

小草巷

旧时扬州百姓人家煮饭烧菜都用柴草，柴草多来自瓜洲江滩和邵伯湖。相传小草巷一带是柴草囤积销售之地，故名。小草巷位于东关街东段北侧，呈南北走向，巷南有砖砌圈门。巷窄而短，全长只有175米，但户户相连，人流不息，是条热闹的小巷。

二郎庙巷

二郎庙巷今分为东、南、西、北、前5条巷子，旧时统称二郎庙巷。二郎庙巷因巷内旧有二郎庙得名。后居民相继在庙周建筑房屋，遂成二郎庙巷陌群落。20世纪60年代，曾改名开朗巷，后恢复原名。巷长短宽窄不一，东巷宽4米，南巷宽3米，西巷长322米，北巷长72米。

定慧巷

旧时巷中有定慧寺，为高旻寺下院，巷以寺名，故称定慧巷。巷原为南北走向，在北城根以南。1951年初拆城墙建路，巷北与今盐阜东路衔接。今定慧巷唯一进出通道，是北侧与盐阜东路衔接处。从北边进入巷内，向南走，折西，再向南行走几十米，与二郎庙北巷相接。巷宽3米，长165米。

雅官人巷

雅官人巷在东关街中段北侧，呈南北走向。《扬州画舫录》记作“哑官人巷”。在此居住过的“哑官人”相传指清人汪懋麟。清顺治二年（1645）清军破城，其母投井自尽，年仅5岁的汪懋麟哭坏嗓子，嗓音沙哑，人称“哑官人”。该巷一度易名为“剪刀东巷”。巷全长367米，南段很窄，只有1米多宽。

剪刀巷

剪刀巷在东关街西段，大体呈南北走向，但中间部分为东西走向，再加上其他支巷，道路错综复杂。剪刀巷名称的来源，相传有两种说法：一是因巷道形似剪刀，故名；一是因巷内有剪刀作坊、店铺，故名。巷邻山陕会馆，有琴家梅曰强故居移云斋。

链接 学习强国　城市记忆｜扬州剪刀巷：大隐隐于市　小巷不寻常

江苏扬州千年古街东关街历史文化底蕴深厚，东关街周边的小巷也是内有乾坤，剪刀巷就是其中的代表。剪刀巷巷名的由来有两种说法，一说巷子的形状像一把剪刀；另一种说法是，民国时期，这里是生产、销售剪刀的作坊聚集地，因而得名。

小巷人家如画廊，青砖黛瓦马头墙。剪刀巷中，普通民居是主角，但也有多处历史遗存。其中一处是扬州市文物保护单位，也是扬州最早的盐商会馆——山陕会馆。《扬州市志》副主编吴家兴介绍，明朝洪武年间，山西和陕西的商人来到扬州经营盐业，他们为了联络同乡情谊、互通商业消息，加

现场采访

剪刀巷

之和官府打交道的需要，就成立了山陕会馆。山陕会馆原本在南门街，之后迁到了今东关街250～262号。山陕会馆占地面积约4500平方米，有前厅、中宅、后园，风格厚重古朴，具有山西建筑的特色。明清时期，山陕盐商实力雄厚，精于理财，明嘉靖年间曾组织家丁抵御倭寇，还曾参与筹建扬州新城和慈善事业，为扬州的发展作了突出贡献。至今，剪刀巷北端墙脚还嵌有“山陕会馆地基北墙界址”碑刻石。

新中国成立初期，本已归于平淡的剪刀巷进入了全国人民的视线。1951年，毛主席发出了“一定要把淮河修好”的号召，同年11月，苏北治淮工程指挥部成立，次年1月更名为苏北治淮总指挥部，6月从淮安迁驻扬州，总指挥部就设在东关街282号大院内。一时间，国内的水利大军、国外的水利专家都聚集在了扬州、聚集在了东关街、聚集在了剪刀巷。这一时期，许多重大工程的规划、设计及施工指令，都是从苏北治淮总指挥部发出的，仅1952年一年，全国就开工了九座规模巨大的大型闸坝工程。1956年，省治淮指挥部迁往南京，但大部分下属单位仍留在“双东”地区。应该说，在新中国成立伊始、百废待举的时候，治淮指挥部进驻扬州，对剪刀巷乃至“双东”地区的民生经济发展和知名度的提升，都起到了促进作用。

剪刀巷29号则充满了浓厚的人文气息，这里是古琴大师梅曰强的故居。梅曰强，字南移，1929年出生于南京，是“广陵琴派”第十一代宗师。20世纪90年代，为进一步发扬广陵琴派，梅曰强来到了扬州生活，一住就是十多年。2004年梅曰强去世，其故居也渐渐荒废。王京是一名传统文化爱好者，三年前，在东关街经营着一家剪纸店的他，偶然来到了剪刀巷。经过和前主人的沟通，王京购买下了破烂不堪的老宅，一点一点把它打造成了如今的梅曰强纪念

梅曰强故居

馆。在纪念馆后方，还有一处艺术空间，以开放、包容的姿态，欢迎着每一位传统文化的热爱者。行走在小巷中，耳畔空灵的琴音、悠扬的箫声、缠绵悱恻的昆曲唱腔，都让人有时空穿越之感。

（策划吴家兴，记者王雨薇、徐云轩，2020年5月23日）

小巷故事｜剪刀巷：当时只道是寻常

安家巷

安家巷在东关街中段，分前、后安家巷，因高丽商人安岐居此，故名。安岐因随高丽贡使入京而常住中国，先后在天津、扬州两地业盐，遂成富商。与同在扬州经营盐业的山西巨富亢氏齐名，并称为“北安西亢”。据说安岐在扬州购置巨宅，豪华奢侈，不可名状。北京故宫博物院镇馆之宝《平复帖》《出师颂》均有安岐收藏印。

金桂园巷

今东关街西段北侧个园和逸圃之间，原先有条死胡同，无名。相传巷内有人家种植一株桂圆树，果大叶茂，故名为桂圆巷。后来巷头有徽州人开设面馆名金桂园面馆，据杜召棠《扬州访旧录》载：“扬州面馆中以金桂园房屋最为宽敞”，巷名便易为金桂园巷。巷内有曹起溍故居。

新古巷

扬州新旧城皆有古巷。旧城古巷位于通泗街西，新城古巷位于东关街南，遂名新古巷。巷以古姓居此而得名。新古巷分新古一巷、新古二巷、新古三巷。新古一巷在东关街东段南首，在南首中段与新古二巷形成十字路口。新古一巷东侧原通田家巷，现存全长108.3米。新古二巷全长258.3米。新古三巷已不复存在。

铁货巷

铁货巷位于东关街东南，巷道弯曲迂回，有曲径通幽之感。旧时巷内多铁货作坊、店铺，故名。

羊巷

羊巷的来由，一说因古时有羊姓人家居此而得名；一说有回族人居此，在院中养羊，故名。羊巷位于东关街东段南侧，南接芍药巷，北段东侧与铁货巷相通。羊巷南段西侧与芍药巷东巷口相交，穿过芍药巷可达琼花观。羊巷西头原有财神庙。巷中有陈六舟故居。该巷全长348米。

芍药巷

芍药巷位于琼花观后身，旧时有芍药一、二、三条巷。20世纪90年代扩建琼花路，芍药巷南段被拆除，只剩北段。旧时家家户户种植芍药，因此得名。自古洛阳牡丹、广陵芍药并称于世，今芍药与琼花均为扬州市市花。该巷全长56米。

问亭巷

观巷中段向东，本叫小财神庙巷。从东关街东段南侧入巷，几经曲径，至巷南端为问亭巷。欧阳修任扬州太守时，在琼花观建无双亭，后人慕名经此巷造访无双亭，故名问亭巷。该巷全长194米。

观巷

观巷在东关街中段，因为依傍琼花观，故名。昔日观巷有不少商铺，如清末魏元佣工介绍所、民国德大洗染坊、顺兴楼餐馆、得意楼餐馆等。今观巷内存有清宣统年间（1909—1911）水仓、水井，旧时属救火会公善堂。巷宽3米多，巷长近300米。

马监巷

马监巷在东关街中段，1965年易名为马家巷，2009年恢复原名。马监巷的得名，是因为明代牧马监设置于此。牧马监是掌管马政的机构。史载南宋

曹永森（中）与杨钧（右）回忆马监井

隆兴时曾在扬州设立马监，明代仍之，清代废止。巷南端西侧有古井一口，井栏刻“马监井”。该巷全长444米。

浴堂巷

扬州城有两条浴堂巷，一是东关街浴堂巷，一是常府巷东面旧城浴堂巷。东关街浴堂巷在观巷西侧，蜿蜒南行，至水井处，拐弯西行，与马监巷相连。旧时因巷内有数家浴室，故名浴堂巷。全巷曲折迂回，巷道狭窄，长约250米。

小太平巷

小太平巷原为太平巷，因旧时巷中置消防用储水缸，俗称太平缸，故名太平。后因与通运街太平巷重名，故称小太平巷。巷子窄处只有1米，全长185米。

谢家巷

谢家巷在东关街中段，原名瓦匠营巷。清末谢馥春老板购得此巷宅院作为香粉作坊，瓦匠营巷遂名谢家巷。20世纪60年代初，谢家巷西段侧有条小巷可通至东关街。21世纪初改造后，谢馥春日用化妆品厂大门改向东关街。该巷全长262米。

薛家巷

薛家巷呈南北走向，北连东关街，南巷口是三祝庵街和东圈门的分界线。向东与三祝庵街交会，折西通东圈门。对面原系双忠祠巷。薛家巷之得名，相传有薛姓大户居住在此，而薛氏究竟是何人已无考。巷宽3米，长284米。

韦家井

韦家井东起薛家巷，西与马坊巷中段东首相连，穿过马坊巷同斗鸡场相交。韦家井的由来，系有韦姓大户住此，凿井一口，供四邻使用，人们遂称此地为韦家井。韦家井之水井，原在韦家井四条北巷口，现被填没。韦家井南侧，有韦家井一、二、三、四4条小巷。旧时巷中有方朝山茶炉店、李昭金烧饼店、庆丰杂货店、尹家大院等。熊成基故居亦在韦家巷。巷宽4米左右，全长136米。

马坊巷

马坊巷，相传因为巷中住户以贩马、租马、运马为生，故名。马坊巷北起东关街，南连东圈门，东接韦家井，西通斗鸡场。原巷较窄，宽约1米，全长约150米。扩建后宽3米多，长280米。

马坊巷

大方巷

大方巷旧称堂子巷，跨东圈门与小五福巷遥相呼应。扬州城中原有三条堂子巷，一条是旧城堂子巷，另两条是新城堂子巷。位于东圈门西段南侧的大方巷，今仅剩少许。在琼花观街拓宽改造时，堂子巷剩下北边一小部分，即今大方巷。巷道较窄，总长度不足28米。

五福巷

五福巷分大、小五福巷。大五福巷南起东圈门西段北侧，由南入巷北行，即与东小五福巷相连。据传此巷昔日名万家园，亦称万家巷。因为正对个园五路住宅，故名五福巷，取“五福毕至”之意。一度改为五谷巷，2009年恢复原名。大五福巷宽2米左右，长近280米。小五福巷全长120米。

探花巷

探花巷，原名昙花巷、昙花庵巷。清康熙三十六年（1697）武探花胡琨居此，故名。探花巷巷道弯曲，东首在沙锅井中段，由东向西，再往西南方向斜行，后再直行向西，通过窄巷出巷口，与国庆路相连。中段较宽，东西长10余米，设葡萄架一座，两边有条椅供人休憩。

问井巷

问井巷位于东关街南侧，原名牌坊巷，昔日巷口有牌坊，巷以牌坊得名。为区别于东关街东段牌坊巷，故名南牌坊巷。后因行人常问巷内沙锅井，故名问井巷。巷道地形复杂，七弯八绕，迂回曲折。巷西北有百年老屋查氏住宅，为扬州市文物保护单位。巷宽窄不一，全长345米。

花局里

花局里呈南北走向，位于东关街中段北侧。因近旁有富春花局，故名。今花局里是东关街旅游景点之一，美食广场坐落其中。从东关街北首入巷约50米，呈丁字形，向西与个园东门相连。花局里麻石铺地，商铺林立，可以体会“早上皮包水，晚上水包皮”的韵味。

地官第

地官第东首与今观巷南巷口相接。从观巷南巷口由东向西而行，依次有地官第、三祝庵街、东圈门街。“地官”为古代六官之一，古时掌管国家土地和户籍。因相传古代地官居此，故称地官第。汪氏小苑亦在该街。街宽3米左右，长100米左右。

文化里

文化里原名牌坊巷，位于三祝庵街西段北侧，由两条平行的南北走向、幽静曲折的小巷组成。相传清末民国初期巷内有熊氏、沈氏私塾，其中熊氏书房尤为出名。私塾女主人熊蕴章，知识渊博，教学有方，终身未嫁。为表彰其功绩，1930年将巷易名文化里。全巷长近300米。

斗鸡场

扬州斗鸡起源很早。唐人杜牧有诗云："秋风放萤苑，春草斗鸡台。"表明唐代扬州已有斗鸡台，位于城外。明清时扬州城内有斗鸡场，清人董伟业《扬州竹枝词》记"弥陀寺巷斗鸡场"，即指东关街斗鸡场。斗鸡场东靠韦家井，北接马坊巷，西连问井巷，南邻五福巷。巷道宽3米，长100米。

沙锅井

沙锅井位于东关街西段南侧，因巷内有深灰色石制井栏，呈圆弧状，形似沙锅，故名。晚清《扬州府治城图》中载有沙锅井地名。巷内除沙锅井外，还有多处水井，如巷中3号、7号、9号、15号、16号、20号，各有水井。史学家黎东方曾住巷内。巷道宽窄不一，平均2米以上，巷全长近290米。

东圈门街

东圈门是明后期为拱卫两淮盐运使司署而建。当时在古旗亭街口建南圈门，在三祝庵巷街口建东圈门，在东关街口建北圈门。以三祝庵为界，以西称东圈门街。街中有刘文淇故居、何莲舫故居、江上青故居。东圈门西起国庆路，东接薛家巷。街宽3.5米，长607米。

治淮史迹

扬州地处淮河入江水道尾闾，经年承担治理淮河的重任。1952年6月至1956年9月，苏北治淮总指挥部驻于东关街，东关街成为苏北地区治淮中枢，中外专家云集。作为治淮总部所在地，东关街存留了大量历史痕迹。

苏北治淮总指挥部遗址

1950年夏，淮河发生水灾。是年8月，政务院召开治淮会议，10月发布《关于治理淮河的决定》，1951年5月毛泽东发出“一定要把淮河修好”号召，淮河成为新中国第一条全面系统治理的大河。1950年11月，新中国治淮机构——治淮委员会在安徽蚌埠成立，下设河南、皖北、苏北三省区治淮指挥部，苏北治淮指挥部先驻淮安，后更名为苏北治淮总指挥部。1952年6月，苏北治淮总指挥部从淮安迁驻扬州东关街282号大院。扬州东关街与苏北治淮从此结下重要历史渊源。

苏北治淮总指挥部驻地在安家巷西侧，原是盐商院落。扬州地方为更好地支持治淮工程，将设于东关街化济所（又名花旗所，现不存，旧址位于治淮礼堂）的苏北干校和安家巷至北城根（今盐阜东路）方圆约4公顷土地，连同准提寺，作为总指挥部用房和建设基地。当时治淮大院新建治淮礼堂、办公大楼和十几幢办公用房。苏北所有治淮工程的规划设计与施工指令，都从东关街苏北治淮总指挥部发出。中央人民政府水利部顾问、苏联水利专家布可夫曾住此地。1953年1月，苏北治淮总指挥部更名为江苏省治淮指挥部，1956年9月迁驻南京，后并入江苏省水利厅。

治淮礼堂

位于盐阜东路6号治淮新村内。始建于20世纪50年代，是苏北治淮总指挥部的大型集会场所。为治淮工程需要，苏北治淮总指挥部在原化济所建设治淮礼堂，面积约3000平方米，建筑标准很高，富有民族特色。建筑细节处理尤足称道，廊柱、地坪均用彩色水磨石，窗户、门户均为彩色玻璃。治淮指挥部、扬州机关大型活动大都在这里举行，还常有文艺演出。20世纪70年代翻建，扩大舞台，更名为文化会堂，成为扬州市区影剧院之一。2000年前后，改造为乒乓球、羽毛球俱乐部场馆，今旧貌犹存。

治淮新村

因位于治淮指挥部旧址得名，西邻个园。1956年治淮指挥部迁往南京，原指挥部用房渐为指挥部下属单位和扬州机关使用，成为宿舍区。新村面积约5公顷，20世纪70年代所建二至三层楼房及90年代所建五至六层楼房，约有30幢，另有若干老式平房，居民约480户。北门为新村主门，位于盐阜东路6号，可通行小型汽车。南门位于剪刀巷45号，通前、后安家巷至东关街。新村内主要历史遗存有准提寺、治淮礼堂。2012年4月，治淮新村启动老小区改造，是年8月完工。现个园社区服务中心驻新村内。

周边遗迹

苏北治淮总指挥部设在东关街，其机构与设施分布在指挥部四周。治淮大院以北建有工地医院，原址位于沿河街51号，后为扬州市第四人民医院，现为扬州486非物质文化遗产集聚区A区。勘测总队基地，原址位于石狮子四巷，现为江苏省淮河入江水道工程建设管理局、水利宾馆等。治淮大院以南建有治淮招待所（位于东关街250～262号和剪刀巷2～6号）以及基建工程处、宿舍大院等。还有许多当年与指挥部关联的机构单位，如江苏省水利学校、省水利建设公司、省水利勘测设计院、省水利机械制造厂等，至今仍分布于扬州市区。

市语浅释

一地有一地的方言，一街有一街的俗语。这些方言俗语，有些可考诸典籍，多数无史料可稽。从方言俗语之中，可以窥见乡土风物、一方风气、地域风情。

方言

八怪：原指言行异常的人，后指清代以金农、郑燮为代表的扬州画派，指其标新立异，卓尔不群。

虚子：大惊小怪，以少报多，虚而不实之意。

小雅：有限地享受生活。

聚聚：小范围的朋友聚会，常指吃喝。

井干：“怎干”之转音，怎么样的意思。

好佬：指在某一方面有特殊表现的人，表面上是夸奖，实际上是贬义。

辱绝：讽刺、嘲笑。

维情：还情，回报。

一式：索性，干脆。

霞子：小孩子，“细伢子”的快读。

促刮：狡诈，阴险。

逸当：安逸，闲适，稳当。

烹缸：意同拎缸，恐吓之意。

脾家：脾气，性子。

毛仓：俗指纸钱。

伙傢：对熟人的随便称呼，“伙计啊”的快读。

榷簧：指言语冲突。

搭浆：质量马虎，标准下降。多指办事敷衍了事、搪塞应付。

作兴：可能、或许、应该。

马马：谓老婆、妻子。

起毛：有意见，发牢骚。

刁枭：仅存的硕果，稀罕的宝贝。

带舵：比喻说话委婉，打圆场。

刷括：干净，利落。

不显：不知不觉。

木竹：迟钝，愚蠢。

拿乔：装模作样，或故作难色。

老扎：老成，成熟。

扬盘：或作“洋盘”。不懂装懂，或只图外表而不讲实际。旧时沪语嘲扬州人假充内行。

七寸子：手腕，比喻要害部位。

里外里：口语，犹言“横竖横”“亡死亡”（吴语），“他对他”（扬州话），意为不管怎么样。

门籍子：门户，门头。

绕门经：形容做事马虎、敷衍，做做样子，走走过场。

马子巷：旧时扬州人家的卧房中，在大床与墙壁之间有一条狭巷，内置马桶，巷口用帘子遮挡，称为“马子巷”。

隔年陈：岁时饮食风俗。年前备好一切食物，年后数日不吃新做的饭菜，以示富足。

焐焐心：温暖温暖胸膛。

促刮痨：指恶作剧、损害人的人。

梦屑屑：懵懂、怔忡，像做梦一样。

嫩秧子：形容初出道的人。

假做趣：假意推辞、谦让。

别别窍：特殊的东西，特别的技巧。

锅边锈：形容只能待在家里，不能见世面。

行行的：正在进行之中。

穿店巷：从人家房子中间经过的巷道。

结不熟：骂小孩长不大。

做拦停：拉架，劝解，调解纷争。

趣格格：自我感觉特别好，并在他人面前显摆。

鬼马刀：小聪明，小技艺。

异怪兽：有怪癖好、不合群的人。

凉月子：月亮、月球。

烂板凳：形容人久坐不走、唠叨不绝。

陆陈行：旧时称粮行，一作“六陈行”。

皮五辣子：原是扬州评话《清风闸》中的人物，借指言而无信、讹诈欺骗的现象。

沾毛变色：指因一点小事就变脸。

倚打六歪：半真半假，借机行事。

抖嘴花子：说闲话，逗趣儿。

离汤离水：形容人际关系不融洽、不协调。

叠角崭方：形容物体外形整整齐齐。

六不搭对：驴唇不对马嘴，风马牛不相及。

不得过生：不会了结，不能放过。

得福不搁：得到福气，自己还不觉得。“搁”为“觉”之转音。

一递一天：一天一天地轮流交替。

塞鼻塞眼：形容东西堆放满了，没有一点空隙。

小大娘子：指已经结婚但年纪尚轻的女子。

苟结苟绉：结结巴巴，断断续续，形容能力低下。

带谎儿说：夸张些说，夸大点说。

看人兑汤：对不同人采用不同态度。

马惶麂躁：心神不定，焦躁不安。

忤而不轨：不上正路，歪门邪道。

人头上接钱：形容生意极好，顾客很多，争着付钱。

热说大三光：胡说八道，发烧时说的话。

教教你的乖：教你学会窍门。乖，窍门、诀窍。“教”音［gāo］。

定法不是法：凡事不能预先确定，必须随机应变。

俗语

盖住盒子摇：瞒住真相，掩盖事实。

顺他毛儿抹：对强势者百依百顺，言听计从。

闷声大发财：不事声张，暗中获利。

破布衲子嘴：形容语言琐碎、说话唠叨。

顺嘴打哇哇：一作“顺嘴打歪歪”。随嘴喊好，引申为瞎起哄、喝倒彩。

把门框子狠：在家门口称雄，出门就不行了。

猫三天，狗三天：指新生儿出世后表现不稳定，有时安静，有时哭闹。

你生姜，我皂角：彼此争斗，互相抵触。

江都县，现管现：扬州府城旧时包含江都县城、甘泉县城，老百姓有事通常不找扬州府衙门，而是找江都县衙门，故云。亦作“江都县，甘泉县，现刮现”。指没有长远目光，追求眼前利益。

皮包水，水包皮：扬州人风俗，早上爱泡茶馆，晚上爱泡澡堂，号称“早上皮包水，晚上水包皮”。

醋滴到脑子里：犹言打翻醋坛子。

没得牢坐找牢坐：指没事找事做。

宁卯一庄，不卯一家：宁可漏掉一个庄，不可漏掉一个人。

又是龙灯又是会，又是老奶奶过八十岁：意为许多事情凑到一起。

堂前无字画，不是旧人家：扬州俗语，意为世家堂前皆有名人字画，如果没有名人字画就称不上世家。

歇后语

霸王请客——硬上：形容强行做一件事情。

牢门口的匾——后悔迟：旧时京城行刑多在宣武门外菜市口，门洞内刻有三个大字“后悔迟”。

蚊子叮菩萨——认错人了：菩萨为泥塑木胎，蚊子没法叮咬，形容认错对象。

师姑养儿子——众人扶持：一事之成，须靠大家协助。

教场的旗杆——独一根：形容只有一个，别无其他。

多年的厨刀——老口：意为资历很深而说话老辣。

水缸里菩萨——定定神：水缸里的水，须加矾搅动，待泥沙沉淀，水才能变清。这句话是说，人经躁动之后，应该安静下来。

驼子跌跟头——两头不着实：形容办事考虑不周，两头不讨好。

茅山上菩萨——照远不照近：茅山位于江苏句容，道教圣地，传说茅山神仙灵验，越远越灵。

屋脊上支锅——冲家：支锅即安置锅具，本应选择平稳的灶膛。在屋脊上支锅，形容不稳当。

歪猫子卖茼蒿——后首翘（俏）：意为越到末尾越好。

床肚里养仙鹤——食好吃，头难抬：比喻为了生存，不得不低头。

锅铲子修鸡眼——疼死了：修鸡眼本是细活，必须用修脚刀，用锅铲子修鸡眼必然疼痛。

坊间轶闻

千百年来，东关街民间故事流传不断，其中或有史实的影子，但已掺入想象的成分。东关有人烟的历史，远可追溯到汉代后土祠，民间故事从隋炀帝看琼花直到扬州八怪，彰显了东关民间文学的魅力。

隋炀帝琼花入梦

东关街区的琼花观，传说和隋炀帝有关。相传隋朝时，扬州开了一种十分奇怪的花——琼花。一天夜里隋炀帝做了一个梦，梦见一朵非常漂亮的花，但是不知道叫什么名字，产在什么地方。醒来后他命人把梦中的花画成图，张皇榜寻找认识者。正好在扬州见过琼花的王世充看到皇榜，便揭榜进宫，对隋炀帝说："陛下，图上所画之花叫作琼花，生在扬州。"隋炀帝听后，很想一见，但是他离扬州路途遥远，陆路交通很不方便，怎么办呢？便发动数百万人，开凿大运河，隋炀帝乘着龙舟从洛阳直通扬州。龙舟有四层楼高，一百多个房间，还有宽敞的大殿。隋炀帝与皇后、嫔妃、大臣一路下扬州，待到了扬州，不料满树琼花皆落，隋炀帝始终没有看到琼花的芳姿。原来，通人性的琼花讨厌暴虐的君主，自行凋谢败落，不让他看，隋炀帝大失所望。隋炀帝因没有看到琼花，一怒之下，砍倒琼花树，树枝四处飞扬，变成七十二路义军，共同反隋。不久，炀帝死，隋朝亡，琼花重新开放，这琼花就在东关街南的琼花观里。

安麓村爱画如命

安麓村，名岐，字仪周。安麓村在天津、扬州做盐商，可谓腰缠万贯。他平素最爱收藏。乾隆帝收藏过、现存天津艺术博物馆的镇馆之宝、宋画神品《雪景寒林图》，就曾在安岐之手。安岐在《墨缘汇观》中对此画有著录和赏评，画上钤有"麓村"印。因安岐富收藏、精鉴赏，所以天津、扬州等地的收藏家经常求其鉴定书画，古董商也争相与他做生意。安岐将珍稀藏品著录于《墨缘汇观》书中。著录的法书始于三国魏钟繇《荐季直表》、西晋陆机《平复帖》，止于明代董其昌；名画始自东晋顾恺之《女史箴图》、隋代展子虔《游春图》，亦止于明代董其昌。书中记叙纸绢材质、作品内容，凡题跋、印记、装裱、纸绢、尺寸，一一俱全，治学严谨，鉴别认真，叙述简当，为同类书中精审之作。

吴敬梓戏语成真

吴敬梓的《儒林外史》是古代杰出的讽刺小说。《儒林外史》最早刻于扬州，书中写扬州的内容不少，特别写到扬州盐商。吴敬梓，安徽全椒人，后来移家南京，做秦淮寓客。吴敬梓有扬州情缘，至少到过扬州6次，生前最后几年常住扬州。他到扬州的时候，住在琼花观附近，常常游逛琼花观，边看风景，边喃喃自语："人生只合扬州死。"这句诗本是唐代诗人张祜《纵游淮南》中的名句："人生只合扬州死，禅智山光好墓田。"诗人以此极言扬州之美。吴敬梓天天叨念这句诗，据说某天晚上，吴敬梓与友人聚会，谈兴甚浓，告别后十分兴奋，回来又吃了一壶酒。不料猝然痰壅，不及救治，溘然长逝。他生前常常念叨"人生只合扬州死"，却不幸言中。

叶画师彩绘《九日行庵文宴图》

《九日行庵文宴图》是描绘东关街马氏盐商文宴的名作，作者是清代苏州画家叶震初。清乾隆八年（1743）重阳佳节，马氏兄弟和全祖望、厉鹗、闵华、张四科、程梦星、陈章、王藻等在城北天宁寺行庵雅集。行庵地虽不足一亩，环境却清幽闲适，悬挂仇英白描的陶渊明画像，以黄花、白酒为清供。雅集主题是"人世难逢开口笑，菊花须插满头归"。参与者分韵赋诗，宴游终日。后由叶震初绘成《九日行庵文宴图》，上题各人诗作，厉鹗作了《九日行庵文宴图记》。图为绢本设色，辗转流传，今藏美国克利夫兰艺术博物馆。

拙老人楷书《十三经》

蒋衡曾在琼花观手书《十三经》。蒋衡，清代金坛人，字湘帆，书法

《九日行庵文宴图》

家，以小楷冠绝一时。扬州大明寺大门东墙上“淮东第一观”五字，为蒋衡在琼花观所书。蒋衡立志写经，历时十余年完成数十万字手书《易经》《尚书》《诗经》《周礼》《仪礼》《礼记》《左传》《公羊传》《穀梁传》《论语》《孝经》《尔雅》《孟子》13部儒家经典，即《十三经》。为了专心写经，远离闹市，他长期住在琼花观。两淮盐运使卢见曾非常赏识这部字迹工整隽秀的手书，将全书运至盐运使司妥为保管，并作《扬州杂诗》赞颂说：“江南老拙旧风流，十载蕃鳌一砚秋。石室他年传御榻，游人争上写经楼。”扬州盐商马曰璐花费千两白银，将这部书装潢成300册50函。后来江南河道总督高斌将此书呈皇上御览，乾隆帝十分赏识，赐蒋衡国子监学正一职，下旨将全文镌刻石上，使其永不磨灭。石刻今存北京孔庙和国子监之间的夹道里。

金冬心白头流寓

扬州八怪之一金农，号冬心先生，浙江钱塘人。晚年在东关街三祝庵潜心作画，卒于庵中。金农无后，料理他丧事的是弟子罗聘等人。罗聘整理编辑《冬心先生续集》，在后记中谈到金农“殁于扬州佛舍”，就是指三祝庵。金农有一首绝句作于去世前不久，是游览扬州东郊后之作，诗云：“不与人游爱独游，世间何物可勾留。有情只有东郊上，短草枯杨子母牛。”就字体来看，笔墨已不听手腕使唤，不比几年前的书法古拙倔强。

郑板桥墨笔有神

东关街有许多郑板桥的故事。郑板桥满腹才华，出口成章。清康熙、乾隆年间（1662—1795），东关街有一座爱园，园中有百尺梧桐阁，还有千年枸杞根，此园为京官汪懋麟所居。郑板桥为爱园题联：“百尺梧桐阁；千年枸杞根。”妙手偶得，浑然天成。又题一联：“百尺高梧，撑得起一轮月色；数椽矮屋，锁不住五夜书声。”气魄宏伟，切合园景。郑板桥又为马氏小玲珑山馆题联：“咬定几句有用书，可忘饮食；养成数竿新生竹，直似儿孙。”有一天，郑板桥到马曰琯家赴会，时当大雪，郑板桥咏道：“一片两片三四片，五六七八九十片。千片万片无数片……”诸人大笑，以为词穷，最后板桥不慌不忙地说：“飞入梅花都不见。”众人大惊，叹为奇才。

汪近人一目看梅

汪士慎（1686—1759），清代著名画家，书法家。字近人，号巢林、溪东外史等，汉族，安徽休宁人，寓居扬州。

工分隶，善画梅，神腴气清，墨淡趣足。暮年一目失明，仍能为人作书画，自刻一印云：“尚留一目看梅花”。后来，双目俱瞽，但仍挥写，署款“心观”二字。有《巢林集》。

汪士慎工诗及八分书，画水仙、梅花清妙独绝。金农谓其画梅之妙，与高西唐（翔）异曲同工。汪士慎“画繁枝，千花万蕊，管领冷香，俨然灞桥风雪中”。西唐“画疏枝，半开蝉朵，用玉楼人口脂，抹一点红，良缣精楮，各臻其微”。汪士慎老而目瞽，好茶成癖，为人画梅，或作八分书，工妙胜于未瞽时。精篆刻，与张潜乙、金筋齐名。

高西唐取法石涛

高翔（1688—1753），字凤岗，号西唐，又号犀堂、西堂、樨堂等，别号山林外臣，擅画山水花卉，间作佛像人物。篆刻与汪士慎、丁敬齐名。又与高凤翰、潘西凤、沈凤并称“四凤”。高翔少年时期崇尚石涛，后与石涛结识为友，常相往来，情谊深长，受益颇深，是石涛的挚友和忠实追随者。

高翔嗜酒，晚年时由于右手风痹残废，常以左手作画。与石涛、金农、汪士慎为友。清朝的李斗在《扬州画舫录》中有过这样的记载：“石涛死，西唐每岁春扫其墓，至死弗辍。”

高翔山石常以“披麻皴”画出，苔点恰到好处，很少渲染，笔法简练，墨色淡雅，有空灵之感。树干常用双钩技法，树叶或圈或点，墨色清润。

高翔除擅长画山水花卉外，也精于写真和刻印。他的山水画取法弘仁和石涛，所画的园林小景，大多是从写生中来。金农、汪士慎诗集上的小像就是高翔的手笔，线描简练，神态逼真。著有《西唐诗钞》。

布衣高士杨已军

杨法（1696 — ？），字已军，号孝文、孝稚，又号白云帝子，江苏南京人，寓居扬州。

他布衣终身。工书善画，亦精刻印。所书篆、隶、行、草，奇古苍劲，别具一格。篆书多用曲笔与颤笔，笔意高古；隶书与金农之漆书类似，古拙冷硬，布局奇特；行书则疏朗灵动，极有章法。长于花卉，潇洒清逸，颇有韵致，与华岩相类。其书名大于画名，绘画作品流传亦极少。

殷如璋科场清风

殷如璋是清代同治进士，家住东圈门。殷家是书香门第，远祖殷峤是唐代开国元勋之一。殷如璋与鲁迅祖父周福清同科，中进士后点为庶吉士，任翰林院编修。时值慈禧太后六十大寿，清政府增加一次恩科乡试，殷如璋被选为浙试主考官。是年，周福清受乡里之托，更为儿子周凤仪走上仕途疏通关节，便给殷如璋写信，在苏州等候殷如璋。殷如璋的船抵达苏州阊门不久，有人将名帖和信函送上船，殷如璋拆开信函，见有一万两银票一张，再看书信，竟是同科进士周福清的贿银。殷如璋立即把信函、银票扣下，移交学政审理，并奏报朝廷。结果光绪帝钦判周福清为斩监候，秋后处决。周家变卖家产，向官府层层送礼，改判为牢固监候，即无期徒刑。周家因此由小康转入困顿，家道败落。殷如璋任浙江主考之后，回京城翰林院任职，后升任通政司参议。董玉书在《芜城怀旧录》中用“守正不阿”来评价殷如璋。

谢馥春商标维权

扬州香粉，名扬天下。清道光十年（1830），扬州新开了一家名为谢馥春的香粉店，店主谢宏业。谢宏业家住东关街，既精通香粉业，又精通药材业，他将香粉与草药结合起来，形成自家风格和特色，产品供不应求。不料就在谢馥春蒸蒸日上的时候，一些商家偷偷仿冒谢馥春产品，四处兜售。谢馥春发现后，为防止假冒，用五桶放在柜台上自制成商标，叫“五桶为记”。但很快扬州城里冒出好多“五桶”商标的店家，都出售谢馥春香粉赝品。无奈之下，谢馥春向江都县府告状。县知事接到报案后，下令各家香粉店禁止冒用谢馥春的“五桶”商标。谢馥春在店堂书写启事：“本店城内仅此一家，此外并无分铺，请认清辕门桥谢馥春老铺五桶为记商标，庶不致误。本号主人谨白。”谁知一波刚平，一波又起，很快，从辕门桥到徐凝门两里长的大街上，一下子冒出13家“谢馥春”。谢馥春无奈，再次告到省府，不见回音，干脆告到北洋政府。拖了两年，大理院作出裁决：任何店家不得冒用谢馥春牌号。至此，谢馥春打赢了中国历史上第一宗商标官司。

五桶为记

冬荣园闺秀盈门

冬荣园主人陆静溪系两淮盐运司官员，女儿陆英嫁与合肥张家。其女张允和在《张家旧事》一书开卷写道：“我的母亲叫陆英，原籍也是合肥，因为外祖父做盐务官，才搬到扬州的。祖父在为我爸爸（张武龄）选佳偶时，知道扬州陆家的二小姐贤良能干，小小年纪在家就协助母亲料理家事，托媒人定下了这个媳妇。当时张家在安徽合肥是有名的官宦人家，又要娶名门之女，婚礼自然非常隆重。据说，外婆花了整整一年时间置办嫁妆，东西多得吓死人。光紫檀家具就有好几套，不光新房里是全新的，就连大堂、二堂也都陪嫁了全套的家具。金银首饰更是不计其数。”陆英和张武龄生了九个孩子，前四个是女儿，个个兰心蕙质，才华横溢，分别嫁了4位名人：大姐张元和嫁给昆曲名家顾传玠，二姐张允和嫁给语言学家周有光，三姐张兆和嫁给文学家沈从文，四姐张充和嫁给德裔美籍汉学家傅汉思。

方地山铜钱下定

晚清、民国时期东关街的文化名人方地山，擅长作联，雅言俗语，情文相生，信口而成，闻者惊服，人称“联圣”。方地山常在天津《大公报》发表文章，文名渐著，被直隶总督袁世凯看中，重金聘为家庭教师，教袁氏子弟读经史文章。方地山与袁世凯次子袁克文是莫逆之交。袁克文生母是朝鲜贵族金氏，后被过继到袁世凯大姨太沈氏门下。沈氏对袁克文宠爱有加，百般溺爱，使得袁克文性格变得桀骜不驯，但与老师方地山私谊甚好。后来，方地山将女儿方初观许配给袁克文儿子袁伯崇，师生结成儿女亲家。当时方地山与袁克文冲破世俗，免去聘礼，两家只是交换了珍稀古铜钱，就算完成了定亲之仪。方地山即兴作联：“两小无猜，一个古泉先下定；四方多难，三杯淡酒便成亲。”此联看似平常，却用典精当。“两小无猜”典出李白《长干行》：“同居长干里，两小无嫌猜。”而“四方多难”则出于杜甫《登楼》：“四方多难此登临”。全联用典，自然洒脱，而且以婚事与国事相连，更见立意不随流俗，用笔不同凡响，一时传为文坛佳话。

周嵩尧家训犹存

周嵩尧是周恩来的六伯父，原住东关街广储门，遗墨《周氏家训》至今犹在。周嵩尧，谱名周贻良，先后任淮安府衙文案、总文案，后为邮传部郎中掌路政司。周嵩尧为官清廉，为人正直。《周氏家训》教育家人修德处事，也涉及祭祀、医药等内容。至理名言有："昔人云：'祖宗虽远，祭祀不可不诚；子孙虽愚，经书不可不读。'""人之道德，多为损友所坏。故交朋友不可不慎也。宁寡交，毋滥交。凡甘言媚语、顺我亲我者，切宜远之；但亦不可形诸辞色，以致招怨也。""我平生不喜饮酒，不喜赌博，受用甚大。吾子孙宜戒酒，戒赌，戒食洋烟、纸烟。""谦退和平，为处世第一法。安分守己，为养心第一法。慎嗜欲，节饮食，为卫生第一法。习字看书，人生乐事，适可而止，不必太劳。""非义之财，万不可取。货悖而入，亦悖而出，乃一定不移之理，予所见多矣。贫不可无五顷之田，富不可出十万以外，有余则赡族戚，充善举，多行公益之事。"至今犹裨益后人。

小苑楹联巧受保护

汪氏小苑春晖堂有一副精美的篆写阴刻楹联，上联为"既宜构，亦宜堂，丹雘塈茨，喜见梓材能作室"，取自《尚书·大诰》和《尚书·梓材》篇，赞美小苑用材精致，色彩鲜美，寓意汪氏子女亦可成为栋梁之材。下联为"无相扰，式相好，竹苞松茂，还以雅士咏斯干"，出自《诗经·小雅·斯干》，如竹青翠，如松茂盛，寓意汪氏弟兄互不相欺，融睦相处。此副楹联为扬州书法篆刻家陈含光撰写。楹联能侥幸完整地保存至今，要感谢当时占用汪氏小苑做厂房的扬州制花厂领导和工人。原来，"文化大革命"来临之际，他们得知要来"破四旧"，就巧妙地特制了与楹联同样大小的木制毛主席语录牌，将原楹联替换下来，并深藏到仓库里。于是，这副具有历史价值的楹联幸运地保存了下来。

逸圃瓷画幸得完身

东关街逸圃是一座深宅大院，与苏州曲园仿佛，利用曲尺形隙地布局，形成上下错综、境界多变的建筑布局形态。在东关街改造之前，逸圃内一幢古色古香的二层小楼里的住户，有一件事怎么也放心不下——房屋槅扇门上的牛皮纸下藏着秘密，要有个交代。原来住进小楼时，住户发现两侧木板槅扇门上镶嵌着12幅白色瓷板，绘有花鸟虫鱼国画。风声传出，有文物贩子找上门来，出价1万多元收购瓷板画。住户虽然不清楚瓷板画的文物价值，但觉得这是逸圃的原始物品，不能让它流失。于是住户找来牛皮纸遮住瓷板画，然后用白纸糊好，就这样瓷板画在牛皮纸的保护下“逍遥”了十多年。东关街动迁工作开始后，住户特地请来东关街道领导，撕开牛皮纸，郑重移交12幅完好的瓷板画，还要求市古城办打了张收条。这些瓷板画是晚清制瓷大家金品卿创作的瓷画艺术精品，具有较高文物价值。国内像此类数量多、保存完好的瓷板画非常少见。这批瓷板画已成为逸圃的镇园之宝。

千年一瞥

世事沧桑年复年，东关青史著长编。

提纲挈领撮其要，说与诸君好溯源。

在历史长河中，东关街历经无数风雨。东关街区始建后土祠，自西汉至今，已历经2000年。街衢市肆的出现，即便从唐代算起，也有千余年。这里选择部分要点，勾勒东关街演变的史略。

西汉元延二年（前 11）始建后土祠

西汉元延二年（前 11），在今东关街南始建后土祠，供奉后土娘娘。唐中和二年（882），高骈镇守扬州，在祠南建三清殿，供奉道家神仙，改称唐昌观。北宋政和年间（1111—1118），取《汉书·郊祀歌辞》中“唯泰元尊，媪神蕃釐”之义，改名蕃釐观。世人因观中有琼花，俗称琼花观。琼花观旧有三清殿、玉钩井、琼花台、芍药厅、深仁祠、玉皇阁、西雷坛、写经楼、无双亭诸建筑，后来陆续有所增毁。现有石坊、观门、大殿、廊房、琼花台、无双亭、聚琼轩和玉钩井等景观。

隋仁寿四年（604）供奉二郎庙

隋仁寿四年（604），扬州人在东关街北段建二郎庙，祀隋嘉州太守赵昱。据清乾隆《江都县志》载：“二郎庙，在东关马草街，祀隋嘉州守赵昱。”相传，嘉州太守赵昱斩蛟除患，平定水灾，民感其德，奉其为二郎神。扬州人祭祀赵昱，也是因为东关街近水，祈求保佑免遭水灾的缘故。

二郎庙南巷

罗城设东门

唐代扬州两次筑罗城。一次是建中四年（783），淮南节度使陈少游率兵自盱眙奔赴广陵，“深沟高垒，缮甲完守”；另一次是乾符六年（879），淮南节度使高骈镇守扬城，“缮完城垒”。两次修城，东关均有城门。城门地址约在今东关街与新古一巷交会处，历五代、北宋、南宋、元代，明清时城门东移至今泰州路与东关街交会处，仍与唐代罗城东门在同一东西轴线。今东关城门系重建。

东关城门

恭立双忠祠

南宋德祐二年（1276），抗元将领李庭芝、姜才战死，扬州人为纪念英烈，建立双忠祠。祠在东关街南侧，三祝庵附近，现剩照壁。李庭芝，湖北随州人，因才干出众，朝廷命他镇守两淮。李庭芝初到扬州时，扬州刚遭兵燹，烽火连天，哀鸿遍野。为恢复经济，李庭芝免除百姓赋税，让百姓重建家园。南宋朝廷降元后，诏谕李庭芝投降，李庭芝大义凛然，拒绝降元。姜才，安徽濠州人。忽必烈南下时，姜才率部迎战，因寡不敌众，退守扬州。姜才在扬州以攻为守，先战三里沟，打败元军，再战扬子桥，又获胜利。李庭芝、姜才落入元军之手后，宁死不屈，一同殉国。

客卿马可·波罗与扬州

元至元八年（1271），意大利人马可·波罗随父亲和叔父从威尼斯出发到中国经商。三年后到达中国，受到元世祖友好接待，在中国居住17年之久。其间，马可·波罗游历各地，据其自述在扬州任职三年。后奉元世祖之命出使波斯，返回威尼斯。他回国后，写成《马可·波罗游记》，以热情洋溢的语言介绍中国的富饶和文明，引起西方世界对东方的向往。今东关街东首有马可·波罗纪念馆以及马可·波罗骑马进城的雕塑。

马可·波罗雕塑

修建武当行宫

该建筑始建年代不详，因供奉真武大帝，原名真武庙。明宣德三年（1428），扬州知府陈贞在东关街原址上重建。明嘉靖四十三年（1564），安徽含山人耿氏在该庙立“武当行宫”石碣，用以祈雨。清咸丰三年（1853），武当行宫除大殿外，均遭兵火圮废，清光绪年间（1875—1908）海州分司徐绍恒重修。清光绪二十八年（1902），在武当行宫兴办仪董学堂。此后，在仪董学堂旧址先后兴办东关小学、东关第二小学和艺蕾小学。武当行宫占地面积3000平方米，现存主房前后三进，古银杏三株。

武宗南巡与臣止马桥

明正德十四年（1519），武宗朱厚照南巡扬州，自东关街入城，特设“臣止马桥”，以警戒百官与百姓在此下马，后以音误称为“陈芝麻桥”。桥址在今东关街薛家巷口，路中旧有土坡隆起，《同治府城图》标注即为“臣止马桥”。

抗倭与新城

明嘉靖三十四年（1555），扬州知府吴桂芳议筑新城，以便保卫东关一带商民。吴桂芳，江西新建人，嘉靖进士，先在礼部任职，后升任扬州知府。所筑新城在扬州旧城之东，东关街周边旧有利津门、便益门、广储门，均为新城城门。《明史》载:“扬有二城，自桂芳始。”东关街在唐代属于罗城之内，明初已处于旧城之外。嘉靖年间，倭寇入侵，东关街商民惨遭劫掠。为抗倭保民，士绅建言在城东增筑新城，将东关街纳入新城之内。

清康熙五十三年（1714）建立礼拜寺

清康熙五十三年（1714），古都伯丁第二十四世孙古元秉于东关街马监巷建礼拜寺。扬州历来多阿拉伯商人，礼拜寺即为交流见证。《扬州画舫录》载：“马监巷通三祝庵，街西为礼拜寺巷。”礼拜寺原有牌坊、门厅、照厅、礼拜殿等，现存大殿两间，有两株苍老而矫健的银杏高高矗立。寺内原有怀清井，俗称七姑奶奶井。1932 年，中国回教学会成员、扬州人刘彬如与花汝舟在礼拜寺成立中国回教经书编译所，专事伊斯兰教典籍《古兰经》编译。礼拜寺为扬州市文物保护单位。

清康熙六十年（1721）复修准提寺

清康熙五十九年（1720），东关街北的准提寺倾圮。康熙六十年（1721）春，官员孙仲彝等人捐金修葺，准提寺得以恢复。准提寺原名准提庵，据清孙仲彝《纪准提庵》载，准提寺是在明疏理道旧址上所建。清兵破扬州城后，火烧准提寺大殿。清嘉庆十一年（1806），浙江巡抚阮元在东关街二郎庙发现宋代三公石残碑，将其置于准提寺保管。

朝鲜人安岐迁居东关

安岐，朝鲜人，清朝著名盐商与收藏家，因其富收藏，著有《墨缘汇观》一书。安岐及其父安尚义曾是权相明珠家臣，因在天津、扬州业盐，成为豪富。安岐故宅在东关街北，占地甚广，其地今名安家巷。安岐在扬州与山西巨富亢氏齐名，时称“北安西亢”。

乾隆皇帝嘉奖马氏进书

清乾隆三十八年（1773），为编纂《四库全书》广征天下藏书，谕令军机大臣派两淮盐政查访扬州马氏藏书，称“淮扬系东南都会，闻商人中颇有购觅古书善本藏者，而马姓家蓄书更富”。《乾隆三十九年五月十四日上谕》写道：“今阅进到各家书目，其最多者，如浙江之鲍士恭、范懋柱、汪启淑，两淮之马裕四家，为数至六七百种，皆其累世鲲藏，子孙克守其业……”马氏因此荣获乾隆恩赐《古今图书集成》。

清嘉庆二十三年（1818）黄氏建个园

清嘉庆二十三年（1818），两淮盐业商总黄至筠购明代寿芝园旧址修葺个园，其地在东关街北。清人刘凤诰《个园记》载：“园内池馆清幽，水木明瑟，并种竹万竿，故曰个园。”清咸丰年间（1851—1861），个园遭兵燹。清同治年间（1862—1874），个园为丹徒盐商李文安所有，后李家负债，又归徐宝山所有。该园与北京颐和园、承德避暑山庄、苏州拙政园并称“中国四大名园”。

美国传教士与神在堂

清光绪三十四年（1908），美国传教士韩忭明在美籍会长沈克礼的协助下，于东关街北建立基督教神在堂，属圣公会教派。1924 年，改建成新教堂。1946 年，抗日战争刚结束不久，扬州缺医少药，联合国救济总署苏宁分署、美国援华会赠给神在堂病床、药品、奶粉、毛毯、衣服等。神在堂北侧即为教会学校美汉中学所在地。

朱自清《背影》寄往仁丰里

《背影》初版封面

1928 年，朱自清第一本散文集《背影》出版。是年秋日，朱自清将此书寄往东关街北侧仁丰里家中，请父亲朱鸿钧览读。《背影》所写，是 1917 年冬因祖母病逝，朱自清与父亲从徐州返扬州奔丧，而后朱鸿钧在浦口火车站送朱自清北上诸事。朱鸿钧在仁丰里寓所第一次读到儿子的文章，热泪盈眶。

1952年苏北治淮总指挥部入驻东关街

1951年，毛泽东发出“一定要把淮河修好”的号召。是年11月，苏北治淮工程指挥部成立，次年1月更名苏北治淮总指挥部，6月自淮安迁驻扬州。总指挥部设在东关街282号大院，位于东关街北中段，原为盐商私第，南宅北园。总指挥室为五间两厢别墅式庭院，东侧为办公楼。总指挥室后新建白色五开间大厅，为总工程师室，苏联援华水利专家布可夫住在这里。为支持治淮工程，后将安家巷至北城根（盐阜东路）方圆600多亩土地，连同准提寺，一并划给治淮总指挥部。总指挥部在东关街建治淮大礼堂（今文化会堂）、工地医院（后为市第四医院）和勘测总队。其地现名为治淮新村。

2000年新筑东圈门

明正德十五年（1520），两淮盐运使李锐为拱卫两淮都转盐运使司衙署，而新建东圈门、南圈门、北圈门。东圈门又名宾阳门。圈门以西为东圈门内，圈门以东为东圈门外，贯穿圈门之街称东圈门街。原先街长约620步，街宽6步，街心以麻石板铺路，后改为水泥砂浆路面。2000年整修街道时复建城楼，重铺石板。东圈门街在东关街南，与东关街平行。

2006年扬州市名城建设有限公司成立

2006年，中共扬州市委、扬州市人民政府组建扬州市名城建设有限公司，国有独资，是扬州古城建设投融资主体，具体负责古城保护项目的实施。主要职能是古城保护和建设融资、古城保护项目实施、古城旅游资源开发利用、房地产开发和实业投资及管理等。公司成立之后，围绕古城保护工作，高水平设计，高标准建设，高要求管理，高质态运营，顺利完成一大批古城保护项目，在保持古城传统格局和风貌、传承和展示扬州历史文化、改善老城区居住环境以及提升城市文化品位等方面作出积极贡献。

2010年东关街被评为“中国历史文化名街”

2010年，文化部和国家文物局将东关街评为“中国历史文化名街”。扬州是国家首批公布的历史文化名城，也是通史式城市，明清古城至今保存较为完整，东关街则荟萃了古城精华。东关街东起古运河，西至国庆路，南临文昌中路，北依盐阜东路，占地面积83.43公顷，常住居民万余人。有市级以上文物保护单位18个、重要历史古迹20多处。东关街的人文古迹佐证着扬州城市的历史，保留了扬州盐业的遗迹，同时讲述着扬州人民不屈抗争的

“中国十大历史文化名街”东关街揭牌仪式

骨气和节义，成为扬州城市的人文精神象征。东关街是扬州园林甲天下的缩影和写照，也是扬州古城保护理念提升的见证。

2011 年联合国副秘书长安娜考察东关街

2011 年，联合国副秘书长、人居署执行主任安娜·蒂贝琼卡到扬州考察。安娜先后考察瘦西湖、东关街，参观宋夹城遗址公园和东门遗址广场，以及小盘谷、阮元家庙等地。安娜表示时光飞逝，四年时间过去了，再次回到扬州，她亲身见证了扬州的出色发展。扬州不仅经济得到了发展，而且古城保护也做得很好。安娜认为扬州对其他城市有非常重要的借鉴意义。

联合国副秘书长安娜（中）在东关街

2013 年东关街被评为国家 AAAA 级旅游景区

2013 年，全国旅游景区质量等级评定委员会正式批准东关历史文化旅游区为国家 AAAA 级旅游景区。东关历史文化旅游区，亦称扬州“双东”历史街区，系指东关街、东圈门历史街区，位于扬州明清古城区，拥有深厚的文化底蕴和丰富的人文资源。东关历史文化旅游区为创建国家 AAAA 级旅游景区，在旅游基础设施、配套服务、旅游标识、导览系统、公共信息、文化内涵等方面下足功夫，如新设中、英、韩三种文字巷牌，树立表现传统民俗的街头铜铸雕塑小品，编撰出版《东关文丛》等。2012 年 11 月，国家旅游景区质量等级评定委员会专家组对东关历史文化旅游区创建国家 AAAA 级旅游景区工作进行评定验收，认为东关历史文化旅游区底蕴深厚，配套完善，特色明显，堪称大运河沿线城市保存最好的历史文化名街旅游区。

国家AAAA级旅游景区石碑

2019 年中央电视台拍摄东关街专题片

2019 年，中央电视台因《中国名街志 · 东关街志》的编纂，专程到扬州拍摄专题片《扬州东关街——千年繁华地　满街忠义情》，从不同视角展现东关街的历史、人文、经济、风情。主持人孙亚鹏从扬州美食入手，追溯了春秋时期吴王开凿邗沟以来的扬州建城史。其间，杨永宾介绍了东关街的概况，

韦明铧（左）接受中央电视台记者采访

韦明铧回顾了双忠祠的价值，余志群讲述了盐商的历史，吴家兴谈到了盐商办义学的意义，朱小涛回忆了祖父朱自清的故事。片尾说：“千年不息的大运河，载着扬州城的这份忠义精神从历史驶来，在驶向未来的航程上，扬州还在创造新的历史。”

2020 年扬州市广陵古城管理委员会成立

2020 年 9 月，扬州市广陵古城保护利用工作领导小组、中共扬州市广陵古城工作委员会、扬州市广陵古城管理委员会同时成立，标志着广陵古城保护复兴工作开启新篇章，进入更加科学化、规范化的轨道。广陵古城位于扬州市中心地段，占地面积 5.09 平方公里，30% 以上的区域为完整风貌区，是国内少数保存完好的古城之一。这里有隋、唐、宋、元、明、清各代重要历

扬州市广陵古城管理委员会成立

史遗存 267 处，其中全国重点文物保护单位 6 处、省级文物保护单位 10 处、市级文物保护单位 114 处。东关街是广陵古城保护复兴的样本，扬州市广陵古城管理委员会成立后，将全方位整合古城优质资源禀赋，积极引进发展民宿客栈、文化创意、旅游休闲等适合古城的新业态，打造一批网红打卡地、“非遗”体验区等文旅新亮点，争创国家 AAAAA 级旅游景区。

附录

扬州市军事管制委员会通令（1949）

管字第一号

卅八年二月十日

保护名胜古迹图书古物乃我党我军与人民政府素所奉行之政策，毛主席在论联合政府中有明确训示，中国土地法大纲亦有明文规定。扬州为我国有名古城，名胜古迹、图书古物遗留极多，此乃我民族文化之珍贵遗产，我党政军民团体应对所属人员进行教育，提高到党的政策上来认识，不独应率先倡导，加意爱惜，且应严格保护，防止任何人破坏。近查市区少数园亭及图书古物已有破坏之现象发生，此实我保护不力之所致，殊属可惜。为此，除布告外，特再通令各部，尤其是文教部门，应负责调查，严格保护，并转饬所属一体重视为要。

此令

主任　刘先胜

副主任　陈光　宋学武

扬州古城保护条例（2016）

2016年10月26日扬州市第七届人民代表大会常务委员会第三十一次会议制定

2016年12月2日江苏省第十二届人民代表大会常务委员会第二十七次会议批准

第一章　总　则

第一条　为了加强扬州古城保护，继承和保护优秀历史文化遗产，根据《中华人民共和国城乡规划法》《中华人民共和国文物保护法》、国务院

《历史文化名城名镇名村保护条例》《江苏省历史文化名城名镇保护条例》等有关法律、法规，结合本市实际，制定本条例。

第二条　在扬州古城居住、游览和从事生产经营、工程建设、旅游开发以及保护管理等活动，适用本条例。

第三条　本条例所称扬州古城是指扬州城各个历史时期不断演进形成的城市遗存。

扬州古城范围为：东至唐子城东护城河、黄金坝路、古运河一线，南至古运河、二道沟、荷花池、宝带河一线，西至宝带河、保障河、唐子城西护城河一线，北至唐子城北护城河、上方寺路一线，总面积约18.25平方千米。其中，东至古运河、南至古运河、西至二道河、北至北城河的围合区域为明清历史城区，总面积约5.09平方千米；扬州古城的其他区域为古城遗址区。

第四条　扬州古城保护坚持尊重历史、科学规划、严格管理、合理利用的原则。

明清历史城区以古城风貌形态、地方风土人情为保护重点。

古城遗址区以历代城市空间结构、地上地下文化遗存为保护重点。

第五条　市人民政府负责扬州古城保护工作，将扬州古城保护纳入全市国民经济和社会发展规划、城乡规划。

第六条　广陵区人民政府、邗江区人民政府和蜀冈—瘦西湖风景名胜区管理委员会，负责本区域的扬州古城保护工作。

第七条　市人民政府和广陵区人民政府、邗江区人民政府、蜀冈—瘦西湖风景名胜区管理委员会设立扬州古城保护专项资金，列入本级财政预算。

市人民政府应当制定扬州古城保护专项资金管理使用办法。

第八条　任何单位和个人都有依法保护扬州古城的义务，对破坏扬州古城的行为有权制止、检举和控告。

第九条　鼓励单位和个人通过捐赠、资助、投资等方式，参与扬州古城保护工作。

鼓励发展扬州古城保护公益性组织，为扬州古城保护提供技术、宣传等志愿服务。

第十条　市人民政府和广陵区人民政府、邗江区人民政府、蜀冈—瘦西湖风景名胜区管理委员会应当加强扬州古城保护的宣传教育，对在扬州古城保护工作中做出突出贡献的单位和个人给予表彰、奖励。

第十一条　市人民政府应当每年向市人民代表大会常务委员会报告扬州古城保护工作，依法接受监督。

第十二条　每年的九月二十六日为扬州古城保护日。

第二章　机构与职责

第十三条　市人民政府设立扬州古城保护委员会，负责扬州古城保护工作的统筹、指导、协调、监督。

扬州古城保护委员会履行下列职责：

（一）研究扬州古城保护、管理和利用的政策；

（二）审查扬州古城保护相关规划；

（三）督促扬州古城保护专项资金的落实和使用；

（四）审查扬州古城保护名录；

（五）审查扬州古城保护年度建设项目计划；

（六）指导、协调扬州古城保护方面重大突发事件的处理；

（七）检查、督促广陵区人民政府、邗江区人民政府、蜀冈—瘦西湖风景名胜区管理委员会和市人民政府相关部门的扬州古城保护工作；

（八）市人民政府赋予的有关扬州古城保护的其他职责。

扬州古城保护委员会由市人民政府和广陵区人民政府、邗江区人民政府、蜀冈—瘦西湖风景名胜区管理委员会以及市人民政府相关部门的负责人组成，其产生、任期和议事规则由市人民政府确定。

第十四条　扬州市古城保护办公室（以下简称市古城办）负责扬州古城保护委员会的日常工作，履行下列职责：

（一）组织编制扬州古城保护名录；

（二）编制扬州古城保护年度建设项目计划；

（三）开展扬州古城保护工作的监督检查；

（四）宣传、贯彻有关法律法规；

（五）市人民政府明确的与扬州古城保护相关的其他职责。

第十五条　扬州古城保护相关部门职责：

（一）市规划主管部门负责组织编制扬州古城保护相关规划；组织申报历史文化街区；组织认定和保护历史建筑；查处违反规划许可规定的违法建设行为；

（二）市城乡建设主管部门负责组织编制和实施扬州古城基础设施建设、改造规划；管理扬州古城保护建设工程档案；

（三）市文物主管部门负责组织编制和实施扬州古城范围内文物保护规划；会同规划主管部门提出文物保护单位保护范围和建设控制地带划定方案并按照规定程序报批；

（四）市住房保障和房产管理主管部门负责拟定扬州古城直管公房保护、利用的政策、办法；负责直管公房文物保护单位、尚未核定公布为文物保护单位的不可移动文物、历史建筑和传统风貌建筑的管理、修缮、利用及解危；

（五）市城市管理主管部门负责扬州古城市容市貌和环境卫生管理；

（六）市公安机关对扬州古城消防安全和交通实施监督管理；

（七）市发展和改革委、民政、财政、国土资源、交通运输、水利、文化广电新闻出版、教育、环境保护、旅游、民族宗教、园林、档案、工商等主管部门和市世界遗产保护管理办公室协同做好扬州古城保护工作。

广陵区人民政府、邗江区人民政府、蜀冈—瘦西湖风景名胜区管理委员会应当将扬州古城保护职责落实到所属部门、乡镇人民政府（街道办事处）。

第三章　规划与名录

第十六条　市人民政府依据城市总体规划组织编制和修订扬州历史文化名城保护规划。

市规划主管部门组织编制和修订历史文化街区保护规划、明清历史城区控制性详细规划、古城遗址区控制性详细规划。

相关部门按照保护职责组织编制和修订扬州古城文物保护、历史建筑和环境保护、绿化、防灾、基础设施、停车场等规划。

第十七条　编制规划应当科学论证，广泛征求意见，并经扬州古城保护委员会审查后履行批准程序。

明清历史城区和古城遗址区控制性详细规划应当报请扬州市人民代表大会常务委员会审议。

第十八条　依法批准的规划，应当严格实施，不得擅自修改。确需修改的，规划的组织编制机关应当向原审批机关报告，经同意后方可修改。修改后的规划，应当按照原审批程序报送审批。

第十九条　市人民政府应当建立扬州古城保护名录制度。

扬州古城保护名录包括国务院、省和市人民政府批准公布的保护对象以及依据本条例第二十二条、第二十三条所列内容项下的保护对象。

任何单位和个人都可以向市古城办提出将具有保护价值的对象列入扬州古城保护名录的建议。

编制、调整扬州古城保护名录，由市古城办会同有关部门组织专家论证并向社会公示，经扬州古城保护委员会审查，报市人民政府批准后公布。

市古城办应当建立扬州古城保护名录档案。

第二十条　市古城办应当每三年对扬州古城保护名录组织一次全面评估，并依据评估情况进行调整。

第二十一条　市古城办应当建立扬州古城保护名录信息管理系统，并向社会开放。

市规划、文物、园林、住房保障和房产管理等主管部门按照各自职责，负责收集相关保护对象的完整信息。

市有关部门和广陵区人民政府、邗江区人民政府、蜀冈—瘦西湖风景名胜区管理委员会以及所属的乡镇人民政府（街道办事处）应当配合采集保护对象的历史沿革、历史特征、艺术特征、建筑技术、建成年代等信息。

第四章　保护内容与措施

第二十二条　明清历史城区保护内容：

（一）城市历史风貌形态和空间结构，包括传统路网、街巷体系和历史水系，传统建筑外形、空间布局和色彩，传统地形地貌和绿化空间；

（二）历史文化街区、文物保护单位、尚未核定公布为文物保护单位的不可移动文物、历史建筑和传统风貌建筑；

（三）历代城池遗址；

（四）工业遗产；

（五）古典园林、古树名木、古井、古桥梁、古牌坊、古碑刻；

（六）淮海路、国庆路、渡江路、甘泉路、广陵路的行道树；

（七）历史地名（古街巷名）、历史建（构）筑物名称、商业老字号；

（八）与重大历史事件、重要历史人物有关的遗址、遗迹；

（九）非物质文化遗产；

（十）其他具有保护价值的遗址、遗迹。

第二十三条　古城遗址区保护内容：

（一）战国—六朝广陵城、隋江都宫城、唐子城、南宋宝祐城等城池遗址；

（二）唐罗城、五代周小城、宋大城和宋夹城等城池遗址、遗迹；

（三）古邗沟、古运河、漕河、护城河等历史河道（床）及其桥梁、码头、涵闸、堤坝等设施遗迹；

（四）文物保护单位、尚未核定公布为文物保护单位的不可移动文物、历史建筑；

（五）历史形成的具有保护价值的冈阜、池塘、园林遗址；

（六）探明的古代道路、衙署、寺庙、宫观、驿站、市场、手工业作坊、重要建筑基址、古墓葬等遗存；

（七）历史地名、历史建（构）筑物名称、商业老字号；

（八）其他具有保护价值的遗址、遗迹。

第二十四条　在明清历史城区范围内，禁止下列行为：

（一）破坏或者损害扬州古城传统格局和历史风貌；

（二）破坏或者损害历史文化街区真实性、完整性及环境风貌；

（三）擅自拆除或者损坏文物保护单位、尚未核定公布为文物保护单位的不可移动文物、历史建筑和建筑构件；

（四）擅自占用或者破坏历代城池遗址；

（五）擅自占用或者破坏列入保护名录的古典园林、古井、古桥梁、古牌坊、古碑刻，砍伐、擅自迁移古树名木或者本条例列举的行道树；

（六）擅自占用或者破坏工业遗产；

（七）在文物、历史建筑上涂污、刻划、乱搭乱建或者擅自移动、拆除其保护标志；

（八）擅自挖掘、拓宽、裁弯取直街巷、道路，擅自挖掘地下空间；

（九）新建建（构）筑物危及文物保护单位、尚未核定公布为文物保护单位的不可移动文物、历史建筑或者其他受保护的建（构）筑物、古遗址的安全和利用；

（十）在商业经营活动中使用高音广播喇叭或者采用其他发出高噪声的方法招揽顾客；

（十一）其他涉及明清历史城区保护的违法行为。

第二十五条　在古城遗址区范围内，禁止下列行为：

（一）擅自占用或者破坏历代城池遗址；

（二）擅自挖掘或者破坏已探明的古代建（构）筑物基址；

（三）破坏历史形成的具有保护价值的道路和地形地貌；

（四）擅自挖掘、填埋、破坏、污染历史河道（床）；

（五）工程建设破坏古城遗址区的文物保护单位、尚未核定公布为文物保护单位的不可移动文物、历史建筑的传统格局和历史风貌；

（六）其他涉及古城遗址区保护的违法行为。

第二十六条　扬州古城建设项目应当符合扬州古城保护相关规划，不得突破相关规划确定的控制性指标，并按照基本建设程序报相关部门审批。

市、区城乡建设主管部门应当对扬州古城建设项目实行质量监督管理。扬州古城建设项目应当在规定的时间内组织竣工验收，并向市城乡建设主管部门移交建设工程档案；未组织竣工验收或者验收不合格的，不得再申请古城保护专项资金。

第二十七条　扬州古城内的基础设施的建设以及文物保护单位、尚未核定公布为文物保护单位的不可移动文物、历史建筑的修缮、迁移和重建，应当依照有关法律规定执行。确因扬州古城保护需要，设计方案无法满足现行技术标准和规范要求的，在维持扬州古城街巷肌理的基础上，由扬州古城保护委员会组织规划、城乡建设、文物、消防等部门和所在地的区人民政府或者蜀冈—瘦西湖风景名胜区管理委员会以及专家进行论证，确定适应保护需要的建设、管理和保障方案。

第二十八条　明清历史城区建设活动应当遵守下列规定：

（一）历史文化街区内确需建设的基础设施和公共服务设施应尽可能利用原有建筑物；

（二）建设项目的功能、建筑风格、空间布局、高度、体量、色调等，符合扬州古城的传统格局和历史风貌；

（三）列入扬州古城保护名录的街巷修缮时保持其原有特征；

（四）新建和改造房屋、埋设管线、开挖道路等，依法办理规划、建设、文物保护等手续。

第二十九条　古城遗址区建设活动应当遵守下列规定：

（一）工程选址避开探明的重要地下文物遗址、遗迹；

（二）工程建设施工前按照有关规定报请市文物主管部门组织考古调查、勘探和发掘；

（三）工程建设施工中发现文物或者重要历史遗迹的，立即停止施工，保护现场，并向市文物主管部门报告。

第三十条　国有的文物保护单位、尚未核定公布为文物保护单位的不可移动文物、历史建筑由使用人负责修缮、保养；非国有的文物保护单位、尚未核定公布为文物保护单位的不可移动文物、历史建筑由所有人负责修缮、保养；所有人、使用人不明的由所在地的区人民政府或者蜀冈—瘦西湖风景名胜区管理委员会代管并负责修缮、保养。

尚未核定公布为文物保护单位的不可移动文物、历史建筑的修缮办法由市人民政府制定。

依法出租国有历史建筑时，应当在合同中载明保护和修缮义务。未按照约定的方式使用，致使租赁物受到损失的，出租人可以依法收回使用权并要求赔偿损失。

第三十一条　非国有的文物保护单位、尚未核定公布为文物保护单位的不可移动文物、历史建筑的所有人、使用人应当合理使用建筑物。

依法出租非国有的文物保护单位、尚未核定公布为文物保护单位的不可移动文物、历史建筑时，双方当事人应当在合同中约定保护和修缮义务。

第三十二条　扬州古城内私有产权的传统民居，经批准按照扬州古城传统格局和历史风貌要求修缮、改建的，市人民政府或者所在地的区人民政府、蜀冈—瘦西湖风景名胜区管理委员会可以给予技术支持和适当资金补助。

市人民政府或者广陵区人民政府、邗江区人民政府、蜀冈—瘦西湖风景名胜区管理委员会按照前款规定给予修缮补助的，可以依法约定所有人出售该建筑时，在同等条件下有优先购买权。

第三十三条　扬州古城街巷道路因公共基础设施建设需要挖掘的，建设单位应当提出开挖和修复方案，经相关部门批准后方可实施。

扬州古城内的供水、排水、燃气、电力、通信等地下管网和有线电视等线网设施新建、改造应当与道路改造统一规划、同步实施、入地埋设。入地埋设确有困难的，架空线路及其附属设施应当规范有序。

第三十四条　扬州古城范围内设置店牌店招、户外广告等设施应当与扬州古城历史风貌相协调。

店牌店招、户外广告管理办法由市人民政府制定。

第三十五条　扬州古城消防设施、消防通道，应当按照消防技术规范设置。

明清历史城区内鼓励采用新技术、新材料按照保护要求和技术规范统筹改善消防设施。确因扬州古城保护需要，无法按照标准和规范设置的，由市公安机关消防机构会同规划主管部门、相关区人民政府制定防火安全保障方案，并指导相关单位采取补救措施。

明清历史城区内的单位和商户应当做好消防安全工作，按照要求配备必要的消防设施和器材，确保消防应急通道畅通。

第三十六条　体现扬州历史沿革的地名应当保留。确需更改或者取消的，地名主管部门应当采取听证会、论证会等形式听取意见，并按照相关程序申报。

第五章　合理利用

第三十七条　市人民政府和广陵区人民政府、邗江区人民政府、蜀冈—瘦西湖风景名胜区管理委员会，应当采取下列措施支持和鼓励文物保护单位、尚未核定公布为文物保护单位的不可移动文物合理利用：

（一）通过设立纪念场馆、展览馆、博物馆、遗址保护棚等形式，向公众开放；

（二）有文物保护单位的参观游览场所，应当从门票收入中提取一定比例用于文物保护。

鼓励通过减免租金、放宽承租年限、减免土地使用权续期费用等方式，促进对国有历史建筑的合理利用。

第三十八条　鼓励和扶持民间组织等社会力量对扬州古城优秀传统文化、艺术、民俗等挖掘、收集、整理和研究。

第三十九条　鼓励吸收社会资本，合理利用扬州古城资源发展旅游等相关产业。

单位和个人自愿投入社会资金保护修缮市级文物保护单位、尚未核定公布为文物保护单位的不可移动文物、历史建筑的，可以在不改变所有权的前提下，给予一定期限的使用权。

第四十条　保护明清历史城区原住居民的公序良俗。

鼓励原住居民在明清历史城区居住，利用自有资产依法从事与扬州古城保护相适应的经营活动。

第四十一条　扬州古城内鼓励依法从事下列活动：

（一）研究和传承非物质文化遗产、拍摄影视作品、发展文化创意产业、设立文化研究基地等；

（二）组织传统文化、民间艺术、民俗表演；

（三）制作和销售旅游纪念品、传统特色产品；

（四）开发、收藏、展示、交易民间工艺品；

（五）经营民俗客栈、特色餐馆，发展旅游服务业；

（六）其他有利于扬州古城保护和历史文化传承、传播的活动。

第四十二条　扬州古城内的经营场所和经营活动应当合理布局、总量控制。

在扬州古城内从事经营的单位和个人，应当按照扬州古城产业政策和布局规划，在指定地点和范围内从事经营活动。

第六章　法律责任

第四十三条　违反本条例规定，擅自改变或者不执行保护规划的，由有关机关责令改正，对直接负责的主管人员和其他直接责任人员依法给予处分。

第四十四条　违反本条例第二十四条第三项规定，擅自拆除或者损坏文物保护单位、历史建筑的，由文物、规划等主管部门按照各自职责责令改正，并依法予以处罚。

违反本条例第二十四条第五项规定，砍伐、擅自迁移古树名木或者本条例列举的行道树的，由园林主管部门或者其授权的单位责令停止侵害，并依法予以处罚。

违反本条例第二十四条第七项规定，在文物、历史建筑上涂污、刻划的，由公安机关或者文物所在单位、规划主管部门按照各自职责依法予以处罚。

第四十五条　违反本条例第二十四条第十项规定，造成环境噪声污染的，由公安机关责令改正，可以并处二百元以上五百元以下罚款。

第四十六条　违反本条例第二十六条规定，未经批准擅自进行工程建设的，或者未按照建设工程规划许可证的规定进行建设的，由城乡建设、规划、文物等主管部门按照各自职责责令改正，并依法予以处罚。

第四十七条　负有扬州古城保护职责的行政机关及其工作人员不履行监督管理职责，发现违法行为不予查处造成严重后果或者有其他滥用职权、玩忽职守、徇私舞弊行为的，由有关机关对直接负责的主管人员和其他直接责任人员依法给予处分；构成犯罪的，依法追究刑事责任。

第七章　附　则

第四十八条　扬州经济技术开发区管理委员会依据本条例负责本区域的扬州古城保护工作。

第四十九条　南宋平山堂城遗址和南门外大街参照扬州古城遗址区的有关规定予以保护。

第五十条　本条例自2017年1月1日起施行。

扬州市东关街综合整治工程综述（2016）

一、项目背景

1.项目概况

东关街距今约有1200年历史，是扬州城里最具有代表性的一条历史老街，是扬州城发展演变的历史见证，也是扬州运河文化与盐商文化的发祥地和展示窗口。该街位于扬州老城区重点保护的四个历史街区之一的“双东”历史街区。它东起古运河，西至国庆路，全长1122米，原街道路面为长条板石铺设，以前不仅是扬州的水陆交通要冲，而且是商业、手工业和宗教文化中心。

新中国成立后新开扬州段运河，东关码头被废，东关街地位下降。新辟的国庆路和文昌路先后取代其交通和商业主轴的地位。经过千年的积淀，街内留下了丰厚的历史遗存和人文古迹，堪称中国大运河沿线城市中保存最为完好的商业古街。但也存在建筑自然老化严重、环境容量超负荷、居民老龄化严重、中低收入人群相对集中、居住条件较差、基础设施不够配套、历史文化遗产未能得到很好保护等问题。2007年10月至2016年12月，中共扬州市委、扬州市政府累计投入10余亿元，对占地约0.4428平方千米的东关街两侧区域实施整体整治、修复，取得了积极成效。

2.项目目的及意义

（1）传承历史文脉，提升城市魅力。通过整治工程的实施，结合周边历史遗存的保护性利用，实现项目历史价值和现代价值的融合，增强项目的吸引力，丰富扬州历史文化名城的内涵，增强整个城市的魅力和吸引力。

（2）促进老城更新，打造和谐社会。通过改造和利用，提升老街区的利用率，提升旅游人流量；通过改善居民对居住环境的满意度，增强居民的主人翁意识，实现社会的和谐发展。

（3）挖掘城市价值，提升项目经济。通过项目运营提升项目地块的价值，为政府的城市运营提供发展空间；在满足上述目标的前提下，最大限度实现项目本身的财务平衡。

（4）发掘历史文化，提升城市品位。结合已经发掘和将要改造的历史文化遗迹，通过对文保等历史建筑的保护性利用，兴建一批文化展示场馆，加强文化挖掘和展示，极大提升街区的整体形象和文化品位。

（5）依托资源优势，振兴文化旅游。促进分散的文化资源集聚化、隐性的文化资源显现化，加快古城旅游的开发和整合功能，实现了街区文化旅游产业的迅猛发展。

二、项目实施

1.项目实施的主要过程和所采取的政策措施

项目实施包括六个方面：一是实施民居整治改造工程，将德国专家“小心翼翼复兴古城”的观念引入东关历史街区，制定以一家一户为单位的古城保护方案。保持原住居民的人文传统，适当疏减人口密度，改善居住条件，提高生活质量。二是实施东关街街面整治、道路整治及管网整治工程，恢复原有街景风貌，拆除与风貌不相协调的建筑，延续传统的街巷体系、空间形态及地方建筑特色，保持老城区的整体风貌，完善老城区的配套市政设施。三是实施众多省级、市级文保单位的修缮及复建工程，将修缮、复建、改造有机结合，对东关街沿线文物保护单位（其中国家级1处、省级2处、市级6处）以及其他有保护价值的历史建筑进行修复，对闲置区域进行改造。四是缓解区域范围内停车压力，充分利用地下资源，配建地下停车场，做好旅游配套，最大限度缓解区域范围内的停车压力。五是实施退城进园，通过规划引导、政策扶持、政府推动、市场化运作，对街区内的低端服务业态进行整合搬迁，促进专业市场和物流园区的品质提升和集聚发展，优化区域功能，改善老城区居民的生活环境，提升城市整体形象。六是通过拆除违章搭建房屋空间，配套建设一批停车位、农贸市场、公共绿地、公共厕所和垃圾中转站等基础设施，尽力满足居民的生活服务需求。

2.资金来源与资金保障

公司主要承担政府投资的基础性和公益性项目，在项目资金投入方面以财政资金和单位自筹资金为主，财政资金包括项目扶持资金、补助资金等。

3.项目实施过程中的公众参与

文化里整治是双东历史街区整治中的一个试点片区，由德国技术合作公司（GTZ）与扬州市名城建设有限公司、社区共同发起的旨在改善邻里公共空间环境整治项目，包括街巷立面整治、完善排水、照明、绿化、景观小品，还包括民宅内部的厨卫改造，新建一批传统样式的节能示范住宅。

文化里巷道作为扬州古城提升改造试点片区，为了提高原住居民的参与程度，在设计过程中全程采用CAP方法（CAP方法即社区行动规划的英文简称，是社区参与方式的理想选择，其基本理念是以社区为基础的多方合作），有计划分阶段地召集政府机关、专家学者、居民等参加系列性的研讨会，以原住居民参与为主，借助政府、专家的专业优势和人力资源，更好地解决与居民日常生活息息相关的实际问题，居民也从保护古城这一大局出发，积极处理与个人利益相矛盾的事宜，居民参与热情高涨，主动拆除挤占巷道的违章搭建。

三、项目效果

1.通过定性与定量的例证说明项目实施前后的变化

项目的实施疏解了老城区的人口，拆除了各类违章搭建，有效降低了建筑密度。东关街一期、二期（含大草巷等3条通道）共拆迁1008户居民，单位46个，搬（拆）迁各类建筑面积达10.35万平方米；原址修缮建筑面积达3.56万平方米，新建、复建仿古建筑面积3.29万平方米，其中东关街现有商铺236间，总建筑面积约1.7万平方米。

经修缮后的古建筑有些升格为文保单位，如李长乐故居、华氏园、胡仲涵故居均于2008年被定为扬州市市级文保单位；有些文保单位的保护级别提高了，如1962年定为扬州市市级文保单位的武当行宫，2011年被认定为江苏省文保单位，逸圃2006年定为江苏省文物保护单位，2011年升级为国家级文物保护单位。

2.项目实施后对城市人居环境产生的影响

坚持古城保护和改善民生相结合。对于古城保护，我们不是简单保留、恢复历史原真，而是同时考虑生活其间的居民日常的方便、舒适和安全，考虑他们对深厚传统文化与现代文明成果的共享，推进老城区解危纾困、民居修缮，完善老城区供水、供气等生活功能设施，提升老城区居民的生活质量。同时，注重满足市民和游客“看老城”的需求，积极为他们提供休闲、餐饮、娱乐、体验等现代休闲生活服务。从而调动和激发广大市民共建美好家园的自豪感和支持古城保护的热情，构建全社会参与支持古城保护工作的良好氛围。

扬州利用中德“生态城市规划与管理”技术合作项目，与联合国人居署、德国技术合作公司就古城保护理念、民居修复方案和资金筹措渠道等方面密切合作。2007年，中德合作的“东关街文化里民居整治”项目，应邀在联合国人居署举办的“城市公共政策联盟论坛”上向发展中国家作了经验介绍。

3.主要受益群体和社会反响

注重古城保护与城市发展的有机结合。保护是前提，利用是关键，改造是手段，复兴是目的。古城保护是为了发展，是为了人民的幸福、民生的改善、环境的提升、文化价值的体现。发展又是保护的基础，没有强大的经济基础以及大量的人力、物力、财力的投入，古城保护就是一句空话，古城也难以复兴。古城保护的水平高低缘于发展，因此必须确立保护也是发展的理念，将古城保护与城市发展有机结合起来。

东关街因其独特的运河文化和盐商文化底蕴，多年来一直备受社会各界的广泛关注，也是党和国家领导人来扬州的视察重点。东关古街的独特魅力得到中外嘉宾的热情赞誉。东关街的保护整治成果，更是吸引了近百个兄弟城市前来参观考察、交流体会。2007—2009年，扬州在东关古渡连续举办了3届“世界运河名城博览会”，中国大运河沿线35个城市的市长和17个世界运河名城的市长相会在东关街，由此搭起了东西方文化交流的新平台，也把东关街推向了世界。2010年，东关街获文化部、国家文物局授予的“中国历史文化名街”称号，同年年底，东关街荣获“江苏省人居环境范例奖”，成为江苏省古城保护类唯一获选的项目。2011年，“双东”历史街区保护和整治工程先后荣获“江苏省旅游项目建设优秀奖”和“江苏省高品质城市空间示范项目”等荣誉。

四、经验与创新点

1.项目取得的主要经验

（1）强化部门领导，完善组织架构。为了进一步推进古城保护与利用、改造与复兴工作，2004年，扬州市政府成立专门的古城保护领导小组及办公室。2006年，组建了扬州市名城建设有限公司，全面负责街区保护整治和经营管理工作。2007年，成立了扬州历史文化名城研究院，从事名城保护理论研究。2009年，古城办列为市政府的正式管理机构。2012年，扬州市名城建设有限公司组建成立了扬州市名城旅游发展有限公司，全面推进街区国家AAAA级旅游景区创建工作，大力发展古城文化旅游产业，提升街区旅游品质。

（2）坚定和丰富了古城保护的方针和理念。坚持整体保护、修旧如旧，最大限度保护古城风貌的原真性和整体性，避免“建设性破坏”“保护性破坏”。坚持保护和利用、改造与复兴的方针。对于古城，保护是前提，利用是关键，保护不能走入误区，利用才是最大的保护。在东关街历史文化街区的修复整治过程中，保护传统风貌、视域空间、街巷肌理、人文遗产，坚持科学利用，通过传统建筑合理的功能转换，使古城保护与经济发展、旅游开发、人居环境改善相得益彰，水乳交融。

（3）坚持古城保护有所为，有所不为。古城保护、利用是永续的工程，是昨天做过、今天在做、未来还要做的工作，古城保护要有平和心态，用科学发展观，正确的政绩观来指导古城保护工作，不能用大突击方式推进和完成一项工作。谨慎地对待古城保护每个项目，小心翼翼实施古城保护工作，这样才不会好心办坏事，造成建设性破坏。要真正做到二者协调，一是要充分调查研究，二是要民主决策，三是要谨慎推进，四是要不断创新。

2.项目的创新点

妥善处理古城保护中的矛盾。古城保护涉及社会各方面的利益，各级政府利益，各个部门利益，妥善处理好各方面的利益，是古城保护事业得以顺利开展的前提和基础。同时处理好保护与建设的矛盾、工作中的随意性和规划设计权威性的矛盾，群众期望与专家建议之间的矛盾、古城保护与旅游开发的矛盾等。妥善处理上述矛盾，统筹城市建设和历史文化保护、眼前利益和长远利益、城市发展和环境改善之间的关系，建立古城历史文化可持续利用的保障机制，使得古城再现昔日繁荣景象。

有目共睹，保护整治后的东关街，掸去了岁月的风尘，恢复了青春的活力，展示了江南商业古街的独特风情，处处闪耀着“古代文化与现代文明的交相辉映”的魅力，成为名城扬州的文化名片，也成为扬州新的旅游热点，并无可争议地成为中国大运河沿线城市中保存最完好的商业古街。

（扬州市名城建设有限公司）

扬州东关街——千年繁华地　满街忠义情
（中央电视台《记住乡愁》第五季，2019年）

解说：扬州是一座诗城，提起它，就会想到李白的“烟花三月下扬州”，杜牧的“十年一觉扬州梦”，尤其是“扬州八怪”之一的郑板桥所说的“人生难得糊涂”，更是被很多人视为经典，挂在嘴边。

历朝历代的文人雅士从不掩饰对这座江南水乡古城的向往与赞美。他们在给扬州带来深厚文化底蕴的同时，也把雅致淡然的生活留在了这里。扬州人喜欢喝茶、泡澡，至今仍保留着“早上皮包水，晚上水包皮”的生活习惯。就连这里的美食也极尽考究，以扬州菜为主体的淮扬菜与鲁菜、川菜和粤菜并称“中国四大菜系”。蟹黄汤包皮薄筋软，汤汁浓郁；烫干丝爽滑可口，柔中有韧；就连一碗普通的汤圆，也可以做出荠菜、鲜肉、豆沙和芝麻四种不同的味道。

主持人孙亚鹏：一碗汤圆煮出四种不同的味道，一块豆干切成数百条细丝，鲜味渗入其中。来到东关街，品尝着扬州早茶，欣赏着扬州评话，我们就感受到这里的繁华和富足。

解说：坐落在运河古道边的东关街，东起古运河，西到国庆路，全长1122米。

短短一千多米的距离，铺陈出扬州数千年的富庶与繁华，而这一切都源自于老街一旁这条古老的运河。

早在春秋时期，吴王开凿邗沟联通起了长江与淮河，这条人类历史上最早见于明确记载的运河，扬州正是它南面的起点。隋炀帝开通京杭大运河，把海河、黄河、淮河、长江、钱塘江五大水系连在了一起，在那个水运交通极为重要的年代，运河成为沟通南北的重要渠道。

杨永宾：东关街是贯穿扬州城的通衢大道。京杭大运河，从我们街的东头经过。南来北往的商人必须从这里下船，上街来购买一些生活用品。

孙亚鹏：那过去这条街上什么样子？

杨永宾：过去这条街上有客栈、有酒店、有茶馆，还有各式各样的商铺，非常繁华。

解说：杜牧的“春风十里扬州路”说的便是那时的东关街。当年，南来北往的客船、商船在此停泊，沿街店铺林立，建筑是清一色的马头墙、木板门、花格窗，青砖、长条石铺就的街巷热闹喧嚣，直到今天，行走在东关街，依然可以见到那份生机与繁华的遗迹。斑驳陈旧的砖墙，岁月沉淀的一砖一瓦，一座座被时光和生活浸染的老屋，一处处沧桑却难掩往日光辉的砖雕与屋檐。

东关街因运河而兴，因盐运而盛。元朝开始，统管全国食盐经营的两淮盐运使司在扬州设立，衙门就位于东关街西侧，盐商们在这里建起私家园林、办起书院学堂，让东关街不再只是一条商业街，更成为扬州文化的集中体现之地。

主持人孙亚鹏：国学大师钱穆说：“瓶水冷而知天寒，扬州一地之盛衰，可以乩国运。”位于大运河边的东关街总能敏感地感知到时代的变迁，和平时期的东关街受益于舟楫便利，一次次成为钱粮转运的中心，而每当朝代更迭时，东关街和扬州城又会成为对战双方争夺的焦点。一幕幕悲壮的故事在这里不断上演。

解说：运河给东关街带来了无尽的繁华，这繁华的背后，也让这座千年古城多次经受战火的洗礼。东关街南侧曾有一座双忠祠，是为纪念南宋抗元名将李庭芝、姜才而修建。

南宋开庆年间，元兵大举南下，长江沿线各州纷纷溃败。扬州成为朝廷的最后防线，李庭芝与副将姜才临危授命，驻守扬州。面对来势汹汹的敌人，发动全城的力量抵抗元军。

韦明铧：基本上江北这块就像孤岛一样，也不可能给大量的粮草去作为军饷。他是在几乎很孤立的情况下担负着保护南宋小朝廷的这样一个重要的政治任务。很多扬州老百姓纷纷自愿参加军队，共同保卫扬州城。

解说：老街军民同仇敌忾，一次次击退敌人的进攻。元军久攻不下，只能修起工事，围困孤城。曾经富甲天下的扬州，坚守十多个月之后，陷入弹尽粮绝的困境之中，城内军民只能以树皮草根充饥。

围困期间，元军先后五次派出说客前来劝降，许以高官厚禄，甚至把李庭芝的妻子押至城下逼降。可即便如此，李庭芝和众将士没有一人屈服，宋军的战旗仍在扬州城头飘扬。

无可奈何的元军，只能绕过扬州，攻陷了临安，南宋皇帝和太后成为元军的俘虏。

韦明铧：有一天他得到了来自朝廷从江南送来的圣旨。圣旨的大概意思是说我们宋朝的皇帝、皇后都投降了，现在希望你们在扬州也放下武器，向敌人投降。李庭芝看了以后，勃然大怒，他说从古到今只看到皇上来圣旨鼓励在外面作战的将军，一定要用自己的性命保卫自己的国土，没有看到过一封圣旨说劝在外打仗的将军投降，这是什么圣旨，他不听。就把这个圣旨撕得粉碎扔在地下。

解说：国都被破，国君被虏，但李庭芝仍坚守扬州不降。守扬州，不是为了朝廷，而是为了天下百姓。在死守孤城17个月后，扬州陷入元军手中，李庭芝、姜才慷慨殉节。

韦明铧：扬州城里面的人民听到了李庭芝和姜才两位将军死的消息以后，全城老百姓无不失声痛哭。扬州人很悲伤，建了一个祠堂叫双忠祠。

解说：扬州人把两位将领埋葬在了东关街旁，也把忠义的精神留在了老街。宁为玉折兰摧，不为瓦砾长存，这个无比温婉柔美的江南城市，在面对敌人侵略时，却展现出最血性、最刚烈的一面。

主持人：时间跨越百年，忠义精神早已深植于扬州人的心中。明朝实行开中制，允许民间商人参与食盐贩运，获利丰厚的盐商开始在东关街聚集，忠义精神便在盐商中传播开来。

解说：明朝时期，东关街依托运河码头再次兴旺繁荣起来，渐渐成为扬州城的商业中心。那时的老街店铺林立，百工兴盛。绸缎庄、茶叶店、商行、盐号遍布街区。朝廷在这里设置两淮都转盐运使司，使得扬州成为全国最大的食盐集散地。

嘉靖年间，富庶的东关街成为倭寇袭扰的目标，他们多次上岸抢掠财产，残害数千百姓。为此，官府决定在当时的扬州城外再修一道城墙，以保护居住在东关街的居民。

余志群：官府没有那么多的钱。建一个新城那个预算要多少呢，46700两银子，官府才有多少呢，15000两，就是不到三分之一，差三万两的余额，盐商就自己勇敢地站出来了，剩余这部分，就是由众盐商全部捐助。换句话说，我们今天看到的明清古城墙的三分之二的墙，都是盐商捐助的。

解说：每名盐商捐资修建一段，在大家的合力之下，高达13米的城墙修筑起来。当倭寇再次进攻扬州的时候，只能"望墙兴叹"。从明朝到清朝，扬州盐商的财力不断增强，修桥铺路、帮助乡里成为盐商们的一种惯例。

吴家兴一家世代居住在东关街上，由于祖父过世较早，祖母和他的大伯、父亲生活没有了出路，当时的扬州盐商方尔咸找到了他们。

吴家兴：方二（方尔咸）先生说："这样子吧，把你们两个小孩放到我们义塾里面来培养吧。"这样子我的伯父、我的父亲就在盐商办的怀少义塾里面度过了六年的时光，盐商管吃管住，每个星期打一次牙祭，可以吃到肉。东关街这些孩子们，富人家就上官学，穷人家上义塾。

解说：盐商的收益来自朝廷的特许经营，盐商们也自然担起了更多责任，每逢朝廷战事需要，或是各地受灾需要赈济，盐商总是积极响应。他们甚至建起了救灾专用的盐义仓，丰年的时候，出资购买粮食储存起来，灾年用以赈灾，从湖广地区到直隶山西都有盐商赈济灾民的记载。仅清朝雍正年间，扬州盐义仓就有13处，存粮超过百万担。

余志群：我们扬州盐商一个很重要的品质，就是耻于人后，争先恐后地倾囊而出在所不惜。见事明而任事果，一切以国家、以社稷为重。

解说：那时的盐商们迎来了历史上最辉煌的时期，他们通过运河把食盐运到全国各地，也吸引着最好的工匠来到这里。晶莹的玉器、精美的漆器、悠远的古琴、厚重的雕版，扬州工匠都做得出神入化。

盐商们对于文化尤为重视。他们在自家的宅院里建起一座座藏书阁。大量书籍随着四通八达的水路衍播四方，也促进了雕版印刷的极大发展。清朝康熙皇帝指派江南织造曹寅修撰《全唐诗》，曹寅就把书局设在了扬州。当时刻印的版本也一直保存在扬州广陵古籍刻印社，而古籍刻印技术也在此传承至今，成为中华文化宝库中一笔丰厚的遗产。

主持人孙亚鹏：走在优美的园林中听古琴、赏刻印，东关街上留下了太多中国传统文化的瑰宝。而盐商们为扬州文化所做出的贡献远不止于此，从安定书院到梅花书院，盐商们为扬州文脉的传承打下了深厚的基础。

解说：盐商来自各地，却都受到了扬州文化的影响，他们把大量财力投入文化建设中，清朝著名的安定书院、梅花书院都是由盐商捐建的。东关街也成为扬州最早成立新式学堂的地方。1902年，扬州第一所官办中学仪董学堂在东关街创立，后更名为扬州中学，仅这里走出的两院院士就有37位。近代散文家朱自清也是从这里考入北京大学的。

朱自清之孙朱小涛：对，他小的时候学校就在这一带。因为扬州中学当年所在的地方就是这。

解说：少年时代的朱自清经常在老街的书房里读书，扬州深厚的文化积淀让他受益匪浅。“曲曲折折的荷塘上面，弥望的是田田的叶子。叶子出水很高，像亭亭的舞女的裙。”朱自清的散文细腻典雅，正如他儒雅的面容和气质，但在这看似文弱的身体里，却潜藏着一副铮铮铁骨。

读中学时，朱自清的父亲暂居史公祠养病，时常前来陪侍的朱自清，在这里听到了许多史可法率领扬州军民抗击外敌、英勇不屈的故事。

朱自清之孙朱小涛：说到朱自清，我们一般都是从他的散文开始认识他，知道他。其实在他身上还有一些我个人认为是更有价值的东西，比如说他的气节、风骨、精神，他的家国情怀。

1935年他写了一首歌曲叫《为我中华》，其中有这么几句，“献儿好身手，举长矢射天狼，还我河山。好头颅一掷何妨？”这种风格，一改他以往那种清丽温秀的那样一种风格，完全是英雄豪气的一种表达。

解说：朱自清本名朱自华，在北京大学读书期间，正值国家危难之时，他改名“自清”，以勉励自己在困境中保持清白，不同流合污。

朱自清患有严重的胃病，不能吃粗粮，而他的薪水要供养家中的12口人。在20世纪40年代末，市面上最便宜的就是美国面粉。但那时的美国一方面扶持蒋介石打内战，一方面又扶助有侵华野心的日本。在国难之际，朱自清毅然在《抗议美国扶日政策并拒绝领美援面粉》的宣言书上签字，并表示“宁可贫病而死，也不接受这种侮辱性的施舍。”

朱自清之孙朱小涛：那个时候本身我们家已经很穷了，我家长辈们介绍，那时候每天两顿饭，每顿饭都是粗粮。这个美国面粉是平价面粉，他如果要是拒绝的话那家里就更困难了，等于说是雪上加霜。他在签署了这个拒绝领取美援面粉的抗议声明上签字以后，大概一个多月不到两个月他就病逝了。

解说：弥留之际，朱自清还在叮嘱家人："我是在声明上签过字的，你们一定不要买美援面粉。"在生命的最后一刻，他瘦弱的身躯里依然迸发着中国人不屈的意志。1949年8月18日，毛泽东发表了《别了，司徒雷登》一文，赞扬了朱自清的铮铮硬骨："朱自清一身重病，宁可饿死，不领美国的'救济粮'。"

如今，朱自清的许多散文都被收录进中小学语文教材，他的故事也影响着一代代中国人。

悠悠运河，流淌千年，傍水而居的老街人，与街上的老字号一起留住了"老扬州"的味道。三五成群的游客在老字号里选购心仪的商品，而居住在老街老巷的人们，闲话家常间，把生活过得悠闲而惬意。

浸润在唐诗宋词里的扬州，自古就是一座崇文尚学的文化名城，直到今天，老街人依然会在寸土寸金的商铺中留出一个温馨的阅读空间，开辟为城市书房，24小时不打烊，免费向居民开放。这些书房就犹如一座座文化灯塔，让今天的扬州仍然保留着书香满城的气韵。

古老的东关街，迎来了入冬的第一场雪，迎着冬雪盛开的蜡梅花，就像扬州人的性格，温婉而优雅，坚韧而刚烈。千年不息的大运河，载着扬州城的这份忠义精神从历史驶来，在驶向未来的航程上，扬州还在创造新的历史。

（编导　颜飞）

扬州东关街——
千年繁华地　满街忠义情

扬州东关历史文化街区
入选全国推荐案例

日前，自然资源部公布了2021年全国国土空间规划实践案例入选名单，《扬州市东关历史文化街区更新策略研究》（以下简称《研究》）入选自然资源部第一批推荐案例，同时也是扬州唯一入选的案例。扬州这个规划缘何成为全国推荐案例？记者进行了深入采访。

“全国国土空间规划实践案例是由自然资源部从全国各地自然资源主管部门征集的典型，具有宝贵的参考借鉴意义。扬州该案例是在国土空间规划体系下，推进扬州城市更新和历史保护的积极探索。”市自然资源和规划局相关负责人介绍，能够入选充分体现近年来主管部门、实施主体、设计单位对城市有机更新认识的不断提高，方法的不断改进，参与的逐步多元。

扬州是著名的历史文化名城，古城保护工作堪称全国典范。历史文化街区是古城范围内保护性开发最早和商业开发最成功的历史街区，它集中体现了扬州历史文化特色，是扬州历史文脉传承与演绎的核心承载空间。同时，保护与更新的矛盾也最突出。

以东关街、东圈门“双东”片区为例，该片区位于明清扬州城的东北片，北至盐阜路，南到文昌路，西临国庆路，东至泰州路。2000年东门遗址发掘时，“双东”片区的更新工作就开始了。2002—2006年，开辟了古巷风情游，旅游价值逐渐显现；2007—2012年，进行重点修缮和局部恢复，商业及配套设施同步跟进，街区得到脱胎换骨的蜕变，焕发出新的生机；2014年至今，逐步提升完善片区功能，整体保护更新工作不断推进。

该《研究》的重点为东关历史文化街区，占地面积约32.47公顷。《研究》亮点纷呈：既兼顾了保护与发展，又包含了优化空间布局、活化历史资源、提升旅游服务水平、改善居民生活、完善基础设施等方面的内容，以求寻找保护与发展之间的最佳平衡点，探索历史街区可持续发展之路，打造永续的“双东”。

针对如何有效激活“双东”片区的传统空间，做到“保护中有创新”，做好“保护传承文章”，《研究》中提到，需要一改过去“完全复古、静态复原”的保护模式，坚持以人民为中心，守住底线、适应时代，处理好传统与现代、继承与发展的关系，在敬畏历史、敬畏文化、敬畏生态的前提下，融合现代城市功能需求，古为今用、重新诠释，讲好“双东”故事。

比如，在优化空间布局上，以打造游客满意和居民幸福的“商业—居住”空间平衡为目标，采用混合功能业态，满足游客、本区居民、城市人口三类人群多样活动和多元需求；在活化历史资源上，综合评估物质文化遗产的各项情况，分类分措施提出修缮修复、业态控制、环境提升等策略，并依托物质载体，将无形的非物质文化遗产进行适度利用，增加游客参与性、旅游产品的多样性；在提升旅游服务水平上，结合特色资源，有重点的构建网状旅游空间，引导深度体验游项目的植入，提出旅游开发模式的优化建议；在改善民居生活上，以居民为本，织补公共空间，完善社区服务配置，集中设置养老服务中心、增加生活型商业设施，延续传统生活方式；在完善基础设施上，因地制宜提出适应性策略，优化街巷体系，合理拓展地下空间，构建应急疏散体系。

围绕如何做好古城保护与更新工作，扬州市城市规划设计研究所所长沈翔介绍，一方面守住历史文化保护的红线，从规划编制源头上保护历史文化资源；另一方面，要进一步优化更新模式，全面评估分析街区目前旅游产业运营，并整体策划、深度挖掘旅游产品，利用空置地块，通过部分物业自营或经营培育新兴龙头业态，引导业态升级。

城市是人民的城市、“双东”是百姓的“双东”，做好“双东”片区的保护与更新工作离不开当地居民的支持。《研究》提出，要以户为单位，建立民居数据档案库；出台政策鼓励私家庭院建设；制定多样化、差异化房屋保护和修缮策略；尊重居民意愿，建立多样化人口疏导机制；优化人口结构，留住原住民，吸引新居民等。

未来，经过更新后的“双东”片区将呈现出怎样的面貌？沈翔介绍，该片区将延续旧肌理、引进新业态、注入新活力、留住原住民、重译烟火气，向游客和百姓展现一个在保护中发展、在发展中保护的美丽“双东”。

（原名《看！扬州这个规划缘何成为全国推荐案例？》，扬州发布记者丁蕾、实习生王昊文，编辑王萌，2022年3月28日）

参考文献

雷应元纂修：《扬州文库·扬州府志》，广陵书社，2015年。

陆朝玑修，程梦星、蒋继轼纂：《扬州文库·江都县志》，广陵书社，2015年。

徐成敟等修，陈浩恩等纂：《扬州文库·增修甘泉县志》，广陵书社，2015年。

扬州市地方志编纂委员会编：《扬州市志》，中国大百科全书出版社上海分社，1997年。

扬州市地方志编纂委员会编：《扬州市志（1988—2005）》，方志出版社，2014年。

扬州市广陵区地方志编纂委员会编：《广陵区志》，中华书局，1993年。

扬州市广陵区地方志年鉴编纂委员会编：《广陵区志（1989—2011）》，方志出版社，2016年。

李斗著，王军评注：《扬州画舫录》，中华书局，2007年。

朱正海主编：《图说“双东”》，广陵书社，2008年。

薛高辉、石翔主编：《扬州古城文化录——“双东”街区卷》，广陵书社，2008年。

仲玉龙主编：《文化东关》，广陵书社，2012年。

韦明铧著：《东关文丛·东关名人》，南京师范大学出版社出版，2012年。

朱韫慧著：《东关文丛·东关名胜》，南京师范大学出版社出版，2012年。

韦艾佳著：《东关文丛·东关名园》，南京师范大学出版社出版，2012年。

余志群著：《东关文丛·东关名店》，南京师范大学出版社出版，2012年。

编后絮语

中国历史文化名街——扬州东关街发端于唐代中叶，时空跨越两千多年。这条外通古运河、内接市中心的通衢大道，不仅是扬州运河文化与盐商文化相结合的代表，也是目前中国大运河沿线城市中保存最为完好的商业古街。

东关街是扬州的“历史画廊”。一幅两千多年的历史画卷在这里次第展开。这里是2500多年前吴王夫差“开邗沟筑邗城”的滥觞之地，这里是2100多年前西汉吴王刘濞“煮海为盐”的开源之地，这里是1200多年前唐代扬州辐辏天下、云集万商的冲要之地，这里还是清代扬州盐漕并重、商贸繁荣，创造扬州历史上第三次辉煌的鼎盛之地。

东关街是扬州的文明之“窗”。文化是城市之“魂”，古城是文明之“根”，名街是古城之“脉”。在千年的历史长河中，丰厚的历史遗存在这里积淀，隽永的历史文化在这里传承，独特的人文风情在这里展现。新时代的古城、古街，邻里守望相助，幸福和谐宜居，文明之花盛开。

东关街是黎民百姓的精神家园。吴王夫差、隋炀帝在这里开挖运河、沟通南北；文章太守欧阳修、苏东坡在这里风流倜傥、心系民生；民族英雄史可法在这里抗击清兵、可歌可泣；盐商巨贾在这里急公好义、尊儒兴学；“扬州八怪”在这里推陈求变、立异标新。开放包容、自强不息的人文精神已深深铭刻进这一方水土，铭刻在人们的心灵天地。

东关街是扬州的秀美颜值所在。徜徉在东关历史文化街区，漫步在花木葱茏、生机勃勃的古运河畔，穿行在名人故居、盐商古宅、私家园林、书院会馆、道观名刹，传统文化触目可及，古韵古风扑面而来。古城外美内秀，形神兼备，美在街巷肌理，美在建筑形态，美在环境和谐；秀在人文内涵，秀在古朴纯真，秀在精致典雅。正是这种迷人的魅力和夺目的光彩，彰显了扬州“人文、生态、宜居、和谐”的城市底色。

2000年，中共扬州市委、市政府提出，以东关街、东圈门历史街区（简称

“双东”）作为古城保护的实验区，先行一步。从此，“双东”拂去多年的尘埃，更加光彩照人。2006年，国有独资的扬州市名城建设有限公司成立，肩负建设融资、古城保护及旅游开发利用主体职责，首战便是东关街。十多年来，东关街荣膺“中国历史文化名街”称号，东关历史文化旅游区被评为“国家AAAA级旅游景区”。该地还赢得了“到扬州必逛东关街”的美誉。2020年接待游客总数突破1000万人次。

习近平总书记说：“让城市留下记忆，让人们记住乡愁。”乡愁，是家国情怀，是文脉延亘，是精神依归。东关街的乡愁是巍峨城头的侵晨曙色，是寻常巷陌的深处暮花，是母亲手中的几缕饭香，是明月床前的魂牵梦萦。

盛世修志存千古，继往开来铸辉煌。2017年3月，中国地方志指导小组办公室批示《东关街志》为“中国名街志文化工程”的先行先试项目。全书以“春风十里卷珠帘”为概述，下分舆地纵横、水土一方、盐漕遗存、壶天探胜、文教昌明、市肆聚珍、人物列传、乡邦文汇、市井廛遗、千年一瞥和附录诸篇目，30余万字，配有精美照片，图文并茂地讲述了东关街的前世今生。

地方志纵贯古今、横陈百科，是“一方之全史”。读志能坚定信仰，用志能开启智慧，修志能滋养德行。而读志、用志、修志，对于研究文史的人们以及地方领导者来说，应是一门常学常新、细照笃行的基本功。

2019年8月10日，在扬州召开的中国系列名志工作研讨会上，《东关街志》作为试写初步成果提交全国专家进行点评。2020年9月19日，《东关街志》终审会在东关街上的街南书屋举行，江苏省地方志办公室的终审意见认为：“《东关街志》稿是一部优秀的志稿，具备终审验收水平。”会后，编纂团队继续推敲斟酌、加工润色，直至付梓。

编修一部街志，历时漫漫五年，个中的筚路蓝缕、孜孜以求皆成过往，而中国首部名街志的出版，将因为扬州市、为广陵区、为东关街增光添彩而永载史册。

扬州市名城建设有限公司

2022年6月

编纂始末

《中国名街志·东关街志》（以下简称《东关街志》）编纂工作始于2017年，当年3月，扬州市广陵区政府副区长孟亚东和广陵区地方志办公室主任赵群赴京汇报工作，向中国地方志指导小组办公室提出开展“中国名街志文化工程”的设想与建议。时任中国地方志指导小组秘书长、中国地方志指导小组办公室主任冀祥德听取汇报后批示：“中指办拟在2017年启动中国名街志文化工程，扬州东关街可先行先试……”对此，时任中共扬州市委常委、秘书长的陈锴竑十分重视，批示市城控集团、名城建设公司给予大力支持。时任中共扬州市广陵区委副书记、现任扬州市广陵区人大常委会主任赵长松，扬州城控集团董事长、扬州市名城建设有限公司董事长叶善祥，亲自协调扬州名城建设公司与广陵区地方志办公室、广陵区东关街道办事处形成三方合作，开始启动“中国名街志文化工程”首创项目——《东关街志》的修纂工作。

2017年年底，《东关街志》由李济泰等专家撰写，形成最初的稿本。

2018年3月初，中国地方志指导小组办公室副主任邱新立、江苏省地方志办公室主任漆冠山与副主任蔡金良等领导和专家到东关街，对《东关街志》纲目稿本进行评议并提出意见与希望。认为，扬州东关街具备“中国名街志文化工程”先行试点的主观条件和客观条件，为历史文化名街修志是中国地方志编纂史上的创新，希望进一步广搜资料，打破陈规，锐意创新，把《东关街志》打造成精品。会后，特邀扬州知名文化学者韦明铧任志书主编。

为一个历史文化积淀厚实的名街修志，无先例可循。古有郡志、府志、县志，没有街志。所以，《东关街志》的编纂在走一条无人走过的路。《东关街志》最初的稿本虽尚不完善，但有筚路蓝缕之功。

此后，经过紧张的史料搜集、内容遴选和纲目重构，《东关街志》编纂节奏日益加快，主编韦明铧撰写《东关街大事记》、《东关街工匠谱》和

《东关街金石录》。

2018年3月27日，北京、南京两地专家到扬州讨论名街志编纂之事，发言的大意是：第一，为中国历史文化名街修志，这在方志编纂史上是一种创新；第二，扬州东关街具备了试行修志的充分条件；第三，《东关街志》初稿纲目已有一定基础，如果调整思路，广搜资料，打破陈规，锐意创新，可望成为良志。与会者对此广泛认同。

2018年4月4日，扬州市名城建设有限公司召开《东关街志》专题会议。研究《东关街志》的新框架和新设想。

2018年7月18日上午，广陵区方志办再次讨论《东关街志》纲目。与会者认为，原有纲目必须改变思路，重新架构，力戒平庸，突出亮点，经过借鉴古今方志，谋划雅俗新篇。

2018年8月29日，《东关街志》编纂人员一行驱车南京，前往江苏省地方志办公室汇报请示。

2018年10月16日，扬州市名城建设有限公司颁发49号文件《关于成立扬州市东关街志编纂委员会的通知》，增选赵群为主编。

2018年12月19日，得知次年3月拟在扬州召开《东关街志》评审会。这意味着必须把《东关街志》的送审稿再行加工，使该书的内容及结构更上一层楼。实际上，这次评审会延迟到2019年8月10日才得以召开，但是我们对《东关街志》的修改工作并未停止。

2019年的夏天特别炎热。主编和同仁逐章逐节修改《东关街志》。从章节的完善到内容的增补，从条目的调整到文献的校对，从表格的审核到图片的遴选，我们无不力求完美。

当年8月10日在广陵区大运河畔举办中国系列名志工作研讨会。会议由中国地方志指导小组办公室主持召开，全国各省、市、自治区地方志部门领导和专家到广陵区，考察东关街，并将《中国名街志・东关街志》与《中国名酒志・茅台酒志》作为试写初步成果提交全国专家进行评点。在会上，《东关街志》编纂团队就工作与体会作了汇报，邱新立、陈华等专家对《东关街志》进行点评。

2020年年初，因新冠肺炎疫情严重，编纂团队居家仔细琢磨《东关街志》的修改。经修改之后，新的《东关街志》文稿于3月30日发往南京新志坊公司，打印少量稿本，征求各方意见。大家认真阅稿后，提出不少宝贵意见，凡合理的意见均一一采纳。其中尤其值得一提的是，吕宏强提出乾隆帝表彰东关街马氏、联合国副秘书长安娜考察东关街等事件应该写入大事记，吴家兴提出壶园修复、文化里整治等材料可作为复兴古街的典型案例，赵群提出中央电视台摄制的东关街专题片脚本可作为志书附录，张锦堂指出书中若干文字错漏和值得商榷之处，都极有见地和极为准确。这些意见，都逐条落实在《东关街志》新稿中。

2020年8月19日，《东关街志》终审会在东关街长乐客栈举行。江苏省住房和城乡建设厅赵华中、南京大学文学院徐兴无、江苏省地方志办公室缪小咏，先后对《东关街志》发表了评审意见与修改建议。江苏省地方志办公室副主任陈华宣读终审意见："《东关街志》稿是一部优秀的志稿，基础扎实，编纂优良，基本符合《地方志书质量规定》要求，符合中国名街志文化工程丛书编纂要求，具备终审验收水平。""志稿立足东关街区，全面、系统、翔实地记述其环境风貌、历史人文、名胜古迹，并着重记述改革开放以后街区发展变化，历史文化的保存、修复、传承。志稿浓墨重彩突出了街区名和特的内容，彰显了历史风貌和地域文化的特点。""志稿运用纲目体，类目、分目、条目层次清晰，分类科学，归类合理。全志记、传、志、图、

2020年8月19日，《东关街志》终审会编审人员合影

表、录诸体并用，附有部分视频资料，延伸阅读，相得益彰，增加了志书的资料性和存史信息。”同时，专家们也提出宝贵的修改意见。

终审会后，我们对专家的意见与建议进行充分的讨论和吸收。文字部分由韦明铧、吴家兴负责修改，图照部分由吴家兴、张锦堂负责调整，志书的上下联络和全面协调由吕宏强、赵群、杨永宾负责。此后直至志书出版前由吴家兴任总纂，对全书结构和文字统一协调，“一支笔”加工润色，力求志书体例严谨，具有规范性和观赏性，对全书标目多次斟酌调整审定。本志书验收后，概括专家意见，总纂对概述进行适当重构，旨在突出对名街与名城的历史纵深的阐述，并对名街的人文历史及改造复兴加重笔墨进行详尽记述，使老街历史年轮清晰明了、层次分明。

《东关街志》走过了一条不断摸索也不断前进的路。我们的体会是：

第一，领导重视。各级领导为《东关街志》的立项、成稿和评审等，做了大量谋划与努力。中国地方志指导小组办公室、江苏省地方志办公室和扬州市地方志办公室，一直对《东关街志》编纂工作予以关心与指导，广陵区地方志办公室始终不遗余力地推进此事。扬州市名城建设公司、东关街道办事处诸位领导，都大力支持《东关街志》编纂工作。

第二，多方协作。像任何新生事物一样，《东关街志》不可能一蹴而就，而要依靠各方面团结合作。广陵区地方志办公室作为区地方历史文化专责部门，与扬州市名城建设公司、东关街道办事处的密切合作，是《东关街志》编纂成功的重要保障和创新模式。资料、经费等难题，因多方通力合作而顺利解决。

第三，思路明晰。《东关街志》纲目的大幅调整不下10次。我们的思路是立足扬州，聚焦东关，尊重历史，突出个性，合理结构，标题雅驯，形式新颖，语言畅达，叙述客观，图表精良，古今并重，简明可读，彰显东关街的人文内涵和商贸魅力。

第四，集思广益。本书的编成得益于各方智慧。除国家级、省级、市级专家外，中共广陵区委副书记李斌，广陵区政府副区长万潇潇、仲子午以及《广陵年鉴》原主编刘及新，资深地方志专家杨杏芝等，都大力关心支持《东关街志》的编纂工作。叶善祥任主任的《东关街志》编纂委员会，负责具体谋划、具体指导、经费支持，贡献最大。同时，编纂者参考了大量有关东关街的书籍、资料。文中图表来自许多方面，如扬州市名城建设有限公司、广陵区地方志办公室、东关街道办事处、个园管理处及其他个人。在此，致以谢意！

最后，感谢在《东关街志》编纂过程中付出大量心血的同志，特别是陈华、黄静、柏桂林、刘扣林、王妮姗、董德利、张祥生、刘扬、赵群、吕宏强、付元宁、张锦堂、杨永宾、朱晓林、韩许洁、于海、王晖、高凯等。鸣谢撰写初始稿本的李济泰、吴家兴、谢连生、袁汉根、余志群、钱艺兵等。鸣谢新志坊南京文化发展有限公司在前期志稿、图照等排版制作中的技术支撑、通力合作！

本书所采用的图片主要是由周泽华、李斯尔、蒋永庆、夏鹭、黄培、刘洪亮、向文祥、江欣、洪晓程、程建平、张锦堂、于海、许雯、张玉春、高凯诸位摄影家提供的作品，均为2017年东关街摄影大赛参赛作品。少数图片来源不详，摄影者姓名如有遗漏，请与本书编委会联系，当付薄酬。

扬州东关街历史悠久，内涵丰富，本志恐难概括全貌。因为历史资料散落各处，甄别不易，加之我们水平有限，这部《东关街志》难免有疏漏甚至讹误之处，恳望读者不吝指正。

编　者

2022年3月